Tomar de Regreso la Familia

por Brenda Lancaster

Esperanza para la Mujer
Ayuda para el Matrimonio de la Mujer
Un Hogar en Harmonia

Tomar de Regreso la Familia
Copyright ©2009,2012 by Brenda Lancaster. Todos derechos reservados.
ISBN 13: 978-1-930285-89-7

ISBN 10: 1-930285-89-2
Publicaciones: Master Design Publishing
789 State Route 94 E
Fulton, KY 42041

Funciona sólo como editor del libro. Como tal el acabado final, diseño, contenido, exactitud editorial, puntos de vista expresados, mencionados en esta obra son los del autor.
Ni el total, ni parte de esta obra pueden ser reproducidos, o almacenados en un sistema de copia o transmisión o ningún sistema electrónico, mecánico o fotocopia, grabación, u otros, sin permiso del autor o el que tiene los derechos legales, exceptuando los derechos provistos por derechos legales de los Estados Unidos.

A no ser indicados de otra manera todos los párrafos de las escrituras ha sido extraídos de la nueva versión Reina Valera , © 1960, 1995, Publishers. Usado con permiso.

Las referencias de las escrituras han sido anotadas cuando se extrajeron de la Biblia de Lenguaje Sencillo, Copyright © 1954, 1958, 1962, 1964, 1965, 1987 by The Lockman Foundation. Usado con permiso.

De la misma manera cuando fueron extraídas de *Holy Bible, New International Version®, NIV®*. Copyright © 1973, 1978, 1984 by the International Bible Society. Used by permission of Zondervan. All rights reserved.

Printed in the USA by Bethany Press International.

Dedicación

Esta obra se la dedico a mis padres:

C.B. and Lois McDaniel

Gracias amados padres por haberme criado en un hogar estable y lleno de amor. Le pido a Dios que el gran ejemplo que ustedes mostraron, estando juntos como un equipo, sirva de inspiración tanto como la ha sido para mí.

Y a mi maravillosa Suegra

Frances Lancaster

Gracias por ser una muestra tan grande de una madre que ora con tal fervor y por incluirme en tus oraciones por estos últimos 39 años.

ZooKeepers Ministries

Nuestra misión

Nuestra misión es la de alcanzar y tocar familias con la palabra de Dios, y con el mensaje de esperanza que se encuentra en nuestro Señor Jesucristo.

Nosotros nos dedicamos de todo corazón a servir de apoyo a las esposas, madres y abuelas, ofreciendo incentivo, educación y entrenamiento práctico para la mujer moderna la que muy frecuentemente siente que esta

Tomar de Regresso la Familia

ZooKeepers Ministries

P.O. Box 1111

Jamestown, NC 27282

INDICE

Parte 1

Semana 1: **Las Estaciones De La Vida:**

   No puedes ser todo para todos……………………………………………….8

Semana 2: **Donde esta mi Príncipe Azul**

   Ya no esta sola…………………………………………23

Semana 3: **Sensata, Sabia y Controlada!**

   Señor, porque esto es tan difícil?......................................46

Semana 4: **Recuerdas Cuando lo Conociste?**

   Amar a tu esposo – 1a parte………………………………67

Semana 5: **Como Amarlo Cuando No Lo Quieres Hacer?**

   Amar a tu esposo – 1a parte………………………………84

Semana 6: **Una Mamacita Caliente!**

   Amar a tu Esposo – 3a Parte……………………103

Parte 2

Semana 1: **¡ El Amor de Una Madre Como Ningún Otro!**
   Amar a sus hijos – 1ª Parte……………………………124
Semana 2: **El Lenguaje del Amor que Su Hijo Entenderá –**
   Amar a sus hijos – 2ª Parte……………………………138
Semana 3: **¡Me reiría, si no estuviera llorando tan fuerte!**
   Establecer Un Balance Emocional……………………154
Semana 4: **¡Viviendo la vida loca!**
   La importancia de la pureza sexual ……………………166
Semana 5 : **Portera y Cuidadora del Hogar –**
   Dios te llamo a ser la administradora de su Hogar ……………187
Semana 6: **Señor, si yo soy tan inteligente como él,**
   ¿por qué él tiene que ser el jefe?
   Someterse a quien?..199

Mis Sinceros Reconocimientos

Me parece tan increíble que yo haya tenido la oportunidad de escribir un estudio como este y menos que se me haya dado la oportunidad de agradecer públicamente a toda la gente tan maravillosa que Dios a puesto en mi vida para ayudarme y guiarme a través de este proceso. Primeramente me gustaría agradecer y honrar a mi Señor y Salvador, nuestro Señor Jesucristo. Este ha sido su proyecto desde el principio. Yo me siento tan honrada y con la humildad desde lo más profundo de mi corazón, me admira que nuestro Señor me haya permitido a mí que soy una persona tan inadecuadamente capacitada de ser parte de este trabajo.

Con toda alabanza, honor y gloria al único que merece y quien ha hecho posible, le agradezco por llamarme y usando su palabra como confirmación, me habló usando el libro de 1 Tesalonicenses, para llamarme y 1 de Corintios 1: 26-31 para mostrarme el porqué.

En segundo lugar, para agradecer a Tom, mi preciado esposo por 39 años, y manifestarle mi mas profundo amor y respeto por ser quien me apoyó, me incentivo y creyó en mí por largo tiempo, a pesar de los obstáculos que se presentaron; quien me dio la libertad y el tiempo para trabajar largas noches y los medios económicos para ayudarme sin esperar nada a cambio. Te doy las gracias Tom, por compartir esta carga que el Señor puso en mi corazón, para ver vidas cambiadas a través de la verdad y la palabra de Dios.

Agradezco a mi pastor, maestro y amigo Jake J Thornhill, y a su esposa Patsy. Ustedes han creído en mí y me han dado la oportunidad de compartir en forma escrita y por medio de las profesoras en nuestra iglesia, este mensaje que Dios ha puesto en mi corazón.

En mi experiencia he visto que muchos pastores nunca le hubieran dado a una persona como yo, con una muy limitada educación, la oportunidad de escribir y presentar este mensaje, especialmente en esta manera tan fuera de lo común, y le agradezco a Dios por darme la oportunidad de servir bajo su liderazgo.

A Tami Carr, no tengo palabras apropiadas, ni suficientes para agradecer el talento y las horas que pusiste en el proceso de edición, ni creo que puedas imaginarte cuanto aprecio tu ayuda. Me imagino que debe haber sido una muy ardua labor el tener que leer y re-leer párrafo por párrafo tratando de encontrar mis errores. Pero lo más importante es que en todo este proceso fue una bendición muy grande encontrar tu amistad.

A mis amigas y líderes en el ministerio de Zookeepers Kathy Peschell, Debra Spaugh, Jennifer Ray, Debra Mattern, Kelly Murphree, Renee Darnell, Marilyn Ledford, y a todos los miembros en cada grupo que por espacio no me permite nombrarlos a cada uno. Y bien, ¿Qué puedo decir? Dios en su infinita gracia las envió a mi vida y a este ministerio para cumplir su voluntad.

Queridas señoras, sin su ayuda y su trabajo este ministerio nunca habría despegado. Ustedes me han incentivado, apoyado y han orado conmigo y por mí. La combinación de la energía de todas ustedes ha servido de combustible para empujar mis debilidades que son muchas y le agradezco a Dios por poner el deseo de compartir este mensaje a su corazón.

A Gloria y Trudy, nuestras preciadas secretarias en la iglesia, por su buena voluntad y por permitirme interrumpirlas una infinidad de veces al día dentro de su ya cargado horario y ayudarme en innumerables formas.

A mi amiga y hermana Mikki, por amarme lo suficiente para empujarme hasta mis límites y retarme a utilizar los talentos que Dios me ha dado.

A mis hijos, Tommy, David y Brady les agradezco por ser receptores de la educación que he tratado de impartirles, en una edad donde muchos le dan la espalda a las lecciones de la juventud. Le agradezco a Dios por darme 3 hijos maravillosos y por haberme permitido de criarlos con los principios de su palabra. Y por sus maravillosas esposas Karla, Sonia y Leigh. Por pasar las maravillosas enseñanzas a nuestro preciados nietos Trey, Tyler, Natalie, Asher, Lauren, y Mason. Oro porque ellos también acepten la verdad en sus vidas y tengan toda su fe en nuestro Señor Jesucristo.

Finalmente, a las señoras en la primera clase y ofrecimientos de Zoo, ustedes fueron nuestro primer experimento, se rieron cuando probablemente no era tan gracioso, lloraron por mí y conmigo mientras luchábamos para aprender juntas acerca de la voluntad de Dios para nuestras vidas.

Me doy cuenta que estos reconocimientos se han alargado un poquito fuera de lo común pero solo es una pequeña muestra de cuanta ayuda Dios sabía que yo iba a necesitar.

Las amo a todas y a cada una de ustedes.

Brenda.

Parte 1

Semana 1

Las Estaciones De La Vida:

No puedes ser todo para todos

No sé como lo ves tú, pero para mí la vida en este siglo veintiuno le vuela a uno la cabeza, se le saltan los ojos de la cara y también el corazón del pecho, también siento que me suenan los oídos, en fin me tiene toda loca, ¡como si me hubieran metido a un barril lleno de monos! Por lo menos los monos en el zoológico viven en una réplica de su habitación natural, ¡pero mi mundo me parece a mí cualquier cosa menos natural! La vida moderna con todas sus demandas, sus horarios imposibles, me tiene mareada.

¡No importa en qué estación de la vida te encuentras, los retos son enormes! No importa si eres castaña, rubia o calva te provoca jalarte los pelos, o algunas veces una quiere gritar, o refugiarse en la tina y esconderse dentro de las espumas. Hay tanto que hacer y hacer y hacer.

Casas para limpiar, comida para preparar, o comprar, ropa para lavar, (o tal vez no, y decir que si lo hiciste) más cosas que hacer, esposos que complacer (hacer el amor), perseguir los niños y limpiarles las narices, cambiar pañales, visitar al doctor, exámenes en el laboratorio, (una colonoscopia tal vez), lavar el carro, ocuparse del ministerio, ganar dinero, encima de eso atender las reuniones, monitos que educar. Y por supuesto, quien podría siquiera imaginar que una madre podría privar a sus hijos de clases extracurriculares como, fútbol, baloncesto, lecciones de música, karate, parece como que si estuviéramos preparando un súper niño. En fin, queremos que nuestros hijos estén preparados para todo ¿verdad?

Toda esta tecnología moderna que todas pensamos que no podemos vivir sin ella, y que se supone que debería hacer nuestras vidas más fáciles, pareciera que solo crea nuevas emergencias. El único aparato con el que yo tenía que lidiar en mi tiempo, era el teléfono, timbrando a 14,000 decibeles por segundo.

Si hoy eligiera coger el teléfono para llamar, especialmente al doctor o al abogado, a los comerciantes, o a mi jefe, hay que aguantar en espera por 30 minutos mientras que su tecnología moderna me explica toda la historia del negocio que no quiero oír o me conecta a la siguiente voz mecánica.

¿La tecnología moderna ha realmente hecho más fácil nuestras vidas? ¿Nos ha liberado del stress de esta vida? OOh N-o-o-o-o-o-o!, todo lo contrario ahora hay millones de emails que responder, los gritos que pega la máquina contestadora del teléfono, ah! y recuerda el famoso cambio de horario de verano, o solo presiona un botón…… la famosa computadora por la cual hiciste un préstamo bancario casi igual al de tu casa. ¿Te ha facilitado en algo aquel libro manual que tenias que hacer?

¡Pero claro! Mientras no pesque un resfrío o se quede pasmada, o que tenga tinta suficiente en la impresora, porque si se queda vacía, tienes que hacer un viaje al otro lado de la ciudad, batallar con el tráfico, encontrar parqueo, caminar a través de la kilométrica súper tienda, pagar al cajero con una pieza de oro, y esperando que encuentres el modelo y número correcto de cartucho. ¡Tal vez papel y lapicero no era una mala idea después de todo!

No me sorprende que muchas veces no puedo encontrar la llave de mi carro, y mucho menos mi cabeza. Con todo lo que hay que hacer y continuar, mi cuerpo está funcionando con el tanque de energía vacío, y mi mente se queda pasmada a veces casi como lo que describía anteriormente de las computadoras. Siempre siento que mi cerebro está en necesidad de una limpieza total del banco de memoria. Me gustaría que las funciones automáticas de mi cerebro se figuraran por si solas que necesito una memoria adicional para estar a la par con mis actividades, o convertirme en la mujer biónica totalmente. Bueno por lo menos Dios borra mis archivos que se han vuelto corruptos.

Bueno, ahora que toda esta complicación mental ha atraído nuestra atención, me gustaría hacer una sugerencia. ¿Qué les parece si hacemos un tiempito especial y tomamos unas vacaciones de este lujoso estilo de vida?. Solo dos horas a la semana donde alzamos nuestras voces hacia Dios y le pidamos ayuda. Quisiéramos saber qué es lo que Dios tiene que decir de todo esto, necesitamos respuestas, necesitamos alivio, necesitamos paz y alegría, ¡*Te necesitamos a ti Dios bendito!*

Nosotras podemos hacerlo, ¿verdad? Nuestros hogares no se van a caer, nuestros hijos no van a estar abandonados; nuestros esposos terminaran gozándolo y nosotras también.

Bueno. ¿Las palabras, yo soy mujer, no solo una esposa y madre, significan algo para ti? Toma este tiempo para ti, refréscate, aprende y crece, tomate un cafecito, y conversa con otras mujeres que encontraras. Que irán, que están yendo, o que ya fueron por lo que tú estás experimentando en este momento. Si estás haciendo este estudio sola, por favor recuerda que tú definitiva y realmente no estás sola. Nuestro Padre está contigo y yo también. Yo le he pedido a nuestro

Padre para que tu escuches lo que Él esta susurrando en tu corazón, y quiero que sepas que durante todo el tiempo que escribía estas líneas estaba pensando en ti.

Específicamente este estudio trata de encontrarte, donde quiera que estés en este momento y no donde tu o los otros piensen que debes estar. Deja atrás las culpas, el cansancio, y los errores pasados, y esta vida de tanta ocupación que te roba de tu alegría. Especialmente deja atrás todos los "no puedos", o los "no puedes" que acosan tu mente y tu memoria. ¡Todo lo que debes recordar es que tu si puedes! O mejor aún que Dios puede y te dará las respuestas, el alivio, la paz, y la alegría que tanto deseas.

Pero para experimentar todo esto en nuestras vidas nosotras también debemos dar algo a cambio, primero, debemos oírle, y un poquito de eso que nos hace tanta falta, "un poquito de nuestro tiempo". Para aquellas de ustedes que empezaron estudios bíblicos en el pasado y nunca terminaron porque sintieron que no podían continuar con las largas asignaciones para la casa, pues no te desanimes porque como dije antes, nosotras estamos aquí para encontrarte donde tu estas y para ayudarte a hacer lo que puedes hacer.

Para aquellas de ustedes que nunca antes tomaron una clase como ésta antes, relájense, no se preocupen por buscar en las escrituras, sólo usen el índice que está en las primeras páginas de la Biblia para encontrar su referencia. No creas que tienes que ser un gigante espiritual para tomar esta clase.

Nosotras estamos aquí para incentivarte, no para presionarte o juzgarte. Solo necesitamos 20 minutos al día para este estudio. Pero si necesitas un estudio más profundo del tópico de la semana, puedes pasar algún tiempo adicional en casa para explorar.

¡Las asignaciones de acción están programadas para adherir salsita a tu vida! Tu y tu esposo asegúrense de adherirse al gozo que encontraran en las asignaciones nocturnas de la sexta sesión.

De cualquier manera. ¡Prepárate! ¡Esta clase puede hacerte reír o llorar y con seguridad no te va a aburrir!

Joven o adulta, de cualquier manera que lo mires, ¡esta clase es para ti!

LAS VOCES DE LAS ESTACIONES DE LA VIDA

ECLESIASTES 3:1-8

1. ¿Qué quiero ser cuando crezca? ¡Una doctora, no, una abogada, ya sé, una maestra, o mejor aun una estrella de cine!
2. ¡Estoy impaciente por crecer! ¡Así nadie podrá decirme lo que tengo o no tengo que hacer!
3. ¡Ya estoy finalmente libre, sin nadie que me esté vigilando! ¡Ya era tiempo!
4. ¡Pero me siento un poco sola! Mmm ¿quién es ese guapo cien por ciento hombre?
5. ¡Los planes de mi boda están volviéndome loca! ¡Estoy impaciente por que toda esta locura termine!
6. ¡El bebé se despertó cada dos horas anoche! ¡Estoy impaciente por tener una buena noche de sueño completo!
7. ¡Lactando! ¡Algunas veces me siento que no soy nada más que una sirvienta de la cocina!
8. ¡Estos pañales son caros! ¡Espero que la bebé esté entrenada para ir al baño sola!
9. ¡Tareas escolares! ¡Estos profesores!, ¿No se dan cuenta que nosotras no tenemos dos horas cada noche para esto?
10. ¡Como me gustaría que estos niños pararan de hacer desorden! ¡No veo la hora en que ellos aprendan a limpiar la leche que derraman!
11. ¡Béisbol, fútbol, niñas exploradoras, clases de ballet, todo esto en un mismo día! ¡No soy nada más que su chofer de taxi!
12. Pelear. ¡Creo que estos niños no saben nada más que pelear! ¿Podrían ustedes actuar como adultos de vez en cuando?
13. ¡Adolescentes! Música estridente, malas actitudes, ¿Cuánto tiempo tengo que soportar esto?
14. Los niños ya se fueron. Somos solo Juan y yo ahora. ¿De qué hablaremos?
15. Esta casa esta solitaria, extraño el desorden, la bulla e incluso las peleas.
16. Me gustaría que los niños llamaran. Aparentemente ya no soy necesaria para nadie.
17. ¡Y bien! Ahora sí que estoy completamente sola, mi esposo se fue al cielo, sin mí, ¿Qué voy a hacer de mi vida ahora?

18. ¿Quién necesita a una mujer vieja como yo?

Día 1
Vamos a Empezar Suave y Despacito, Chicas

Lean Eclesiastés 3:1-15
Bueno queridas damas, hagamos del primer día un día fácil.
Estos versos en Eclesiastés deberían servirnos como un tremendo incentivo cada día de nuestras vidas, sin importar lo que nos esté aconteciendo en el momento.
Dios nos dice en este pasaje que en esta vida tendremos diferentes estaciones. ¿Qué crees que la palabra estación significa?

_____

En alguna parte del mundo el clima permanece constante todo el año. Pero en Carolina del Norte, experimentamos diferencias en cada estación. ¿Qué cambios visibles o invisibles experimentamos cuando nuestro clima cambia de estación?
¿Qué es lo que más te gusta de cada estación? Incluye las cosas que te gusta hacer en cada estación.

Primavera:
_____

Verano:
_____

Otoño:
_____

Invierno:
_____

Así como hay estaciones en nuestro clima, así también hay estaciones en nuestras vidas. Y siempre podremos encontrar algo de que disfrutar en cada estación si escuchamos a Dios y aprendemos cuáles son sus más importantes prioridades. Date cuenta que nosotros experimentamos una estación a la vez. No tenemos nieve en verano, así que en verano no tenemos que preocuparnos en usar botas de nieve, o limpiar la nieve de la entrada a nuestra casa. Pero así mismo, nosotras las mujeres, nos imponemos enormes presiones a nosotras mismas tratando de cubrir todas las labores que nos toca hacer en cada estación de nuestras vidas, todo a la vez.

Medita en tu vida un momento. ¿Has notado que en algún momento estas toda estresada por que estas intentando ser todo para todos? ¿O a veces sientes que por más que hagas lo que hagas nada es suficiente, ¿no importa cuán duro trates? Si te sientes así danos algunos ejemplos.

_____

_____

Pasa algunos momentos orando a Dios, y pídele que te ayude a descubrir esas responsabilidades que te ha dado Él en esta etapa de tu vida, y anótalas a continuación.

_____

_____

Recuerda cada cosa tiene su momento

Día 1 Tarea de Acción

Nosotras podemos estudiar la palabra de Dios y pedirle ayuda y dirección para nuestras vidas, pero hasta que realmente pongamos en práctica lo que aprendemos, no creceremos espiritualmente. Sólo nos llenaremos del conocimiento que sin acción, no tendrá ningún motivo de ser. Con ese pensamiento en nuestra mente tendremos un ejercicio de acción cada día. Algunos serán serios, algunos serán activos y locos, pero todo nos ayudara en nuestro crecimiento en el Señor.

Encuentra una esquina en algún lado en tu casa donde puedas poner un área para tu estudio, sólo para ti, no necesita ser grande y lujoso, puedes hacerlo con una caja de cartón y le pones una colcha o mantel encima, este lugar debe ser sólo tuyo, nadie estará permitido de tocar este lugar será sólo para ti, si los niños lo invaden, ¡entonces es tu tiempo de guerra! Este lugar debe ser tu escondite donde puedas refugiarte y coger pedacitos de tu Biblia. Ruth Graham una vez dijo que esta era la única manera en la que ella podía encontrar tiempo para estudiar su Biblia cuando sus niños eran pequeños. Funcionó bien en su vida y la ayudo a enfocarse en Dios y sus enseñanzas a través de su ocupado día.

Parece que le sirvió bien, y pienso que nos ayudará también si lo hacemos activamente y perseguimos ese propósito.

Feliz Cacería.

Día 2

¡Prepárense Para la Cacería!

Lean Eclesiastés 3:1-8 otra vez.

Las estaciones de las que habla Eclesiastés, son las diferentes etapas de la vida que todas atravesamos y de las tareas de las que somos responsables en cada una de estas etapas. Obviamente una esposa y madre joven tiene diferentes tareas que las de una abuela. Dios reconoce que debemos enfocarnos en las tareas que pertenecen a la estación que estamos experimentando en el presente. Hay un tiempo en que nosotras como mujeres debemos perseguir una carrera, libre de otras responsabilidades si así lo elegimos.

Todas tenemos un tiempo para ser bebés, luego una niña, una adolescente, una joven adulta, una adulta mayor. Tenemos una estación para planear en casarnos, y para otras una estación para recordar que estuvimos casadas.

Tenemos una estación para tener niños, y una estación cuando ya no podemos tenerlos. Tenemos una estación para enfocarnos en entrenarlos y servirlos justamente como nuestras madres lo hicieron cuando éramos pequeñas. Luego viene la temporada cuando debemos dejarlos ir, al mundo, siendo responsables por ellos mismos, que nos deja hallar una nueva libertad para buscar lo que Dios tiene programado para nosotros seguidamente. Puedes estar segura de una cosa, Dios no planea que nuestros hijos sean nuestra vida.

Hay una época donde experimentamos que un miembro de nuestra familia o nosotras mismas atravesemos por problemas de salud, lo cual puede requerir mucho tiempo y atención. Durante esos tiempos no necesitamos sentirnos culpables de no poder hacer todo lo que estábamos acostumbradas a hacer por los otros. Dios sabe de nuestras estaciones, Él las ha permitido en nuestras vidas y por alguna razón. ¿Puedes recordar de alguna vez que te has sentido culpable por pasar tiempo en una situación en tu vida la cual estaba fuera de tu control?

_____

Cuando la lucha terminó, ¿te diste cuenta que Dios usó esa situación a través de la cual él trajo algo bueno a tu vida? ¿Creciste a través de aquella experiencia? Dinos como.

_____

Hay estaciones cuando experimentaremos felicidad, y otras cuando experimentaremos gran dolor y retos. Este pasaje nos advierte: No esperes que la vida sea como un plato de cerezas. Espera por lo bueno y lo malo, también espera que él te enseñe algunas de las más bellas lecciones durante esas estaciones que no son tan agradables. También aprendemos que no importa lo que pase, Dios estará con nosotras a través de lo que sea. Y lo mejor de todo es que Él está en control de todo. Y si alguna vez encontramos paz y felicidad, necesitamos aprender a relajarnos y confiar en Dios, y atravesar cada estación de nuestras vidas como vienen.

Día 2 Tarea de Acción

Pasemos unos momentos en oración y pidamos a Dios que te muestre que es lo que quiere que aprendas durante la actual etapa de tu vida y tus luchas. Escribe que es lo que el Espíritu Santo pone en tu corazón.

_____

_____

_____

_____

Día 3

Continuar Continuando

Una vez más lee Eclesiastés, versos 9 y 10, ¿Cuál es la pregunta que Salomón hace en el versículo 9?

_____

¿Alguna vez has preguntado lo mismo?_____

"Qué importa, ¡nadie me escucha de cualquier manera!" "¿Que importa si lavo los platos ahora? ¡El lavadero estará lleno en cinco minutos otra vez! ¡Es inútil!

¿Te has sentido de esa manera, acerca de alguna cosa últimamente? Si es así descríbelo.

¿Cómo actúas con los otros cuando te sientes de esa manera?

¿De acuerdo con el verso 10 cual es la fuente de las "estaciones en nuestras vidas"?

¿Si es Dios quien nos ha dado las estaciones y las tareas, entonces no es razonable asumir que es allí donde él quiere que enfoquemos nuestra atención?

Describe la estación que crees que Dios te ha puesto en este punto de tu vida.

¿Le has dado a tu hija alguna vez una tarea de la cual se quejó y trato por todos los medio de no hacerla? ¿Cómo te sentiste por su actitud? ¿Y cómo respondiste en esta circunstancia?

¿Te has preguntado cómo se sentirá Dios cuando actuamos como niños ante las responsabilidades que nos ha dado?

Para encontrar paz y felicidad en nuestras vidas, debemos dejar de quejarnos ante las tareas que Dios nos da, y debemos asumir nuestras responsabilidades con una sonrisa. Debemos enfocarnos en la responsabilidad que corresponde a nuestra etapa de vida, no de la que ha pasado ni la que está por venir. Debemos aprender a vivir un día a la vez. No deberíamos permitir al diablo hacernos creer que somos responsables de todas las tareas de todas las etapas de nuestra vida a la vez. Esa es la razón por la cual mucha gente se siente abrumada y se rinde sin luchar más por sus relaciones, matrimonios, entrenamiento de sus hijos, y cualquier esperanza que tengan de servir a Dios, necesitamos un buen balance en nuestras vidas.

Si perdemos el balance terminamos estresadas, y por eso es que muy frecuentemente nos sentimos tan abrumadas que perdemos el fuego que deberíamos tener por las cosas de Dios.

Día 3 Tarea de Acción

Pasa algún tiempo en oración y pídele a Dios que te muestre el deseo que tiene para tu crecimiento espiritual, dile a tu Padre celestial acerca de todas aquellas frustraciones que te roban la felicidad. Escribe tus impresiones.

_____
_____
_____
_____
_____
_____

Día 4

No Hay Tal Cosa Como Un Día Inútil en Nuestras Vidas

Lee Eclesiastés 9-11 otra vez.

¿Cómo describe el verso 11, las varias etapas de la vida?

_____

Dios nos dice que todas las etapas de la vida son hermosas, *cada una a su manera*. Cada una es diferente a la otra; pero todas ellas tienen ganancia. Todas ellas son importantes. Todas ellas trabajan juntas para hacernos lo que Dios quiere hacer de nosotras. No hay tal cosa como una etapa inútil, y no dejes que el enemigo te haga pensar lo contrario.

De acuerdo al verso 11 ¿qué es lo que Dios ha puesto en nuestros corazones?

_____

¡Dios nos ha puesto el conocimiento interno que la eternidad existe en nuestros corazones! Todos en este mundo están preocupados con el pensamiento de la eternidad en algún punto de sus vidas, hasta el más duro ateo, ha pensado mucho y por mucho tiempo en la eternidad. ¿Por qué? Nosotros sentimos de esta manera porque Dios nos hizo seres eternos. El puso dentro de nosotros ese profundo deseo de vivir para siempre, así lo admitamos o no. Sino ¿por qué el ateo lucharía tan arduamente contra la muerte? O ¿por qué el paciente desahuciado sigue aferrándose a la vida aún sabiendo que la ciencia no puede hacer nada mas por mantenerlo vivo?

Eso es porque no somos solo seres físicos, sino también seres espirituales y en lo profundo de nuestros corazones sabemos que viviremos para siempre. Pero nuestra verdadera preocupación no está en si viviremos para siempre, sino *donde* pasaremos la eternidad.

¿Sabes tú con seguridad donde pasaras tu eternidad? _____

¿Dónde?_____ ¿en que basas tu conclusión? _____

Todos nosotros necesitamos a Dios desesperadamente en nuestras vidas. Él es la goma que nos mantiene juntos, y quien nos da paz y fuerzas para enfrentar la vida cada día. Sólo a través de Él es que tendremos paz en lo que corresponde a la eternidad. Sólo a través de una íntima relación con el hijo de Dios, nuestro Señor Jesucristo, es que tendremos vida eterna en el cielo. Con gente real que se ha ido allá antes que nosotros. Existe verdadera felicidad para cualquiera que se aleje de su pecado y vuelva sus ojos con fe hacia Dios y simplemente lo invite a venir a su vida.

Esta clase de conversación puede parecer un tanto "eclesiástica" para algunos. O puedes haber oído esto toda tu vida pero nunca te pareció real. Para aquellas que no están aún seguras del significado de todo esto, déjame tan solo mostrarte algunos hechos. ¡No hay nada complicado en todo esto!

1. Romanos 3:23 nos dice que todos nosotros hemos cometido errores o como la Biblia lo dice, hemos pecado. Y tenemos que reconocerlo.
2. Por el pecado en nuestras vidas. Necesitamos el perdón de Dios (Hechos 3:19) y no hay nada que podamos nosotros hacer por nosotros mismos para obtenerlo.
3. Jesucristo vino a la tierra para ofrecernos ese perdón tomando en si mismo nuestras culpas cuando murió en la cruz. Después de ello, Dios lo resucitó de entre los muertos (Romanos 4:25)
4. La Biblia nos dice en (Juan 3:16) que Dios nos ama tanto que envió a su hijo para que todo aquel que en Él crea sea salvo por medio de su perdón y tenga vida eterna.
5. Una vez que creemos en Jesucristo, tan solo tenemos que pedirle que nos perdone y que sea nuestro Señor y Salvador.

Si nunca en tu vida le pediste a Dios específicamente que venga a tu vida, que sea tu Señor y Salvador por medio de su hijo el Señor Jesucristo. ¿Te gustaría invitarlo ahora mismo?

Si no te sientes segura de que palabras usar, o como orar y hacer tu petición. Puedes orar algo así:

Padre celestial. Vengo a ti en el nombre del Señor Jesús, para pedirte que me perdones por las cosas que hice mal. Deliberada o accidentalmente. Te pido que me limpies y que me hagas completa otra vez. Señor Jesucristo yo creo que tú eres el hijo de Dios, que moriste en la cruz, fuiste sepultado y que resucitaste por el poder del padre. Por eso te pido ahora que vengas a mi vida y que seas mi Señor y Salvador Amen.

Escribe tu oración a Dios. Querida hermana si has creído en tu corazón y has orado de esta manera, puedes estar segura de que Dios vive ahora dentro de ti, y que estará para siempre contigo.

Yo sé esto porque yo he experimentado a Dios en mi vida por 31 años hoy. Él me ha dejado luchar frecuentemente. Pero ha sido a través de esas luchas que he llegado a amarlo y entenderlo mucho más. Le he encontrado siempre fiel hacia mí, en mis más grandes sufrimientos han sido las épocas donde he sentido su presencia aún más que en otros momentos. Mi fe crece en estos momentos hasta el punto en que me doy cuenta que puedo confiar en él y en todo.

Al darme cuenta que Dios a puesto eternidad en nuestros corazones, y que nos ha asignado estaciones y tareas para nuestras vidas, nos da la razón para continuar con lo que venga, porque de pronto todo lo que hagamos puede tener razones eternas.

Cuando disciplinamos a nuestros niños, es con la esperanza de que ellos aprendan y entiendan los caminos de Dios, y cuando crezcan un día, también lo recibirán en sus corazones para ganar la vida eterna. Cuando limpiamos sus narices, es por una razón eterna, cuando recogemos los calcetines de nuestros esposos por la décima vez, recordemos que lo hacemos como un servicio razonable para Dios, en esta etapa de nuestras vidas.

Este versículo también nos dice, que muchas veces no entendemos porque Dios nos ha dado esta particular tarea. Sólo Él lo sabe. ¡Pero podemos estar seguras de una cosa! Que Él nunca nos pedirá algo para lo cual no nos da también las fuerzas para completarlo, y que nunca nos dará una carga, la cual no podamos llevar. Algunas veces nos sentiremos abrumadas pero si nos apegamos a Él, Él nos mostrará grandes maravillas, que no hubiéramos experimentado de otra manera. Él nos promete en Romanos 8:28, que "todas las cosas ayudan para bien para aquellos que aman al Señor." Reclamemos esta promesa teniendo la seguridad de que al final será utilizado para nuestra bendición en nuestra vida.

Día 4 Tarea de Acción

¿Estás experimentando actualmente algo en tu vida que aún no puedes entender? ¿Pero te sientes lista a someterte a la voluntad de Dios, reclamar sus promesas, y confiar que Él hará un buen trabajo en tu vida? Escribe tu oración de sumisión y fe hacia Dios. Algún día mirando hacia atrás podrás ver esta oración y veras como Dios cumplió con su promesa.

Mi oración de sumisión y fe hacia Dios correspondientes a mi lucha y a las etapas de mi vida hasta el día de hoy es:

_____

(Fecha)

_____

_____

Día 5

Una Solo Puede Vivir Un Día a La Vez

Lee Eclesiastés, versículo 12, otra vez.

¿Cuáles son las dos cosas que Dios dice que es lo mejor que hagamos mientras atravesamos las diferentes etapas de la vida?

1._____

2._____

Muchas veces protestamos acerca de las tareas que alguna etapa de la vida requiere de nosotras.

Algunas veces nos sentimos demasiado frustradas con el monto de nuestra carga y nuestras fallas que a veces nos damos por vencidas y no tratamos más.

Como la mujer de "La voz de las Estaciones" al comienzo de la clase esta semana, deseamos que todo termine, un día a la vez, y es que no podemos esperar el día siguiente, o la otra etapa. Frecuentemente nos olvidamos que la próxima etapa también traerá sus propios problemas, afanes y luchas. Dios nos dice que seriamos felices si aprendiéramos a regocijarnos porque aunque en medio de una crisis, Él está en el control y Él puede manejar todo lo que pueda pasar en nuestras vidas. Dios quiere que nos regocijemos cuando nos demos cuenta que Dios puede permitir las circunstancias de trabajar una nueva labor en nuestras vidas, a través de nuestras luchas. Él quiere que nos regocijemos en nuestra fe, de que Él puede trabajar en nuestras vidas aún a través de nuestras luchas. ¡Y es por eso que debemos regocijarnos!

¿Crees que Dios te ha hablado al corazón acerca de alguna área específica en tu vida en la cual necesitas aprender a regocijarte?

Escribe tu oración de confesión y promesa a Él ahora.

_____

_____

En el versículo 13, ¿Qué es lo que dice Dios que debemos hacer?

_____

¿Sabías que Dios quiere que goces de los frutos de tu labor? Él no quiere que vivamos nuestras vidas estresadas y locas, quiere que gocemos de nuestras vidas y gocemos de las labores que nos han sido asignadas.

Si pudiéramos tan solo aprender a regocijarnos, y vivir un día a la vez – *o un minuto a la vez cuando sea necesario* – entonces empezaríamos a encontrar la paz y la alegría que Dios quiere que tengamos.

¿Cómo podemos cambiar los gruñidos por risas? ¡Agradeciendo a Dios! Agradeciendo por ser quien es, y por lo que ha hecho.

Agradécele por todo el trabajo y labores que ha tenido que realizar durante estos últimos 6 mil años, tan solamente para hacerte llegar su mensaje de amor y preocupación por nuestras vidas.

Después de todo, nuestras tareas sólo duran un pequeño lapso de tiempo, ¿cómo te sentirías si tus tareas duraran seis mil años, y todo lo que los recipientes de los beneficios de tu labor hicieran, es quejarse de todo?

Dios tiene muchos planes y sueños para nosotros. Y todo es mucho mejor que las esperanzas o sueños que nosotras hayamos podido concebir en nuestra mente.

Jeremías 29:11 dice, "Porque yo sé los planes que tengo para ti", declara el Señor, Planes para prosperarte, planes para bien y no para mal. Para darte esperanza y un futuro.

Lleva contigo ese pensamiento cada día, donde quiera que vayas. ¡Y tu tarea ya no te parecerá tan grande!

Día 5 Tarea de Acción

¡Cuenta tus bendiciones, nómbralas una a una!

1._____

2._____

3._____

4._____

5._____

6._____

7._____

8._____

9._____

10._____

Semana 2

Donde esta mi Príncipe Azul
Ya no esta sola

Si naciste como la hija de un Rey, ¿Qué significa eso para ti?, Eso te haría una princesa, ¿verdad? Toda niña pequeña en un momento u otro de su vida, ha soñado con ser una princesa. Las princesas siempre son bellas, felices, amadas y protegidas. Toda niña entiende que todas las princesas tienen privilegios especiales. Ellas son protegidas en maneras que otras no lo son. Su posición es considerada muy alta ya que ella pertenece al Rey. Ella no hizo nada para merecerlo. Ella fue escogida para ser la hija del rey y ella no tuvo que hacer nada con esa decisión.

Cuando yo era pequeña, me encantaban las historias de hadas, supongo que a ti también. En cada historia de hadas el amor y la esperanza era lo más firme. *Y vivieron felices para siempre*, eran siempre las últimas palabras de la historia. Pero aquí en la vida real eso pareciera que no sucede normalmente, ¿verdad?, bueno, ya se que tu ahora eres una mujer adulta pero me gustaría contarte una nueva historia de hadas.

Hubo una vez en la tierra de Eon, una pequeña y hermosa niña que había nacido en el hogar de una familia muy amorosa pero muy pobre, que vivía en la villa que estaba justamente fuera de las paredes del castillo del rey. Todos los habitantes de la villa estaban muy entusiasmados con su nacimiento que incluso el mismo rey vino a darle la bienvenida a su reino. Ella era verdaderamente una niña muy especial, cuando creció tenia cabellos rubios y ojos grandes y azules, justamente como esperamos que la princesa sea en nuestros cuentos de hadas. Desde que ella había traído mucha alegría y felicidad su madre decidió que su nombre seria Joy (en Ingles significa Alegría). Solo había un pequeño problema con Joy, ella tenía unos pequeñísimos piecitos, tan pequeños, que ella no podía pararse en ellos. Sus padres querían encontrar desesperadamente una curación para que ella pudiera caminar normalmente. Así que ellos trabajaron día y noche por muchos años para juntar suficiente dinero para llevarla a algún lugar lejano para que alguien pudiera curarla. Ellos hicieron todos los trabajos que cayeron en sus manos y dormían solo breves horas cada noche para seguir trabajando, porque todo lo que ellos podían pensar era en encontrar una curación y en poder ayudar a su pequeña hija, pero ellos no le dijeron a nadie de su esperanza ni siquiera al rey.

Después de muchos años, finalmente ellos habían juntado suficiente dinero para encontrar la ayuda que tan desesperadamente deseaban para su niña. Así que un buen día, ellos anunciaron a Joy que al día siguiente ellos saldrían en el tan deseado viaje hacia tierras lejanas donde encontrarían la ayuda para que ella pudiera caminar como todos los niños en el reino.

Ella pensó en cuanto la amaban sus padres. Ella estaba tan contenta y feliz, pero no paraba de pensar de cuanto trabajo y sacrificio les había costado llegar a este punto. Y se dio cuenta, que esa era la razón por la cual ella había compartido tan solo escasos momentos con sus padres en todos estos años y pensó que en algún momento ella había creído que la razón era que ellos pensaban que ella era tan deforme que ellos tenían vergüenza de ella y se dio cuenta de cuan equivocada había estado.

A la mañana siguiente Joy despertó con los sonidos de entusiasmo, mientras que sus padres se preparaban con prisa para salir a su jornada. Ella saltaba de alegría mientras empacaba comida y ropa suficiente que durara hasta su vuelta. Joy estaba impaciente y quería ya subirse a la carreta que los llevaría en su viaje fuera del reino. De pronto, pensó si habría algo que estuviera al acecho y se pregunto si sería peligroso salir más allá de la protección del rey.

Sus padres estaban escribiendo una nota para el resto de la familia, amigos y para el rey, para avisarles que ellos estaban partiendo en este soñado viaje. Ellos habían estado temerosos de decirle de esto a nadie especialmente al rey, por temor que alguien en el reino se burlara de ellos por tener sueños tan grandiosos como este. Después de todo ¿quiénes eran ellos para esperar por tan gran milagro? Ellos eran tan comunes y ordinarios pobres trabajadores, y no alguien que aspirara a hacer algo tan riesgoso y ambicioso como esto.

Finalmente la madre subió a la carroza, mientras su padre la cogía con ternura para ayudarle a subir también. El rostro de su padre brillaba con entusiasmo mientras él la alcanzaba a su madre quien la esperaba con los brazos abiertos. Luego su padre tomo su lugar en la carreta y tomo también las riendas de los caballos y con un grito, los caballos galopaban afuera y más allá del castillo del rey hacia la ciudad esperanza más allá en la lejanía de la tierra.

Ellos esperaban que este fuera un viaje muy especial. Tal vez si hubieran confiado sus esperanzas, sus sueños, y hubieran pedido la protección del rey para su viaje, hubiera sido mejor, pero no iba a ser. Mucho antes que el atardecer de la primera noche cayera, un malvado y diabólico príncipe guerrero quien vivía en lo más profundo del oscuro bosque, los atacó tan viciosamente que la pequeña Joy fue disparada de un manotazo mandándola volando por los aires, cayendo detrás de unos arbustos. Sus adorados padres fueron salvajemente golpeados y abandonados a su muerte junto a la carreta que momentos antes había ofrecido tanta esperanza para el futuro. El diabólico guerrero cabalgó con una sonrisa macabra, saboreando su victoria y en la destrucción que había causado a sus indefensas victimas.

Joy se dio cuenta que no había más esperanza para ella o sus padres que momentos antes habían expirado. Joy se dio cuenta que no podía pararse o gritar porque no había nadie que la ayudara en un paraje tan solitario en la jungla.

Por lo menos, eso es lo que ella pensó, pero de pronto ella oyó los cascos de muchos caballos, ella se hubiera muerto del miedo de no ser porque ella reconoció las trompetas de su rey. Tan pronto oyó los gritos de batalla de los bravos caballeros conocidos en todo el reino de Eon. Ellos estaban allí cerca de ella y llamaban su nombre. Con un solo grito del fondo de su corazón ella llamó su atención. El mismo rey metiéndose entre los arbustos la encontró y la levanto en la protección de sus poderosos brazos, y viendo los cuerpos sin vida de los padres de Joy junto a las ruedas de su carreta, el rey pego un grito tan desgarradoramente triste que todos sus guerreros parecieron crecer diez metros de altura, mientras se reunían para atender los lamentos de su temerario líder.

El rey no iba a dejar pasar esta afrenta, y no tenía ninguna duda de quién había cometido esta atrocidad. Con una señal de su cabeza el rey envió a sus caballeros a lo profundo del bosque a buscar al diabólico guerrero, quien se había atrevido a tocar a sus amados súbditos.

Joy lloró amargamente en los brazos del rey, él dijo, "Si solo me hubieran dicho lo que necesitaban para ti, yo les hubiera dado todo lo que ellos necesitaban incluyendo mis poderosos guerreros para que los protegieran. Ellos sufrieron en vano. Pero tu mi niña no sufrirás más, tu serás como mi propia hija, yo te cuidare y vivirás conmigo en el castillo celestial en el reino de Eon. Y cumpliré los deseos de tus padres y haré que puedas caminar como los otros niños del reino. Y así lo hizo.

A través de los años Joy se convirtió en una hermosa joven, pero nunca pudo olvidar ese horrible día en el que perdió sus padres. Mas el rey había cuidado de ella, la había amado y enseñado como si hubiera sido suya desde el principio, nunca permitió que nadie se refiriera a ella en ninguna otra manera que su propia hija. Ella había gozado siempre de todos los derechos y privilegios como si hubiera nacido en la realeza.

Y además podía caminar, el rey había cumplido su promesa, diciéndole que ella era su hija y que nada le faltaría. Incluso le había dado el comando del jardinero real Haniel porque ella amaba las flores y el rey le había confiado el cuidado de los jardines reales. Y fue desde muy niña que ella le había rogado que la dejara trabajar al lado de Haniel para aprender todo lo que podía de él.

Casi nadie sabía porque ella amaba las flores y las plantas exceptuando el rey y su hijo. Y era porque su madre había pedido que se le permitiera ocuparse de las flores y las plantas alrededor de su pequeña casa en la villa, cuando Joy era una niña. Su padre no quería gastar dinero en flores y plantas porque quería ahorrar hasta el último centavo para su gran viaje. Pero los deseos de la madre habían sido concedidos y le habían permitido a Joy este pequeño lujo, ya que ella no podía caminar jugar o trabajar como los otros niños de la villa.

Cuando fue llevada al castillo celestial el rey fue como un verdadero padre para ella. Ella le había mostrado su gratitud con su completa obediencia a todos sus mandatos; pero incluso así ella nunca se había sentido como una verdadera princesa, siempre se sintió menor que los otros en el palacio. Después de todo, ella realmente era la hija de unos pobres súbditos de la villa y no la verdadera hija del rey.

Una cosa que el rey le había prevenido siempre, era de no caminar fuera de los muros del palacio sin alguien que la protegiera. Por supuesto, las memorias de aquel horroroso día no la dejaban ni siquiera pensar en desobedecer. Ella amaba mucho al rey y por eso ella nunca haría algo que le causara dolor o tristeza.

Un bello día de primavera, quiso tomar una caminata alrededor del palacio y observar las flores que crecían por doquier en los alrededores incluyendo sobre el muro de piedra que rodeaba el castillo.

Cuando pasaba por los portones del frente del palacio donde el puente cruzaba la fosa, Joy descubrió las más hermosas flores que sus ojos habían visto. Estaban justo al otro lado del puente al cruzar el camino que pasaba frente al puente, Joy llamó al guardia para que la acompañara para coger algunas muestras de ellas, para plantarlas en los jardines del palacio. Ya podía imaginarse lo bellas que lucirían, con aquel color rosa y pétalos aterciopelados alrededor de todo el palacio.

¡Guardia! Llamo por segunda vez y miro a su alrededor, donde se habían metido todos, ¿Byron donde estas?, siguió gritando ¡Richard! ¿Dónde estás? Y fue a mirar en la casa de los guardias. ¿Dónde se habrán ido todos? Como me gustaría coger algunas de esas flores.

Joy fue a mirar en la torre de guardia arriba del muro, y no halló a nadie, y se quedo por un momento mirando el gigantesco reino al que ella llamaba hogar. Donde quiera que ella mirara pudo apreciar el amor y la bondadosa mano del Rey de Eon. Como me gustaría hacer algo especial por él, pensó. Él siempre la llenaba de amor, pero ella sentía que no tenía nada que darle en retorno. Siempre se había sentido mal de que el Rey había hecho tanto por ella, pero ella era solo una simple súbdita de la villa. Sintió que ella no merecía tanta bondad, cuidado y amor.

Ya sé pensó ella. Lo sorprenderé plantando esas flores en su jardín personal frente a las habitaciones reales. Así que volvió a chequear mirando por las ventanas circulares de la torre vio que los caminos estaban libres y en silencio, no vio extraños por ninguna parte y así en ese momento hizo su decisión.

Iré rápidamente, cruzaré el camino de afuera de la puerta del castillo, arrancaré algunas flores desde la raíz y correré otra vez dentro de los portones antes de que alguien me vea o me coja. Si espero de pronto las flores se marchitaran y no tendré nada que darle al rey.

Y así lo hizo, corrió tan rápido como pudo a través del puente tendido sobre el foso atravesó el pequeño camino que cruzaba frente al castillo y se agachó para recoger las flores. Justamente cuando sus dedos rozaban los pequeños pétalos aterciopelados de un bello tono rosa, oyó el galope tan conocido y familiar del guerrero diabólico, el horror recorrió su cuerpo, y antes que ella pudiera siquiera pararse, él la levantó en vuelo y la sentó fuertemente en la silla de su caballo, que era tan negro y fiero y tan salvaje que sus ojos hubieran visto. Con un brazo tan fuerte la tenía sujeta contra la silla y el caballo velozmente se interno en lo más profundo del bosque.

Finalmente y con una burla le dijo. He esperado por muchos años para robarte de él, pensé que habías muerto junto con tu papi y tu mamá. ¡Tú eres una súbdita común, no eres nadie! Tu lisiada, y falsa, ¿quién te crees que eres reclamando que eres una princesa? Yo te voy a mostrar quien eres realmente. Y cuando llegaron al tenebroso, oscuro y frío castillo, él abusó de ella en todas las formas que su mente podía imaginar. Todo abuso conocido para hombre o bestia, fue forzado en ella. ¡Estas arruinada para siempre! ¡Nadie, en especial tu preciado padre te querrá ya jamás! Esto es lo que tú realmente eres. Habiendo dicho esto, la arrojó en el sótano, cerró la puerta y colgó la llave en su cuello, nadie podrá salvarte, ¡Nadie!

Joy nunca había sentido tanto dolor, tal desesperanza, angustia y vergüenza. Por supuesto el diabólico guerrero estaba en lo cierto, nunca más nadie la querría, especialmente el Rey su padre. Pero claro, ella lo había desobedecido, lo había deshonrado y después de todo lo que él había hecho por ella. Él ya la había rescatado una vez, él nunca lo haría otra vez. Además ella ya no era la misma, se sentía manchada, sucia, golpeada casi hasta dejarla al borde de la muerte. Ella se sintió herida y quebrantada y se lo merecía por haber desobedecido, y finalmente decidió que era mejor dejarse morir en esta pobre cárcel del castillo negro llamado vergüenza.

Mientras tanto en el palacio de Eon, el rey y su hijo el príncipe, se enteraron de lo que el diabólico guerrero había hecho a su amada Joy. Inmediatamente el Rey hizo un llamado a través del reino a todos los caballeros de brillante armadura, y ellos acudieron al llamado del rey. El pidió al príncipe, a su propio hijo, que encabezara la búsqueda de su amada hija, y que la trajera sana y salva de vuelta al palacio celestial.

El príncipe y los caballeros partieron con una feroz determinación, y nada detendría a estos guerreros. Cada uno de estos caballeros estaba determinado a pelear con el diabólico guerrero por su princesa. Ella era la hija del rey, y aunque el diabólico guerrero lo aceptara o no, el rey era su rey también.

Pronto la caballería galopó a través de la noche con tal fiereza, y rapidez que nada a su paso habría sobrevivido. Pronto y cuando se acercaban al castillo, en lo más profundo del bosque. El príncipe llamó un alto y hablo con la autoridad de su padre, tan alto que todos lo oyeron. "Quiero agradecerles a todos y cada uno de ustedes por venir y acompañarme para rescatar a nuestra amada princesa. Sé que han jurado ustedes que nada los detendrá en su propósito, pero tengo que advertirles que hay una sola cosa que puede detenernos incluyéndome a mí. Y no, no es el maligno, porque yo soy su señor, y aunque él se revele hasta el día de hoy contra mi autoridad, no es él quien puede detenernos, la única quien puede detenernos es la misma princesa. Ella debe creer que podemos y la rescataremos, y debe creer que la amamos con un amor incondicional el cual nada puede cortar. Ella ha sido abusada, le han mentido, la han quebrantado y traumado para siempre. Porque ella desobedeció a nuestro padre y por eso ella cree que no la querremos o la amaremos nunca más, y es tan malo así que nadie puede rescatarla, solo yo, y debo ir solo, pero ustedes deben esperar mi señal, si ella creyera en mi amor por ella, si ella le da las espaldas al maligno que le ha robado la vida y su espíritu de nosotros. Si ella me permite, yo la traeré de vuelta. Entonces daré mi señal para que ustedes ataquen al maligno, estén atentos, oren por mí y esperen mi llamado."

Habiendo dicho esto, el príncipe partió cortando a través de la oscuridad del bosque, todos los diabólicos soldados vieron con terror como centellas cegadoras de luz seguían al príncipe, lo cual indicaba que al desafiar al príncipe la lucha sería mortal, y así fue, ya que los malignos perdieron la lucha y aunque el príncipe había sostenido heridas muy dolorosas, resultó victorioso, con el poder de su palabra y la espada de su espíritu.

Muy pronto estaba el príncipe cara a cara con el mismo maligno guerrero tratando de combatir por las llaves del sótano donde se encontraba la princesa. Con un golpe poderoso de su espada y con el aliento poderoso de su palabra, el príncipe cogió las llaves del cuello del maligno, y luego lo encadenó en su mismo castillo, vencido.

Habiendo ya vencido, corrió velozmente donde se encontraba la princesa. Ella se encontraba tirada en el pestilente lodo de la mazmorra, ella trato de esconder su rostro cuando vio que el príncipe entraba a su celda. Con mucha ternura el pronunció su nombre, "JOY" susurró, mírame aún te queremos mucho, ¡NO! dijo ella con una gran vergüenza con una actitud de profunda depresión, ¡ya no soy la misma, estoy manchada para siempre!

¡No, tú eres mía, perteneces a mi padre, tu hogar es en el castillo celestial en Eon!

No vete, no puedo dejar que hagas esto. Todo esto es por mi culpa y merezco lo que me está pasando, además mis culpas mancharan todo lo que yo toque, estoy arruinada sin esperanza, déjame aquí, yo merezco quedarme con él porque soy igual que él, y llorando cubrió su rostro.

El príncipe avanzó junto a ella, se arrodilló y la recogió del lodo, la cubrió con su propia capa de justicia y la envolvió con su bondad. Muy tiernamente la besó en la frente, la bendijo y le pidió que lo oyera. Joy, nuestro padre te vio cuando lo desobedeciste, y el sabía que eventualmente lo harías por que solo eres humana, y tu no entiendes el poder que tiene el maligno para mentir y engañar, Él siempre supo eso y aún así el quiso que fueras suya de cualquier manera.

El ha determinado protegerte, y traerte de vuelta al palacio. Vamos a limpiarte, calmarte y llevarte a donde perteneces para que finalmente seas la verdadera princesa, titulo que te pertenece justamente, para que seas la hija del rey, él siempre ha querido que tú seas suya, pero él tenia que esperar a que tu lo aceptaras de tu propio deseo y de todo tu corazón. De otra manera no serias de él de ninguna manera. El rey aún quiere que tú seas su hija adoptiva. Por eso es que yo fui enviado aquí a través de la muerte y oscuridad a rescatarte del maligno. Y si es cierto que fallaste, pero ya fuiste perdonada, y ahora ¿aceptaras nuestro perdón y me dejaras llevarte de vuelta a nuestro hogar?

Finalmente ella levantó su rostro y vio el cuerpo golpeado y herido, con las heridas frescas de la lucha sostenida con el maligno, su rostro, sus manos y sus pies. Sus ojos encontraron los de él y lo miró profundamente, ella nunca había visto una mirada de total aceptación, de amor y ternura, y pensó que esa mirada había estado ahí siempre pero ella nunca se había percatado de ello, ¿Cómo podía no haberse dado cuenta? ¿Dónde estaba la mirada de condena que ella debería estar recibiendo en este momento? Era cierto había mucho amor en aquellos ojos.

Todo esto era enormemente increíble para ella, "De pronto el dijo, si es cierto yo te amo tanto. Te conozco tan bien que se lo que piensas, pero esos no son mis pensamientos, ni los de mi padre. Yo he venido aquí para rescatarte y no para condenarte. Por favor permítenos amarte con un amor eterno. Ven conmigo, confía tu vida en mis manos, yo te llevaré a nuestro hogar y te daré descanso"

Como podía ella resistirlo, en vez de su dolor y su vergüenza, su amor ahora la sobrecogía. ¡Si! Ella casi gritó, si yo confío mi vida en tus manos porque tú me has probado tu amor por mí. ¿Quien más habría venido a este inmundo lugar a luchar por mi libertad? ¿Quién mas hubiera vencido mi culpa y mi vergüenza? Sólo tú.

Entonces no perdamos tiempo, vámonos. Habiendo dicho esto la subió a su poderoso caballo blanco. Joy aceptó su amor y su perdón de todo corazón y así cabalgaron juntos donde estaban los caballeros con sus brillantes armaduras que reflejando el sol ahora rompían la oscuridad.

El príncipe se detuvo frente a la brigada de caballeros. Vámonos dijo él, partamos juntos, vayamos al palacio celestial y llevemos a nuestra princesa, nuestra flamante nueva hermana, la princesa Joy quien esta vestida ahora con la vestidura real de justicia. Ella ha aceptado su posición de princesa dada a ella por mi padre y yo, a través de nuestro plan de salvación. Dejemos al maligno, ya volveremos por él en su momento, él ya está vencido de cualquier manera.

Así que todos cabalgaron juntos al reino de Eon. Cuando llegaron fueron recibidos con gritos de júbilo y alegría por todos en el reino. Su preciosa princesa había estado perdida, pero había sido encontrada y devuelta en su hogar finalmente, y sin duda alguna ella vivió feliz para siempre.

Así que tú también puedes.

No. No todo en este mundo será perfecto, o mejor dicho casi todo en esta vida es muy duro. Pero esto no es todo lo que hay, nuestras vidas no terminan en este mundo. Solo la vida en este cuerpo termina aquí, esta es solo una etapa de aprendizaje para luego pasar a la vida eterna, esto solo es donde nosotros tomamos la decisión de donde pasaremos la eternidad. Y como Paul Harvey dice, "El resto de la historia será dicho en las hojas de que se escribirán en la eternidad" ¿Sabes tú cual será el final de tu historia?

¿Qué habría pasado si la princesa hubiera elegido pasar el resto de su vida, miserable en el castillo de la oscuridad? ¿Crees que ella hubiera podido ser catalogada como una joven inteligente o brillante, o sería obvio que ella estaba totalmente engañada? Por favor amiga mía no continúes en el engaño, no dejes que el abuso a que has sido sujeta o el abuso al que otros te han sometido, te mantenga cautiva en el lodo del oscuro sótano. Levántate, escucha la voz de nuestro Señor que clama por tu corazón. Oye el susurro de su misericordia en tu oído. Déjale que te envuelva con las vestiduras de su justicia y su perdón. El ha venido a rescatarte. ¿Lo dejarás ir? ¿No suena eso ridículo? Pero muchas que aún leyendo esto han tomado esa decisión, sin saberlo, tu también lo estabas dejando ir.

Sabes, Dios es el rey del universo, nosotros vivimos en su reino. Él nos ha dado la elección de ser sus hijas, princesas, y claro nosotras no lo merecemos, ni podríamos hacer nada para ganarlo. Pero Él insiste que nosotras hagamos nuestra propia elección, sobre ello.

Jesucristo es el Caballero de armadura brillante, el príncipe. Él pago el rescate por nuestra salvación, el precio más caro por rescatarnos del castillo de la oscuridad y llevarnos de vuelta hacia nuestro padre el Rey. Cuando Jesucristo murió en la cruel cruz del calvario, el hizo lo que era necesario para salvarnos del maligno de este mundo. Jesucristo es el caballero de armadura brillante que toda niña sueña. Él nunca nos abandonara o nos olvidará, Él nunca te dejará en tu soledad y te llevará de vuelta al calor y protección de los brazos de nuestro Padre. ¿Dejaras que Él te guíe y te lleve de vuelta?

El maligno continúa tratando de mantener cautivos a los príncipes y princesas de este mundo en su horrendo castillo de oscuridad. ¿Por qué? Porque quiere que lo sirvan en su despreciable dominio. Nosotros podemos reconocer este castillo por nombres que el maligno nunca le daría: miseria, miedo, culpa, rechazo, inferioridad, inseguridad, soledad, depresión, rabia, rebelión o infierno.

Mientras estamos en esta tierra el oscuro castillo puede tomar diferentes nombres para cada uno de nosotros, pero siempre ofrece todo lo contrario de lo que el Padre nos ofrece. O lo que nuestro Padre intentaba darnos.

¿Rechazaras su intento de rescatarte? ¿Elegirías vivir en la oscuridad del castillo del maligno? ¿Rechazarías tu posición justa de princesa o príncipe, o hija o hijo del rey? ¿Por qué no escoger sin dudar tu justa posición como herederos? especialmente después de todo lo que el príncipe, hijo de Dios, hizo por nosotros para asegurar nuestro rescate. ¿Aún así, escogeríamos ser cautivos en el castillo del infierno?

Si nunca le pediste a nuestro rey Jesucristo que te rescate, que venga a tu vida y sea tu Señor y Salvador, tu caballero de brillante armadura, para que vivas eternamente como su hija; o si le has pedido anteriormente que te salve y sabes con seguridad que has recibido su salvación a través de nuestro Señor Jesucristo; y por alguna razón has seguido viviendo como una criatura en cautiverio, reclama tu posición como hija del Rey, pide y espera que él te dé victoria sobre todas esas cosas en tu vida que te han mantenido cautiva y rendida.

Ahora mismo tienes que darte cuenta de quién eres, y después que hayas aceptado la salvación de nuestro Rey, y recibido a nuestro Señor Jesucristo como tu Señor y Salvador, tú debes aceptar tu posición como hija del rey y vivir la victoria.

Tú eres alguien, tú eres una princesa, vive en Victoria.

Día 1

Nuestro Destino en Cristo

Algunas veces nos es fácil aceptar que Dios tiene un destino planeado para otros pero no para nosotros personalmente.

¿Crees tú que Dios tiene un futuro planeado para ti?

_____

Ya que ahora has tomado tu lugar como hija del Rey, tienes que entender que tu Padre tiene un destino planeado para ti, un plan definido para tu vida desde la creación del mundo.

Lee Efesios 1:4

Escribe en tus propias palabras lo que entiendes de este pasaje.

_____

_____

La Biblia nos relata sobre las mujeres que cumplieron su destino. Explora las escrituras sugeridas y llena los espacios en blanco con los respectivos nombres.

Génesis 17:19 : _____ Fue llamada a tener a Isaac aún a su avanzada edad, para probar que para Dios todo es posible

Ruth 1:16, 4: 13-22: _____ Fue destinada a mostrar gran fe, saliendo de su propio país y luego a casarse_____. Eventualmente ella fue la madre de _____, **quien llego a ser el** tatarabuelo de Jesucristo.

Lucas 1: 57-60: _____Fue destinada a convertirse en la madre de Juan el Bautista el antecesor de Jesucristo.

Lucas 1: 26-33: _____ Fue destinada sobre toda otra mujer a ser la madre de Jesucristo.

¿Qué es lo que todas estas mujeres tuvieron en común?
_____

¿Cómo crees que el destino de estas mujeres influenció al mundo?
_____

Si tú eres una madre, tú también tienes un destino que podría influenciar al mundo.
_____

¿Y qué si no eres una madre? ¿Es que una mujer debe ser una madre para tener un destino impactante en otros o en el mundo?
_____

Lee Ester 2:7-9 ¿Cuál era el pasado de Ester ?_____

¿Es que el desafortunado pasado de Ester previno a Dios para incluirla en sus planes y tener un destino especial para ella?_____

¿Será que tu pasado impedirá a Dios tener un plan especial para ti?_____

¿Qué piensas que fue lo que le agradó tanto al Rey sobre Ester?_____

Lee Ester 2:13

¿Cuál era es privilegio especial que le era concedido a la mujer que iba ante el Rey?

Lee Ester 2:15-18

¿Cuándo otra gente conocía a Ester, como respondían frente a ella?

_____

¿Qué fue lo que Ester le pidió al Rey cuando fue llamada ante él?

_____

¿Cómo Respondió el Rey a Ester?

_____

Mañana veremos la razón por la cual Ester era especial, que hacía que todos alrededor de ella la quisieran.

Todos tenemos un destino. Tú también eres una persona importante en el reino de Dios. El propósito que Dios le ha dado a tu vida será realizado cuando te hayas entregado totalmente a él, y usará tu destino para bendecir también a tu esposo y a tus hijos, y los influenciara para que también ellos cumplan con el destino que Dios les tiene preparado. Dale a Dios la libertad de utilizarte en su reino en la tierra. Así obtendrás más satisfacción que la que tú puedas haberte imaginado.

Día 1 Asignación de Acción

¿Alguna vez haz sentido que había algo extraordinario que se iba a cumplir en tu vida? o no lo sabías?, o tuviste miedo de que fuera solo una tonta imaginación tuya?

_____

_____

_____

¿Crees tú que estas cumpliendo el destino que Dios tiene para tu vida?

_____

_____

¿Quiénes son esas personas a las cuales tienes la oportunidad de influenciar en el día a día? ¿Qué impacto puede tener eso en el futuro del mundo?

Día 2

Tú Eres Valiosa a Los Ojos de Dios - Parte I

Cada vez que enseño esta lección en frente de mis alumnas, tengo un material visual que me ayuda a explicar lo que nosotras desesperadamente necesitamos entender. Como no puedo hacerlo visualmente porque no estoy en frente de ustedes, ayúdenme usando su imaginación.

En el frente de la clase, tengo una mesa con diferentes clases de cerámica, cada una tiene una vela en el interior. Todas ellas están hechas del mismo material (arcilla), pero cada una de ellas es diferente, unas son cortas, otras altas, algunas delgadas y otras gordas, algunas son opacas y otras muy coloridas, unas son nuevas, otras son muy antiguas, algunas definitivamente muestran para que son útiles, pero con otras no puedes ni siquiera adivinar para que sirven. Algunas están en perfecto estado, otras están rajadas, otras rotas, una en particular llama la atención porque es muy hermosa y alta; luce como si fuera un carísimo jarrón de la dinastía Ming, de China, luce frágil y de un color blanco con dibujos azules.

Otra cerámica muy particular esta como medio escondida en la parte de atrás, porque esta tiene muchas fallas, esta rajada y tiene grandes huecos y pedazos que le faltan por doquier. Es simple y fea y se encuentra torcida encima de la mesa, ya que parece que la han pegado con goma.

Nosotras somos como estas cerámicas. Todas estamos hechas de arcilla, y hemos sido hechas por la mano del mismo alfarero. Algunas de nosotras somos bajas, otras altas, algunas subidas de peso, otras flacas, tenemos diferentes colores de cabello; también el tono de nuestra piel es definitivamente diferente. Así nos guste vestirnos bien o no, usar maquillaje o vernos al natural, todas tenemos rajaduras en nuestros corazones y en nuestras vidas, así como las rajaduras y cicatrices que vimos en todas esas cerámicas.

¿Tú crees que te ves como alguna de aquellas cerámicas? ¿Cuál de las cerámicas crees que te describe mejor y porque?

Solo para tus ojos: Escribe esos errores y dolores pasados, incluyendo aquellas situaciones en las que te sentiste como una de las cerámicas rajadas o rotas sin haber tenido la culpa.

Ahora observemos una vez más estas cerámicas. ¿Crees que aquella que se ve completamente rajada rota con pedazos que le faltan y que han tratado de pegarla con goma, se sentirá inferior si la ponemos junto a la que luce hermosa y cara? ¡Probablemente si!

Nosotras nos sentiríamos así, ¿verdad? Tal vez, finalmente veremos que no debiéramos sentirnos inferiores, porque todas nosotras somos cerámicas rotas, así se vea en el exterior o no. Fíjate, si miramos aquella hermosa y cara cerámica por detrás, veras que la mayor porción de la parte de atrás está faltando. No podrías haber adivinado mirándola por el frente, como toda mujer en el día de hoy, que muestra solo su mejor faceta, pensando que nadie adivinará o verá el dolor real de sus vidas; pero están muriendo por dentro, sintiéndose inútiles y buenas para nada.

Ahora imagínate una vez más la mesa con las cerámicas. ¿Recuerdas que cada una tiene una vela en el interior? Apaguemos las luces y encendamos todas las velas dentro de las cerámicas. Las cerámicas que lucen perfectas, incluyendo la que luce hermosa y cara, pero que tiene toda la parte de atrás rota, todas lucen oscuras por el frente, no podemos ver la hermosa luz que brilla en el interior; pero aquella que luce rajada, rota torcida y pegada con goma, brilla hermosa para todas a su alrededor, dando una hermosa luz para que los otros la vean. Una vez más, así es como luce nuestra vida rota.

Si tratamos de esconder nuestras rajaduras, nuestras fallas, nuestras dolorosas experiencias de los otros, entonces pareceremos como la pintura de una cerámica. Nuestras rajaduras se convierten en algo bello, solo cuando se las entregamos a nuestro Salvador, y le permitimos brillar su luz a través de nosotras, en la misma forma que la cerámica rajada y rota por todas partes mostraba la belleza de la luz de la vela a través de sus agujeros.

Dios utilizara nuestras rajaduras para alentar a otras que también son cerámicas rotas, pero sin la esperanza de la luz del mundo, el Cristo que no brilla dentro de ellas.

En el libro de Isaías, Dios nos dice que un Salvador vendrá a quitar los pecados del mundo. Dios sabía que nosotras no podíamos hacer nada para librarnos del pecado por nosotras mismas, por eso Él iba a proveer la única manera para librarnos. También describió como sería después que esto fuera cumplido.

Lee Isaías 1:18

¿Qué es lo que Isaías nos dice del pecado y de nosotras?

Hasta que nos volvamos hacia el Señor Jesucristo en arrepentimiento, la pesada carga de nuestras culpas nos invalidará, paralizándonos y robándonos nuestra felicidad. Frecuentemente perdemos la esperanza de ser utilizadas para un propósito mayor en nuestras vidas que nos deja con una sensación de desesperanza y de inutilidad; sin esperanza de encontrar una vida mejor. Dios en su infinito amor y sabiduría, sabía que necesitaríamos una manera de liberarnos de nuestras culpas. La confesión definitivamente limpiaría nuestras almas y nos liberaría de la destrucción de nuestras vidas causada por nuestra auto condena. Es asombroso el darnos cuenta que el maravilloso Dios de todo el universo nos ama tanto para tomar el castigo de nuestras culpas, aunque no lo merezcamos, ¡Esta, mi amiga, es lo que llamamos gracia, favor no merecido, misericordia no ganada de Dios! ¡Su amor nos da paso libre a una vida de paz, felicidad, satisfacción, victoria y significado! ¿Cómo puede ser posible que alguien pueda rechazar esta clase de amor, que nos da la libertad de tener una vida sin culpa?

Después que hayamos pedido al Señor Jesucristo que venga a nuestras vidas, nos convertimos en un recipiente limpio y puro a los ojos de Dios. Él olvida nuestros pecados. Para Él es como que si nunca hubiéramos pecado. Nosotras tenemos un problema intentando perdonar y olvidar nuestras propias culpas, pero Dios no. Tenemos que darnos cuenta que por el amor que Dios nos tiene, una vez que nos hayamos arrepentido honestamente no debemos cargar con nuestras culpas pasadas.

Cuando nuestra cerámica está quebrada por el abuso que otros nos impusieron sin nosotras haber tenido culpa alguna, Dios pone cuidado extra para nosotras. Algunas veces va mas allá de lo necesario para sanarnos y darnos esperanza, para que podamos cumplir con nuestro destino.

¿Recuerda la historia de Ester que vimos ayer? Ella era una huérfana y una huérfana Judía encima de todo. El Rey Nabucodonosor había llevado al pueblo judío al cautiverio durante las tres generaciones anteriores, y aún eran odiados por algunos de los de la gente de Susa. Después que Ester quedó huérfana solo su primo Mardoqueo asumió la responsabilidad de protegerla, ella era considerada una "nadie" por mucha gente y seguramente que todo ello la hizo sentir insignificante en algún momento; pero por el Plan de Dios, Ester estaba destinada a convertirse en la reina de todo el Reino.

Lee nuevamente el capítulo 2 de Ester.

¿Cuál fue la actitud que Ester demostró cuando fue traída al palacio del Rey por primera vez y le informaron que pasaría por el proceso de embellecimiento por 12 meses?

_____

¿Cuál fue su actitud cuando fue traída delante del rey?

_____

Obviamente ella no había pedido ser sacada del único lugar que ella conocía como hogar para ser llevada al harem del Rey y haber sido puesta a toda prueba por 12 meses para agradar al rey. Pero evidentemente ella aceptó la intromisión en su vida con gracia y encanto. Se dice que todo el que la veía la favorecía. Todas sabemos que la belleza exterior es solo tan profunda como la piel. Si Ester hubiera tenido solo belleza exterior, ¿crees que ella habría logrado impresionar a todos los que la rodeaban por los 12 meses? Probablemente no. La gente puede notar la belleza exterior y ser atraída por ella sólo por un corto tiempo. Para ganar el favor de la gente que te rodea día a día, necesitamos belleza interior también y una especial disposición que brilla aún en los tiempos duros.

¿Tienes tú esa clase de belleza?

La única manera de poseer ese tipo de belleza duradera, es cuando dejas brillar a Jesucristo a través de tus rajaduras.

Día 3

Eres Valiosa a Los Ojos de Dios - Parte II

Hoy tu trabajo en casa será sólo leer y orar. Continúa leyendo la Historia de Ester capítulos 3 y 4.

Mujeres de todo tipo de vida tienen la lucha en cómo se ven a sí mismas. Evidentemente esto incluye mujeres exitosas u ordinarias como tú y yo. Aun después que hayamos aceptado al Señor Jesucristo como nuestro Señor y Salvador, frecuentemente experimentamos sentimientos de culpa que pueden paralizarnos en el reino de Dios. El guerrero diabólico del que leímos al inicio de esta semana, aun continúa tratando de encadenar a toda princesa en su castillo de inferioridad.

Recientemente vi a Diana Hagee, la esposa del pastor John Hagee, y ella compartió su testimonio en la televisión, confesó que ella no era la excepción de este mal. Ella nos contó cuán grande había sido su lucha para reconocer su verdadero valor, ya que ella no tenia entrenamiento formal universitario, y que encima de eso ella no tenía los talentos que se esperaban de la esposa de un pastor y de lo inadecuada que se sentía para realizar las tareas del Señor.

Ciertamente yo la entiendo y escuchaba su historia al mismo tiempo que luchaba con el llamado que Dios me hacía en mi vida en Noviembre de 2002. Yo no soy esposa de un pastor así que no tuve que enfrentar el que la gente de la iglesia esperara cosas imposibles de mí como ella lo experimentó. Yo sólo tenía a aquellos cercanos a mí a los cuales responder, y ellos nunca pusieron ninguna presión en mí para aceptar este llamado. De cualquier manera me sentí totalmente intimidada, sin valor, sin educación, sin las apropiadas herramientas y totalmente inadecuada para responder al llamado del Señor para escribir este estudio, y menos para compartirlo con mujeres en todas partes.

Yo pensé, ¡seguramente yo no Señor! ¡No tengo un título universitario que me califique para escribir un estudio como este, y seguramente nada en mi pasado me ha dado el valor para pararme en frente de otras que ni siquiera me conocen!

En la manera que el mundo mira algo así, mi entrenamiento para este trabajo era el menos adecuado. Pero fíjate en esto, el que me llamó para este trabajo es más que adecuado, educado, entrenado y equipado, el utiliza a los inadecuados en el momento que mejor le parece; pero eso sí, ¡Él equipa al llamado!

Dios graciosamente me confirmó su llamado a través de su palabra en 1 Tesalonicenses. A través de todo el libro, continuó una y otra vez hablando a mi corazón, confirmándome que en realidad Él me estaba llamando para trabajar en su reino a tiempo completo, en el ministerio para tocar a la mujer a través de este estudio.

Aún así seguí preguntando ¿Por qué yo Señor? ¡No lo entiendo! Hay muchas otras mejor calificadas que yo. Mujeres educadas que podían hacer este trabajo mucho mejor de lo que yo podría hacerlo. Finalmente ocho días después Él me convenció de aceptar su llamado, El en su infinita gracia, me mostró el porqué.

Lee 1 Corintios 1: 24-31

¿Quién dijo que Dios no tiene sentido del humor? Yo seguía insistiendo y diciéndole a Dios que yo no estaba calificada, que no era lo suficientemente inteligente y más que nada una completa desconocida. ¿Quién me iba a prestar atención? No soy rica ni famosa y no tengo títulos de ningún tipo después de mi nombre, para proteger mi ego.

¿Cómo podría lograr algo para su Reino? La respuesta fue que realmente "yo, no podía" y punto. Si este proyecto iba a tener éxito, fue porque todos se dieron cuenta que tuvo que haber venido de Él mismo. Dios iba a recibir todo el crédito, el honor y la gloria, de cualquier maravilla que resultara en la vida de alguna gente cuando recibieran estas enseñanzas, ¡Aleluya! Finalmente, vino una respuesta la cual me trajo conformidad. Dios estuvo de acuerdo conmigo o mejor dicho, yo había estado aceptando las sugerencias de Dios sin saberlo.

¡Nota estos versos otra vez lo confirman!

1   Yo soy ignorante (de acuerdo a los estándares de este mundo)
2   Soy una persona insignificante (no soy famosa)
3   Soy débil (Pero la fuerza de Dios brilla a través de mi)

4   No tengo influencia.

Pero te advierto, que estos versos confirman y precisamente por eso es que Él me escogió a mí. Porque escogiendo alguien como yo, no podría haber duda alguna que es Él quien es sabio y fuerte y muy capaz de alcanzar y tocar, cambiando las vidas de las mujeres en la tierra.

Nadie podría tener la más mínima duda de cuál fue el origen del éxito, El prometió que confundiría al sabio, (educado), y anularía el pensamiento secular de este mundo.

Una vez más, ¿Por qué Dios llamaría a alguien como yo, cuando Él puede usar a la gente educada, sabia, y famosa que tiene para escoger?

Lee el versículo 28 otra vez y escribe la respuesta.

_____

Dios es capaz de tomar a la persona más insospechable y transformarla en un recipiente que Él pueda usar para su honor y gloria. Todo lo que Él necesita es que nosotras tengamos la disposición, que dejemos de preocuparnos si somos inferiores o no y nos demos cuenta de que en realidad somos inferiores, de que nos faltan muchas cosas. Pero cuando nos convertimos en hijas del Rey Jesús, tenemos su justicia y su adecuación. Cuando vivimos con fe en Dios, Él trabaja en nosotras en formas que nunca hubiéramos podido imaginar fueran posibles. Él puede hacer estas cosas y quiere hacerlo, así su reino crece mientras Él usa a su gente.

Queridas damas, nuestra justicia no tiene nada que ver con lo que nosotras hayamos hecho o no. Tiene que ver con lo que Jesús hizo en la Cruz. Cuando le pides que venga a tu vida como tu Señor y Salvador, el Padre solo ve su justicia en nosotras.

¿Tú ves? Todo esto no es acerca de nosotras, es acerca de Él. Además su sabiduría, su entendimiento, su fuerza, su plan y sus éxitos dentro y a través de nosotras traerán la victoria final.

Si le permitimos al diabólico guerrero inmovilizarnos en nuestro servicio a Dios, por nuestros sentimientos de culpa, inseguridad e inadecuación, los que nos rodean sufrirán también. Aquellos que Dios quiere alcanzar a través de nosotras, permanecerán sin ser alcanzadas y sus vidas permanecerán sin el cambio. ¡No debemos permitir que eso suceda!

El maligno busca mantenerte atada a tu miseria, a tu culpa y a tus dudas, el hace todo lo que puede para detenerte y que no cumplas tu destino en Jesucristo. Piensa en esto. ¿Quién podrá encontrar a Jesucristo como su Salvador o encontrar aliento, sabiduría o fe si el maligno la tiene atada? Mira a tu alrededor hay muchas que aún esperan al príncipe de brillante armadura que las salve. Ellas dependen de ti y que les digas acerca de la libertad que les espera a través del Señor Jesucristo.

¿Estás dispuesta a intentarlo? ¿Estás dispuesta a ser rescatada? ¿Estás dispuesta a encontrar a otras que necesitan ser rescatadas también?

Piensa en Ester, ella era la candidata menos obvia; pero Dios la utilizó en una grandiosa forma, para ser parte del más maravilloso intento de rescate de sus días. ¿Te diste cuenta en la lectura de Ester que ella recibió las bendiciones de Dios, con gracia, hermosura y agradecimiento? ¿Has estado viviendo con el dolor de tus culpas, sin haber estado recibiendo las bendiciones de Dios porque sientes que no te las mereces?

¡Claro! tienes que darte cuenta que por ti misma no las mereces; pero si Jesucristo es tu Señor y Salvador, es su valor que te hace valiosa a ti también.

Día 3 Asignación de Acción

Solo para tus ojos: Queridas damas, es el momento de nivelarnos, el momento de ser honestas con Dios, es el momento que de una vez por todas pongamos los pecados, dolor, abusos, sentimientos de inadecuación, inferioridad y culpa que nos han mantenido prisioneras en el castillo del maligno. ¿Cuál es el nombre del castillo en el que el maligno ha tratado de mantenerte prisionera? Escribe tu historia para el Señor, después que lo hagas, permítele rescatarte de una vez por todas y pídele que te muestre el destino para el cual fuiste creada.

_____

_____

_____

_____

_____

_____

_____

Día 4

Eres Valiosa a Los Ojos de Dios - Parte III

Lee el capítulo 5 de Ester.

Ayer estudiamos la Historia de Ester y vimos mi propia lucha personal con mi inseguridad y mi inadecuación. Mientras que Dios continuaba enseñándome y dándome la mejor educación a través de su palabra, me di cuenta que realmente tenía la intensión cuando dijo que Él me daría las fuerzas para hacer todas las cosas que Él me asignaría para hacer.

Nuestra inseguridad crea otros sentimientos de inferioridad, inadecuación, culpa, rechazo, depresión e inutilidad. Estos sentimientos darán como resultado el que nos opaquemos haciendo el trabajo que el Señor nos ha llamado hacer y nos hará sentir más inferiores que todos los demás. Nos volvemos críticas, celosas, amargadas y nos hacemos y hacemos a todos los que nos rodean miserables con estos sentimientos de inseguridad.

De igual manera, nos volveremos ruidosas y desagradables para ocultar nuestros sentimientos o nos marchitaremos en la miseria de una existencia egocéntrica, al enfocarnos en nosotras mismas y nuestras ineptitudes.

En Efesios 4: 1-2 Pablo nos advierte, "Yo, pues, preso en el Señor os ruego que andéis como es digno de la vocación con que fuisteis llamados, con toda humildad y mansedumbre, soportándoos con paciencia los unos a los otros en amor" ¿Qué significa esto?

_____

_____

Lee Deuteronomio 28: 1-14

¿Qué es lo que Dios dice que somos?_____

¡Mi amiga! ¿Quiénes somos nosotras para no estar de acuerdo con Dios? Si Dios nos ha dado sus bendiciones y este versículo nos lo pone muy claro. Entonces tenemos que creer.

Lee Efesio 6:10

Cuando Dios dice, "Somos fuertes en el Señor" Entonces querida no discutas con Él, sólo actúa en lo declarado y se fuerte.

Mateo 5: 14 dice que nosotras somos la luz del mundo. Esto es lo que Dios piensa de nosotras. Finalmente, ¿podemos parar de preocuparnos de lo que el resto piensa de nosotras y concentrarnos en lo que nuestro Dios piensa de nosotras? Si le creemos, finalmente podremos aceptarnos como lo que realmente somos. Una verdadera y positiva imagen viene cuando aceptamos lo que Dios dice sobre nosotras, nuestra estima personal estará balanceada y positiva, cuando aprendamos a vernos como Dios nos ve.

Recuerda, después que hayamos aceptado la salvación, Él nos ve con la justicia de su Hijo el Señor Jesucristo.

Cuando caemos en pecado, aún siendo cristianas dedicadas, entonces en vez de condenarnos a nosotras mismas debemos:

1   Confesarlo
2   Olvidarlo
3   Pedirle que nos de fuerzas para no caer en el mismo pecado otra vez
4   Pararnos y ponernos en las fuerzas de Dios.

Nuestra inadecuación se tornará en adecuación, cuando le permitamos hacer su trabajo dentro y a través de nosotras. Entonces nuestro destino se cumplirá.

Hermanas, Dios tiene un plan para sus vidas, Él quiere usarte para obras grandiosas en su reino, trabajos que traerán a otras a su reino también. ¿Se lo permitirás?

Mañana terminaremos la hermosa historia de Ester, y entenderemos todo acerca del destino.

Día 4 Asignación de Acción

¿Crees que algo te relaciona con esta historia? ¿Tienes inseguridades sobre quien realmente eres en Cristo? Si es así pongámoslas en papel y tinta para que así podamos ver las cadenas aflojándose, ya que nos han mantenido sujetas por mucho tiempo. Pon una marca junto a las inseguridades que te han detenido de hacer el trabajo de Dios, de la manera como Él quiere que lo hagas.

- No soy suficientemente buena para que Dios me use.
- Mi pasado es muy malo y mis pecados son muy grandes.
- No soy suficientemente bonita o presentable.
- Soy demasiado joven.
- Soy demasiado vieja.

- No soy suficientemente inteligente.
- No tengo suficiente educación.
- No provengo de buena familia.
- Soy demasiada pobre.
- Soy demasiada rica.
- He sido físicamente y/o sexualmente abusada por mi esposo, padre, madre u otros seres cercanos y no valgo.
- He sido ultrajada, Dios no usa a las víctimas.
- He sido alcohólica, drogadicta, soy muy mala.
- He vivido una vida de promiscuidad, Dios no me quiere.
- Vengo de una familia de alcohólicos.
- Soy blanca, negra, extranjera, judía, soy de la raza incorrecta.
- Vivo en un mal vecindario.
- No sé mucho de religión para que Dios me use.

Agrega a tu lista si algo adicional te viene a la mente:

_____
_____
_____

Mi hermana, debemos juntarnos y permitirle a Dios sanarnos y de una vez por todas liberarnos de las mentiras de Satanás, que nos dice que no podemos ser amadas y que no valemos nada para las obras del reino de Dios; porque Dios nos dice algo diferente, Él nos dice que nos quiere y que quiere utilizarnos. Yo elijo creerle en vez de oír al enemigo. ¿Qué elijes tú?

Día 5

Tú También Tienes un Destino

Lee Ester, Capítulos 6 al 9

¿Qué historia tan increíble verdad? Dios tomó una esclava huérfana, la hizo reina de todo el imperio y luego la utilizó para que rescatara del exterminio a todos los de su raza. ¿Te diste cuenta que a través de toda esta historia, Ester siempre fue muy humilde? Ella nunca se envaneció; en vez de ello muy segura pero silenciosamente obedeció a Dios en todo lo que Él le dijo que hiciera. Y porque ella era fuerte pero humilde, Dios pudo cumplir cosas grandiosas a través de ella. Cuando ella descubrió el problema ella no corrió pegando gritos y con fuertes opiniones donde el rey. Ella oró, ayunó y pidió la oración de otros también. Ella siguió lo que su líder espiritual en la tierra le sugirió, luego fue respetuosamente ante la presencia del rey con su pedido. Luego allí ella le dijo claramente la verdad cuando el momento fue oportuno. Tenemos tanto que aprender de esta grandiosa mujer de Dios.

La oración de una princesa:

¿Le has pedido a Jesucristo que sea tu Señor y Salvador?_____

Si aún no lo has hecho, hazlo ahora. Vuelve al capítulo uno, día 4 y sigue las instrucciones y las escrituras que te indicamos allí. Él, el Dios de todo el universo, esta esperándote con los brazos abiertos, rogándote que vengas a Él por perdón, curación, paz y felicidad, no esperes más ven hacia Él ahora mismo.

Una vez que estés segura que Cristo es tu Salvador, escríbele una carta y dile todo sobre tus inseguridades que te han detenido para encontrar y cumplir tu destino en Él. Pídele que te sane la mente y que te de la libertad que nos prometió.

_____
_____
_____
_____
_____
_____
_____
_____

Queridas damas, si continuamos agarradas de estos problemas, nunca experimentaremos la libertad que Cristo nos ofrece a cada una de nosotras. Una vez que le hayamos pedido que llene nuestras vidas con su presencia, Él nos perdona completamente y olvida nuestro pasado. No hay problema que sea muy grande para que Él pueda vencer. Ahora es el momento en que debemos hacer la paz con nuestro Dios acerca de nuestro pasado.

Dile acerca de todas esas inseguridades que te han atormentado por tan largo tiempo. Profundiza, y se honesta de una manera muy personal con Dios. Acuérdate que Él ya sabe cuales son y cómo te han afectado, pero Él quiere oír que tú también lo reconoces, y que estas dispuesta y lista a entregarle todo ello, para que empiece a curar tu mente y tu corazón.

_____

_____

_____

_____

Confiésale tu desobediencia en verte a ti misma como pensaste que eras y no como Él te ve.

Pídele que te perdone por no estar de acuerdo con Él en cuanto a quien eres tú en Cristo.

¿Estás lista para reclamar tu posición como princesa? ¿Cómo hija del rey? Si es así díselo ahora. Porque si no, lo que realmente estarías diciendo es que tú no crees en su palabra y a Dios no le agrada eso.

Pídele que te revele tu destino, y que te de las fuerzas para poder permitirle que cumpla con ese destino en ti y a través de ti. Así como Él lo hizo con la Judía Huérfana, quien cambió la historia.

SEMANA 3

Sensata, Sabia y Controlada!
Señor, porque esto es tan difícil?

¡Me reiría, si no estuviera llorando tan duro! ¡Temo que me estoy ahogando en toda esta locura, y algunas veces quisiera que realmente sucediera! ¿Alguna vez terminas tu día con lágrimas?, porque después de oír a los niños quejándose el día entero, encima de todo el desorden que dejan, el teléfono timbrando, el perro ladrando, ¿Sientes que ya no puedes seguir ni por un segundo más?

¿Todo este drama en tu vida te hace pensar que estás perdiendo la razón? En un momento sientes que no puedes parar de llorar y seguidamente te das cuenta que tu temperamento ha explotado como un volcán y ha dejado una montaña de dolorosas emociones para que toda la familia tenga que soportarla. O por alguna otra razón te encuentras riéndote incontrolablemente histérica, debido al último vaso de leche derramada, pero espérate un segundo, aquí vienen las lágrimas otra vez. Y hablando de tu niña de dos años, que está junto con tu niño de 4 años, cubiertos con quien sabe que cosa sucia otra vez, ¿no los habías terminado de limpiar hace como treinta minutos? ¿Y por qué no hay paz en tu hogar?

Paz, conoces la palabra. ¡Dios habla de Paz todo el tiempo en la Biblia! Y a ti te gustaría tener un poco de esa rara comodidad ¿verdad? ¿Es tu hogar más un área de guerra que una zona de paz?

Es por eso que muchos días terminas en un estado de confusión y exhausta. La verdad es que muchas mamás empiezan su día en este estado. ¿Tiene que ser de esta manera? No, si estamos dispuestas a oír y aprender del maestro constructor de hogares.

Hay una mejor manera y empieza con unas palabras muy importantes. Disciplina emocional y de comportamiento y una nueva actitud. Nada puede drenarte de energía, sanidad, tiempo, estabilidad emocional, y actitud positiva, como un indisciplinado horario y el despliegue de emociones desenfrenadas. Aunque la vida en el siglo XXI está plagada de presiones de tiempo, demandas imposibles, horarios ocupados e interminables tareas, nosotras podemos conservar nuestra paz. Aun con niños creando caos en nuestro ocupado horario diario, podemos aprender a vivir de una manera más sana, o un estilo de vida más pacífico, aunque sea solo por el día de hoy.

Quejas y chillidos

1. ¡Son ya las 9:00a.m. Debería estudiar mi lección bíblica ahora mismo, pero me gustaría ir al supermercado, antes que se llene de gente, bueno lo haré más tarde.
2. ¡Bueno, niños tendremos que parar en un restaurante para el almuerzo!
3. ¡Muchacha!, no era mi intensión demorarme tanto, pero el supermercado sabe como ofrecer ofertas especiales, y no estaba dispuesta a gastar más dinero esta semana. Pero Juan tendrá que sobrellevarlo.
4. ¡Esta casa es un desastre!, pero me gustaría poner mis nuevas cortinas en la ventana. ¡Lavaré los platos más tarde!
5. ¡Oh no! Niños recojan esos juguetes es casi ya la hora para que papi llegue a la casa.
6. ¡Oh no! ¿Qué voy a preparar para la cena? ¡Esto no es justo! ¡Mi esposo sale de trabajar a las 5:00 pero mi trabajo parece que nunca termina!
7. ¡Niños! ¡LES DIJE QUE RECOGIERAN LOS JUGUETES!
8. ¡No mamá aun no, queremos jugar un poco más!
9. ¡Niños, será mejor que me obedezcan inmediatamente!
10. ¡Mamá tú eres mala, entonces ayúdanos!
11. ¡Okey se acabó, voy a contar hasta tres 1…2…3, háganlo ahora o ya van a ver!
12. ¡No mamá, no queremos Buuuaaaaaaa Queremos algo de tomar!
13. ¡Yo quería tomar en el vaso azul Buaaaaaaa!
14. ¡No, Yo quería el vaso azul Buaaaaaa!
15. ¡Hola, hola amorcito ya llegue!, ¿qué es todo este escándalo, y porque todo está hecho un desastre?
16. (Llorando), estos niños no me obedecen, todo el día limpio la casa y recojo el desorden de ellos y ahora me preguntas ¿que hago todo el día? ¡Te apuesto que ahora me vas a preguntar! ¿Que hay para la cena?
17. ¡Mama, tengo hambre quiero comer ya!
18. Bueno amorcito ¿que hay para la cena?
19. ¡Bueno, tú vas a tener que ayudarme a preparar la cena!
20. Yo también estoy cansado, he tenido que descargar tres camionadas de muebles y estoy……..

21. ¡Bueno yo trabajo duro también! ¡Tú tendrías que cuidar estos niños y de la casa el día entero! Y mi trabajo no termina a las 5:00 como el tuyo.
22. ¡Mama he derramado mi leche en mi cabeza!
23. ¡Todo lo que oigo son gritos, chillidos y alaridos!

Día 1

¿Tú Quieres Que Yo Haga Qué?

Tito 2: 3-5 dice.

"Diles a las ancianas que se comporten como personas que aman a Dios. No deben ser chismosas, ni emborracharse sino, más bien, ser ejemplo para las mujeres más jóvenes y enseñarles a amar a sus esposos e hijos. También deben enseñarles a pensar bien lo que van a hacer y a ser dueñas de sí mismas, a atender bien a su familia y a sujetarse a su esposo. Así nadie podrá hablar mal del mensaje de Dios."

¿No es maravilloso el saber que Dios está interesado en nuestras vidas, incluyendo los pequeños detalles que nos robarían de nuestra victoria en el día a día? ¿No es maravilloso el saber que Él nos promete guiarnos cada vez que se lo pedimos?

La primera forma en que nos guía en hacer menos errores es a través de la enseñanza de su palabra. Muchas veces en el comienzo de mi vida Cristiana, me preguntaba lo que Dios quería que yo supiera en cuanto a ser esposa y madre, y me preguntaba ¿qué es lo que yo podía hacer para agradarle y para que yo fuera eficiente para influenciar la vida de mis hijos en una buena manera, o que podía yo hacer para ayudar a mi esposo y a mí misma para que pudiéramos tener la clase de matrimonio que durara para siempre?

Persiguiendo la voluntad de Dios para mi vida, encontré que Él ha escrito todo lo que era necesario, para que pudiera tener una vida de gozo, de felicidad y de éxito. No sólo en las áreas de esposa y madre, sino como mujer.

Encontré que uno de los versículos de la Biblia sobre este tópico, es el pasaje mencionado arriba de Tito 2: 3-5. Este pasaje es tal vez uno de los más preciosos y concretos, dedicado a la mujer y por eso es la base para este estudio.

E mencionado el verso arriba descrito de la Biblia ampliada porque incluye más explicación que en el texto original de muchas otras versiones y es de allí de donde nosotras tomaremos nuestras lecciones semanales. Este verso tiene ocho principios que Dios quiere que las mujeres mayores enseñen a las más jóvenes.

1. Para vivir vidas disciplinadas y de auto control, con una buena actitud.
2. Para amar a nuestros esposos.

3. Para amar a nuestros hijos.
4. Para ser discretas y experimentar sanas emociones.
5. Para vivir vidas de pureza.
6. Para estar a cargo de nuestros hogares.
7. Para adaptarnos a nuestros esposos.

Empezaremos el estudio de este verso con el primer punto: Para vivir vidas disciplinadas y de auto control, con una buena actitud, sobre todo. Ya te puedo oír: ¡Bendición Brenda!, ¿Por qué mejor no me pides caminar sobre las aguas y terminar con el asunto ya? Por favor, préstenme atención todas ustedes. Yo puedo asegurarles que Dios les dará las fuerzas para hacer cualquier cosa que Él les pida, solo espera y observa.

Algunas de ustedes habrán leído este verso y habrán visto la palabra sobrio, listada como una instrucción, aquí la traducción del griego sophronize, esta traducida como simple sobrio.

¿Qué es lo que automáticamente piensas cuando oyes la palabra sobrio?

_____

La mayoría de la gente piensa en la palabra sobrio cuando se refiere al alcohol o drogas. Pero en este texto se refiere a un estado mental y no a un estado físico. Una buena concordancia, define sophronize como una mente tranquila, disciplinada y correcta.

¡En otras palabras Dios está diciéndonos que seamos disciplinadas y obedientes lo cual daría como resultado una mente sana!

¿Cómo puede una esperar tener una mente sana cuando una vive en un zoológico? ¿Puede una vivir en un hogar con niños sucios desordenados y mamás que se desmoronan y esperar tener una mente sana?

Si podemos creer a Dios, y seguramente que podemos, entonces hay esperanza para todas nosotras que vivimos en un loco zoológico del mundo.

Describe un día normal en la vida de tu familia. Incluye en la descripción una nota de los hábitos de obediencia de tus niños.

_____

_____

_____

Lee Proverbios 22: 15

De acuerdo a este versículo ¿qué es lo que hay en el corazón de un niño?

_____

¿Qué es lo que sacará la necedad de su corazón?

¿Hay alguna aplicación en que es lo que pasará si esta necedad es autorizada a continuar?

_____

¿Si este niño crece siendo un adulto indisciplinado, que llenará su corazón?

_____

Lee 1 Corintios 13:11

¿De acuerdo con este versículo, que es lo que la mujer adulta Cristiana debe hacer?

_____

¿Puedo terminar la lección de hoy con otra pregunta? Si la mujer, la esposa, la madre, en la casa es indisciplinada y desobediente, ¿cómo es que ella va a enseñar a los niños a ser disciplinados y obedientes?

Día 1 Asignación de Acción

La asignación de hoy es fácil; pero ardua.

Ante todo ora y pídele a Dios que se revele a ti, en la aplicación de su palabra en tu propio corazón, y en tu vida durante esta semana.

Cuando recuerdas tu niñez, ¿Tus padres o guardianes insistieron en tu obediencia? ¿Te disciplinaron amorosamente cuando te revelabas?

_____

_____

Evalúa los hábitos de tu vida en relación a ti misma como una mujer disciplinada, esposa y madre. ¿Te revelaste frecuentemente a las instrucciones de Dios en tu vida?

_____

Día 2

El Problema

Auch, Como que la lección de ayer mordió un poquito ¿verdad? ¿Sentiste tanto remordimiento en el área de la disciplina como yo? Dios está buscando ayudarnos a aprender a ser mujeres disciplinadas, para que podamos efectivamente enseñar a nuestros niños, a ser disciplinados.

¿Qué es lo que te hace pensar la palabra disciplinado?

___

La mayoría piensa automáticamente en castigo cuando oyen la palabra disciplina; pero ¿sabías que disciplina y obediencia son sinónimos? Si somos personas disciplinadas, somos personas obedientes, las dos acciones van de la mano; castigo no es dis castigo es la consecuencia de no ser disciplinados.

EL Problema

Ahora observemos otra área en la cual tenemos conflictos, y es el problema de quejarnos cuando las cosas no van como queremos.

¿Te quejas frecuentemente, especialmente cuando tus responsabilidades interfieren en las cosas que te gustaría hacer?___

¿Tus niños se quejan frecuentemente cuando son forzados a obedecer?

___

Una de las razones por la que los adultos se quejan es porque somos básicamente egoístas, y a menos que el espíritu de Dios regule nuestras vidas, nos gustaría hacer lo que queremos, y la otra razón por la que nos quejamos es porque somos temerosas.

Algunas veces somos temerosas de seguir las direcciones de Dios, porque no entendemos sus razones por las que Él permite ciertas cosas, y temos dolor que el cambio puede traer. Temos que el camino del cambio puede ser más difícil que el sendero que ya conocemos.

Seamos honestas, nosotros los humanos muy pocas veces nos gustan los cambios, especialmente si pensamos que el cambio será difícil. Preferiríamos continuar con los problemas de hoy, porque por lo menos ya sabemos lo que son y por lo menos ya estamos lidiando con ellos. Nuestros niños reaccionan de la misma manera a nuestras direcciones, exactamente por las mismas razones.

Por ejemplo, la primera vez que tú niño tiene un dolor de muela, lo llevas al dentista. El niño puede quejarse por ir al dentista porque tiene miedo que no lo puedas ayudar, él pide ayuda, pues tiene miedo que le pueda doler.

El puede preferir vivir con su ya conocido dolor de muela, que ir al dentista que es algo que no conoce.

Aunque tú le hayas dicho que estarás allí y lo protegerás de daño permanente y le hayas prometido que luego no tendrá más el dolor de muela si el obedece. Aún así, el no querrá ir. Su miedo es más fuerte que su fe en ti, su amorosa madre.

La Biblia está llena de ejemplos de adultos actuando como niños, y quejándose cuando tenían temor o las cosas no sucedieron como lo esperaban. Las quejas siempre envolvían:

1. Rendir lo familiar por lo no familiar. El camino fácil por lo que parece ser más difícil.
2. Mostrando una falta de fe en Dios, el amado Padre que ofrece libertad y esperanza.

¿Cómo crees que Dios lidia con nosotros cuando actuamos como desobedientes e indisciplinados niños?

Nosotras vamos a estudiar lo que es probablemente la más famosa historia jamás contada acerca de niños quejones, desobedientes y faltos de fe, pero será de una manera muy diferente a la que tú la hayas oído anteriormente.

La Solución - Parte 1

Por favor lee Éxodo 13: 17-22 y 14: 1-12

Recapitulando, tenemos que recordar que fueron los hechos que dieron como resultado Éxodo 13:17. Los Israelitas habían estado en cautiverio bajo los Egipcios durante muchos años. La madre de Moisés Jocabed, había desafiado las leyes egipcias habiendo escondido su pequeño hijo en una canasta, la cual puso en el río. Confiando enteramente que Dios intervendría en la vida de su pequeño hijo. La única persona que tenía autoridad para salvarlo, la hija del faraón, lo encontró y tuvo piedad de él y llamo a una de sus asistentes, para que lo cuidara hasta que saliera de la etapa de lactancia.

La hija del Faraón le pidió a Miriam, la hermana de Moisés, que le encontrara una persona encargada de lactarlo, por supuesto que ella lo llevó directamente donde su madre quien lo amamantó y cuidó de él. Debido a su fe, Jocabed, vio como Dios protegió a su hijo.

Después que Moisés fue destetado, creció en la casa del Faraón, desarrollándose fuerte en carácter a los ojos del reino. Cuando ya era adulto el vio a un hombre de su pueblo golpeado salvajemente, y en un ataque de cólera asesino al egipcio que estaba golpeando al judío, escapando luego al bosque por miedo a que lo asesinaran.

Cuarenta años más tarde, después de oír el llamado de Dios en su vida y habiendo madurado en su fe, Moisés regresó a Egipto, demandando que Faraón libertara a su pueblo y que los dejara ir a la tierra que Dios les había prometido. A través de Moisés la gente vio grandiosos milagros de Dios, que finalmente convencieron a faraón de conceder libertad al pueblo de Israel. Ahora, observa todos los signos que Dios usó para mostrar a la gente de Israel su presencia.

1. Ellos habían visto como Dios había salvado la vida de Moisés cuando era un infante.
2. Ellos sabían el milagro de cómo él había crecido en el palacio de Faraón.
3. Ellos vieron, que aunque Moisés había cometido asesinato, el retornó ante faraón aún temiendo su muerte, pero Dios intervino a favor de ellos asegurando su libertad.
4. Para probar su deseo de ver su gente libre, Dios envió ocho plagas a los egipcios.
5. La última plaga, que fue la visita del ángel de la muerte a todos los primogénitos de los egipcios, niños y animales, causo finalmente que el faraón accediera a libertar a los judíos.

Aquí es donde Éxodo 13:17 indica, que aprenderemos sobre el amor paternal de Dios y sobre sus hijos que hicieron despliegue de una increíble falta de fe con su indisciplinado y desobediente comportamiento.

Te preguntarás, como es que ellos pudieron dudar de la provisión y de la protección de Dios cuando ya les había probado su amor en grandiosas y poderosas maneras.

En Éxodo 14: 10-12 ¿cuál fue la reacción del la gente frente al primer obstáculo que encontraron en el camino a la tierra prometida? y ¿porqué crees que ellos se quejaron y dudaron de Dios tan pronto consiguieron su nueva libertad?

Lea el versículo 12 otra vez. Así como la primera visita del niño al dentista, los israelitas se sintieron más seguros en su conocida miseria, que en la promesa desconocida de su padre Dios.

Pero antes de que los juzgues duramente, pregúntate a ti misma lo siguiente: ¿Qué actos de fe fueron requeridos de ellos para seguir a Moisés en las direcciones de Dios? En otras palabras, ¿qué es lo que tuvieron que dejar atrás, para ir a la tierra prometida?

_____

Ahora piensa en tu propia vida por un momento. Si Dios te pidiera dejar tu hogar imagínate:

1. Tu puedes llevar solo la ropa que tienes puesta.
2. Solo puedes llevar el par de zapatos que tienes puestos.
3. No cepillo de dientes ni pasta.
4. No ducha ni jabón.
5. No casa.
6. Ni agua ni comida.
7. Ningún mapa, sólo seguir a una nube.

Ahora imagínate, que todo eso tan duro, tenga que ser aplicado a tus hijos también. Basado en tu caso ¿no sería más probable que tú también te quejaras?

_____

Moisés era el líder elegido por Dios para los Judíos. Todos nosotros tenemos líderes que Dios nos ha dado a seguir. Tu esposo es uno de esos líderes. Las leyes de tu gobierno son de otro, los maestros de tu escuela es uno y el pastor de tu iglesia es el otro.

¿Cuando Dios te da direcciones mediante los lideres asignados, recuerdas todo lo que Dios ha hecho previamente? ¿Ejemplificas tu fe en Dios a quienes él ha pedido que sigas, o frecuentemente te revelas cuando estos líderes te dan órdenes que tú no quieres seguir?

_____

Para tus hijos, tú eres ese líder. Tenemos que comprender que nosotros somos el ejemplo más visible de una vida disciplinada que nuestros hijos verán. Si nosotros no somos obedientes y disciplinados a Dios y a los líderes que Dios ha puesto en nuestras vidas, ¿cómo podemos esperar que nuestros hijos acepten nuestra disciplina?

Día 2 Asignación de Acción

¿Aceptan tus niños tu disciplina y son obedientes? Haz una lista de ejemplos recientes en los cuales tus niños se rebelaron contra tus direcciones.

_____

_____

_____

_____

Ayer evaluamos los hábitos disciplinarios, y hoy los hábitos de obediencia de nuestros hijos, ¿hallas alguna comparación entre los dos?

_____

_____

_____

_____

¿Ha revelado Dios alguna área que necesitas mejorar en tu vida o en la de tus niños? Escríbelos en tu diario y entrégaselos a Dios en oración.

_____

_____

_____

_____

Día 3

La Solución Parte II

Mientras crecemos y ejercitamos nuestra auto disciplina, podemos esperar la paz y la alegría que viene de la obediencia a nuestro Padre Celestial. Asimismo nuestros hijos experimentan paz con nosotros, cuando son obedientes a nosotros que somos sus padres. Es la tarea de un padre de enseñar a sus hijos auto disciplina, cuando los niños fallan por sí mismos, el padre tiene que disciplinarlos a ellos. De la misma forma, si nosotras no estamos dispuestas a disciplinarnos por nosotras mismas, Dios lo hará.

Lee estos versículos y sigue los ejemplos. En la izquierda escribe de quién habla el versículo, y en la derecha escribe que fue lo que pasó.

Quién	Qué pasó
Éxodo 14:10-12	Israelitas tuvieron miedo y clamaron a Dios por ayuda
Éxodo 14: 27b	Dios venció a los egipcios
Éxodo 14: 31	Los Israelitas creyeron y cantaron en agradecimiento a Dios
Éxodo 15: 24	La gente se quejo, Moisés oro, y Dios dio buena agua
Éxodo 15:27	
Éxodo 16:2-3	
Éxodo 16:10	
Éxodo 16:19-20	

Éxodo 16:35

Éxodo 17: 3

¿Entiendes el punto? Dios proveyó y ellos se quejaron, solo una vez en todos estos versículos ellos agradecieron a Dios, hijos indisciplinados y desobedientes son siempre desagradecidos, no importa la edad que tengan.

Estoy segura que muchas veces tú como madre, sientes que no importa cuánto haces por tus hijos, nunca es suficiente. ¿Sabías que cuando les dejas quejarse con insatisfacción se sienten más miserables que tú? Todo niño actuará de esta manera hasta cierto punto simplemente porque son niños. Pero tú, la madre, la maestra y entrenadora, estas dispuesta a asegurarte que este comportamiento no continúe. Dios le dio padres a los niños porque ellos necesitaban aprender el comportamiento correcto. Las malas actitudes vienen naturalmente. Y esos comportamientos y actitudes continuarán con ellos hasta que tú les enseñes lo mejor.

Dios no permitió que el mal comportamiento ni las malas actitudes de sus hijos, pasaran sin ser corregidas. Repetidamente Él trató de enseñarles a confiar en él y tener fe en sus provisiones. Repetidamente les mostró que Él oiría y respondería a sus oraciones. Incluso los guió haciéndoles seguir una nube durante el día y una columna de fuego en la noche.

Ellos se volvieron flojos espiritualmente, y no les importó el acordarse de que simplemente siguiendo a Dios, aunque en conflicto, Él les daría sus necesidades en gran manera, y lo mejor de todo es que ellos se encontrarían siendo usados por Dios, el creador del universo para cumplir cosas grandiosas en todas sus generaciones.

Como mujeres, Dios nos ha dado las mismas promesas, para todas nosotras, Él tiene un plan que nos traerá gran regocijo. Debemos también entender, que cualquiera que sea su plan para nosotras, debemos atravesar por desafíos a través de toda nuestra jornada. ¡Dios nunca nos entrega la vida en una bandeja de plata! Él permite que tengamos que luchar a través de todo nuestro camino porque esas luchas son las que nos maduran y nos hacen fuertes. Él requiere de nuestra fiel disciplina y obediencia para cumplir nuestro destino. Sin una vida disciplinada y de obediencia, nunca alcanzaremos una verdadera victoria.

Ahora comparemos la vida de Jesucristo con los ejemplos dados por los Israelitas. Encontraremos que la vida de Él fue completamente opuesta a la de los Israelitas en el desierto.

Lee Mateo 17: 24-27

Jesús era Dios encarnado y pudo rechazar el pago de los injustos impuestos, pero dio una razón válida para pagarlos, ¿Cuál fue esa razón?

Jesús escogió la disciplina y obediencia a la autoridad del gobierno, aunque Él era la más alta autoridad de todo el universo. Él escogió obedecer porque era lo correcto, que simple. Una acción sin egoísmo ¡Qué amoroso! ¡Y qué gran ejemplo! Jesús nunca hizo nada en contra de su palabra escrita, y nos indica que nos disciplinemos a ser obedientes a las autoridades que Él ha puesto sobre nosotros, aunque no necesariamente estemos de acuerdo con ellos, es un acto de respeto.

Jesús llevó una vida de disciplina y obediencia. Piensa en esto. No solo obedeció a su Padre Celestial, viniendo a esta tierra sino que obedeció a las autoridades terrenales mientras estuvo aquí.

¿Recuerdas nuestra instrucción en Tito 2 de esta semana? La palabra Griega sophorize, fue traducida como sana, sobria de mente, temperada y disciplinada. ¡Ahora todo tiene sentido! El ejemplo de Jesús nos enseña que nuestros hogares serán sanos y en paz cuando nosotras seamos disciplinadas y obedientes hacia Él y a las autoridades que Él ha puesto en nuestras vidas.

Traigamos ese ejemplo a nuestro propio hogar. ¿Cómo es tu propio hogar cuando tu niño de tres años está chillando? Niños chillones, demandantes, indisciplinados y desobedientes de cualquier edad causan caos en nuestro hogar. Adultos o niños los resultados son los mismos. Ningún progreso se puede lograr cuando somos indisciplinados. Lo más triste de todo es que ninguna persona en la faz de la tierra es más miserable, que el indisciplinado, joven o viejo.

Cuando el niño es joven, todo lo demás se detiene si se le deja continuar. Si al niño que está pegando las rabietas se le deja solo, llorará hasta ponerse enfermo, algunas veces hasta perderá el aliento, su cara se pone extremadamente roja mientras que pega su rabieta. Le toma al pobrecito horas para salir de su estado emocional de hacer sus rabietas.

Otra vez piensa en el ejemplo de Jesucristo de una vida disciplinada. El resultado es que Él logró cosas grandiosas para su Padre Celestial y para nosotros. Si nosotras fuéramos hijas disciplinadas y obedientes de mucha fe y enseñáramos a nuestros hijos a ser disciplinados y obedientes también, podríamos lograr cosas grandiosas para nuestro Dios, para nosotras mismas, para nuestros niños, y para los niños de nuestros niños.

Dios nos ha dado sus promesas, caminemos hacia el frente con fe, y permitámosle trabajar dentro y a través de nosotras.

Día 3 Asignación de Acción

Las rabietas no necesariamente tienen que ser ruidosas, con gritos y patadas. Como adultos nuestras rabietas son más maduras en acción, aunque la razón de una rabieta no siempre es madura.

¿Has tenido alguna vez una rabieta con Dios?
_____

¿Por qué fue tú rabieta?
_____

¿Cómo fue la reacción de Dios al respecto contigo?_____
_____

¿Ha tenido tu niño una rabieta contigo? ¿Por qué fue?_____

¿Cómo reaccionaste tú?_____
_____

¿Manejarías la situación de una manera diferente si sucediera en el futuro? ¿Cómo?
_____
_____

Día 4

Mi mamá Solía Decir "Se Una Buena Niña Ahora"

Lee Tito 2: 3-5

Ahora enfoquémonos en otra área de instrucción de este versículo. Si estás leyendo en la Biblia la versión de Reina Valera, verás la palabra *Buena*, o si estás leyendo la versión de la Biblia de las Americas dirá *Amable*.

¿Estarías de acuerdo o en discrepancia con esta declaración?_____

¡Amable es algo con lo que una nace o no!

Desde que tiene que ver con personalidad y temperamento, tienes poco o no control sobre ello. ¿Estás de acuerdo o discrepas con el pensamiento?_____

¿Has tomado alguna vez una prueba de personalidad y temperamento?_____

Si lo hiciste, ¿qué clase de temperamento tienes tú?_____

Como muchas yo también habría estado de acuerdo con esas declaraciones. Todas tenemos tendencias naturales dentro de nosotras de ser extrovertidas, introvertidas, coléricas, alegres, tímidas, o preocupadas, etc. Enterarte de tu tipo de temperamento puede ayudar, pero algunas veces podemos usar una excusa si sabemos lo que hacemos. Por ejemplo:

1. Alguna con un temperamento sanguíneo puede decir, ¡Me encanta divertirme, no me gusta estar regida por un horario, así que aceptare que soy desordenada toda mi vida, jajaja, jijiji!

2. Alguna con un temperamento colérico podría decir. ¡Claro tengo una tendencia de tener un temperamento corto, pero es mi manera de ser, así que tendrán que soportarme!

3. Alguna con temperamento melancólico podría decir, ¡Si soy perfeccionista, debes levantarte muy temprano en la mañana para agradarme!

4. Alguien con un temperamento flemático dirá, ¡Ya déjalo, descansar es más importante que terminar el trabajo!

Desde que realmente hemos nacido con estos temperamentos, ¿podemos cambiarlos?

¿Aceptará Dios que los cambiemos?

Lee Gálatas 5: 16-26

Es asombroso cuanto tiempo una respuesta puede estar allí delante de nuestros ojos y nosotras no la vemos.

Estamos hablando hoy de tener una buena naturaleza y un buen corazón. Versos 22 y 23 revelan el origen de una buena naturaleza y un buen corazón. ¿Cuál es?

El verso 22 nos dice que amabilidad y bondad son frutos del Espíritu, no es algo que puedes elegir de ser solo porque tú lo quieres. La única manera como una persona consistentemente es bondadosa y de buen corazón es cuando está controlada por el Espíritu Santo. Y la única manera de estar controlada por el Espíritu Santo, es de haber recibido al Señor Jesucristo como su Señor y Salvador. Cuando le pides que venga a tu vida. Su Espíritu santo toma residencia dentro de ti, solo y solo entonces, Él puede estar en control de tu vida, para que puedas tener la actitud de buena naturaleza, y el buen corazón, especialmente a través de las luchas del cada día.

Queridas señoras, nosotras no tenemos que quedarnos como estamos, ¡si tú no eres naturalmente amable y de buen corazón, tú puedes serlo si dejas que el Espíritu Santo reine en tu vida!

Si no eres naturalmente amable y de buen corazón, lo serás cuando tus acciones sean controladas por el espíritu y no por la carne,

Cuando lo vemos desde el punto de vista de Dios, podemos ver claramente que en cualquier oportunidad que no estemos actuando, en bondad y de buen corazón, entonces el Espíritu Santo no está reinando en nuestra vida, pero la verdad es que nosotras juntamente con el mundo entero lo sabemos.

Para revisar. ¿Cómo puede una mantener esa actitud de buena naturaleza y el buen corazón que Tito 2:5 nos habla?

___

¿Qué es lo que debemos hacer antes de que el Espíritu Santo pueda trabajar dentro y a través de nosotras para que podamos mantener esa buena disposición?

___

Después que aceptamos a Cristo como nuestro Señor y Salvador, ¿que significa cuando mostramos un mal, impaciente, y crítico espíritu para otros?

___

Ahora queridas damas, antes que la culpa las empiece a comer, quiero recordarles que el Señor nos perdona instantáneamente cuando reconocemos nuestros pecados. Todas nosotras tenemos la propensión de perder nuestra paciencia durante las luchas del diario en nuestras vidas, y actuamos en maneras que no van con lo que somos, las hijas del Rey. Es por eso que es muy importante que tengamos un tiempo de silencio y quietud cuando podamos leer nuestras bíblias y orar. Necesitamos que Dios nos ayude a permitirle que controle nuestros espíritus. Si él controla nuestros espíritus, él también controla nuestro comportamiento.

Muchas veces nosotras como esposas y madres, sinceramente deseamos ser controladas por el espíritu, pero frecuentemente vemos que estamos controladas por la carne, ¿Porque sucede eso? ¿Qué es lo que nos causa a separarnos de aquel que nos ama y puede hacer mas con nuestros temperamentos y personalidades como nunca nadie pudo?

Si buscamos en la palabra incluso podremos ver que estamos en buena compañía,

Lee Gálatas 5:17.

¿Por qué Pablo dice que es más frecuente que nos encontremos controladas por la carne, que por el espíritu?

_____

Lee Romanos 7: 15-20 ¿Haga una descripción del comportamiento de Pablo?

_____

    Como tú puedes ver perfectamente, ¡no estamos solas! ¡Pablo tenía exactamente el mismo problema que nosotras tenemos! Mientras que él quería hacer lo correcto, muy frecuentemente se encontraba haciendo exactamente lo que no quería hacer. ¿Por qué? Porque nuestra naturaleza pecaminosa está en contra del espíritu dentro de nosotras. Nosotras tenemos que continuar la lucha para crecer y estar más cerca del Señor cada día. Poquito a poco mejoraremos. De cualquier manera siempre experimentaremos conflicto entre nuestra carne y el espíritu, hasta el día que entremos en la presencia de Jesucristo en el cielo.

Día 4 Asignación de Acción

Describe la naturaleza de tu temperamento. Si nunca has tomado una prueba de temperamento, describe como reaccionas usualmente frente a las luchas diarias.

_____

_____

_____

¿De qué manera ves tú que necesitas cambiar?_____

_____

_____

Escribe tu oración a Dios, pidiéndole que te ayude a controlar tus acciones y reacciones en las luchas diarias de la vida.

Día 5

Hay Una Constante Lucha

Lee Gálatas 5:18.

¡Pablo identifica cual es el remedio para la lucha entre la carne y el espíritu! ¿Qué es?

_____

_____

El nos dice que solo podemos tener lo uno o lo otro, estaremos controladas por el espíritu ó estaremos controladas por la ley. ¡Pero no te equivoques estaremos controladas de una o de la otra manera!

Versos 22-29 nos dice que si es el espíritu el que nos controla mostraremos en nosotras los frutos del espíritu, que son:

1.	6.
2.	7.
3.	8.
4.	9.
5.	10.

Aprendimos que en Tito 2 nos manda a ser de buena naturaleza, bondadosas y disciplinadas, y actualmente todos estos son aspectos de los frutos del espíritu. No es nada que nosotras decidamos tener. Es el fruto, o la evidencia que se ve en nuestras vidas como resultado de que el Bendito Espíritu Santo está en control. Nosotras no tenemos el poder para regularmente demostrar esta clase de actitudes por nosotras mismas.

Nosotras hemos determinado que la mayoría de nosotras como mujeres Cristianas, queremos vivir en el espíritu, pero nos encontramos muy frecuentemente viviendo en la carne. Descubrimos la principal razón es que la carne y el espíritu lucharan uno en contra del otro mientras que vivamos en este mundo.

¿Qué crees que son algunas cosas que nos causan tropiezos, y nos hace vivir en la carne en vez del espíritu?

_____

_____

Lee Isaías 40: 28-31.

Piensa por un momento en el titulo de este curso: "Tomar de Regreso la Familia" Exactamente por lo que necesitamos este curso, es porque nuestra sociedad está tan ocupada, ocupada, ocupada, que el ejemplo familiar casi ha desaparecido. Por esta razón muchas mujeres no han tenido el entrenamiento o las enseñanzas que las hubieran preparado para enfrentar las luchas normales de la vida lo cual puede robarnos la alegría en nuestra misión de servir al Señor.

¿Te das cuenta que hay ladrones sueltos? Todos los días oímos de ladrones que entran en los bancos o las tiendas a robar mercadería o dinero; pero, ¿sabías tú que hay peores ladrones que esos que robarían tus posesiones?

¡Hay aquellos que están tratando de entrar en tu vida para robar cosas más preciadas que mercadería o posesiones materiales! Ellos son los que nos roban la alegría y la paz. Muchas veces aparecen en la forma de estrés.

Estrés nos roba la alegría y la paz. Pregúntate a ti misma, ¿qué es lo que está causando que te sientas estresada en tu vida? ¿Son las demasiadas responsabilidades? ¿Es que esperas demasiado de otros o de ti misma? ¿Eres perfeccionista? ¿Piensas que puedes serlo todo para todos porque tienes un espíritu demasiado confiado? ¿Es la falta de auto control que hace que te retrases porque no has sido disciplinada en tus responsabilidades? ¿Qué es lo que te está causando que te sientas abrumada con estrés? Casi todas caen en esta trampa en cualquier momento.

_____

_____

Todas tenemos estrés normal. Pero cuando este estrés nos roba de nuestra paz y alegría entonces podremos entender que hemos permitido que las cosas de este mundo-(carne) hayan tomado control de nuestras vidas en vez de la Fe en Dios. Hemos empezado a vivir en la carne en vez del espíritu.

Tenemos que enfocar nuestros ojos en el que tiene el poder de renovarnos, guiarnos y mostrarnos el camino para cumplir sus asignaciones.

Si estamos muy estresadas para ser bondadosas y para tener una buena naturaleza, tal vez estamos enfocándonos mucho en cosas que él no nos ha llamado a hacer. Tenemos que tener cuidado y protejamos nuestro tiempo y atención usándolos inteligentemente, en las cosas que tienen valor eterno.

Cuando nos encontramos estresadas mas allá de lo increíble ¿Dónde encontramos nuestro alivio? Lee Isaías 40:28-31 otra vez y escribe la solución.

¡Dios nunca está estresado! ¡Nunca se preocupa! Él tiene las fuerzas y la sabiduría para renovar nuestras fuerzas y nuestro espíritu. Me quedé muy sorprendida cuando me di cuenta de que Dios nunca se estresa. He vivido muchos de mis días en este mundo bajo las ataduras del estrés sobre cosas por las cuales yo no tenía ningún control. Todas nosotras experimentamos estrés en nuestras vidas diarias, pero el estar abrumadas por el estrés es pecado. El darme cuenta de esto prueba que yo estaba viviendo en la carne en vez de vivir en el espíritu, me causó mucha consternación.

Tuve que convencerme que si quería alivio del estrés, era tan simple como traer mis sufrimientos, desilusiones, problemas y situaciones al trono de mi Dios. Él es soberano y está en control y es el dueño de todo incluyendo esos sufrimientos, desilusiones, problemas y situaciones, que me están robando mi alegría, en esta tierra. Yo puedo confiar que él puede manejar todo esto, que él me guiará y me mostrará sus soluciones en el momento que yo le de mi confianza y lo hará en el momento que el crea conveniente, no cuando yo lo demande, y ese momento siempre estará a tiempo.

Si vivimos para él y le servimos, él nos dará las fuerzas para cuidar de nuestra familia y para no estar preocupadas. Nos dará las fuerzas para nuestro ministerio para no desmayar. Su espíritu dentro de nosotras nos permitirá ser bondadosas y de buena naturaleza.

Hermana mía, puedes confiar en Dios, él me lo ha demostrado en mi vida una y otra vez, incluso hoy, mientras que lucho para lograr terminar a tiempo con este estudio para entregárselo al publicista para una nueva clase del Zoológico que empieza pronto, mi vida parece abrumada con situaciones en las cuales no tengo ningún control. Solo hace un año que perdí a mi madre en la lucha contra el cáncer, y aún me encuentro en la misma situación, hoy, con mi padre. Mientras él se prepara para enfrentar la lucha por su vida, solo puedo observarlo como se va poniendo más débil cada día. Estoy determinada a confiar en nuestro señor y salvador el señor Jesucristo, para prepararnos para este reto. Para que lo conforte a mi padre y le de paz y esperanza, mientras lo prepara para recibirlo en su mansión celestial y para esa reunión espiritual que lo llevará frente a nuestro salvador, y finalmente a reunirse con mi mamá, "Diles que los amo papá.

Día 5 Acción de Asignación

¿Cómo te ha ayudado la lección de esta semana a entender lo que espera Dios de ti?

_____

_____

¿Cómo te ha ayudado la lección de esta semana en tu actitud?

_____

_____

_____

¿Has observado algún cambio en tu comportamiento como resultado de lo que Dios te ha enseñado esta semana? Si es así descríbelo.

_____

_____

_____

Si tienes el coraje, pregunta a tu esposo o tus hijos si han visto alguna diferencia en tus acciones y reacciones en esta semana y escribe esa respuesta aquí.

_____

_____

_____

_____

Semana 4

Recuerdas Cuando lo Conociste?
Amar a tu esposo – 1a parte

¿Recuerdas cuando preguntabas, Quine es ese bien parecido, guapo, 100% todo macho?

¿Recuerdas como después que lo conociste, pensaste que él era el hombre más maravilloso en la faz de la tierra? ¡No podías esperar más por la próxima cita! ¡Cada vez que el teléfono timbraba, saltabas para contestarlo, esperando que fuera tu príncipe encantador!

Ambos podían pasar horas juntos hablando del futuro, sus sueños, sus pensamientos y sus metas para sus vidas. Lo compartían todo. Cuando el sufría, tú sufrías, cuando el compartía sus ambiciones para el futuro, tú lo soportabas con todo tu corazón y ¡pensabas que él era el más inteligente, brillante, talentoso hombre en la tierra! Era tan interesante y tan romántico y lo seguirías hasta los confines de este mundo.

Cuando estaban juntos, la vida parecía perfecta, el te trataba como a una reina. Todo lo que tú querías el también lo quería. El pensaba que eras preciosa y te lo decía frecuentemente. Estaba siempre atento a cada palabra tuya y te ofrecía apoyo moral y entendimiento cada vez que tú lo necesitaras.

Tú estabas segura que querías pasar el resto de tu vida a su lado, y estabas determinada que estarían juntos para siempre y que tu relación con el siempre estaría fresca y que no se quedaría estancada como los otros matrimonios que tú conoces.

¿Aló, y entonces qué paso?

¿Donde se quedaron las largas conversaciones íntimas? ¿Dónde están las palabras dulces y los elogios?

¿Cuándo fue que sus ambiciones se convirtieron en 16 horas de trabajo diarias?

¿Cuándo fue que los sueños murieron y en su lugar vino un triste temor del mañana?

¿Cuándo fue que paró de ser el hombre inteligente que tu pensabas que era? ¡Digo! Porque ahora él es como cualquier hombre ordinario.

¿Dónde se fue el romance? ¿Cuándo fue que todo el entendimiento se volvió en criticismo?

¿Cuándo bajo los cielos fue que se interesó tanto en el Golf, béisbol, fútbol, baloncesto, y en el decatlón? En cualquier momento ahora esperas su anuncio de su próximo viaje a Holanda para la famosa competencia de guiñadas de ojo.

Y aún más especialmente ¿cuándo es que se volvió tan diferente a ti? Antes parecía que eran tan parecidos.

Él era el que estaba supuesto a proveer para todas tus necesidades, después de todo el es tu esposo, tu líder.

Muchacha, ¿cuándo fue que cambió?

Un libro muy popular fue escrito algunos años atrás, y llevaba el título de "Los hombres son de Marte y las mujeres son de Venus" Yo no he leído el libro por lo tanto no sé si puedo estar de acuerdo con los conceptos pero si estoy de acuerdo con el título, Los hombres por seguro que parecieran haber venido de Marte, y seguramente que nosotras no somos del mismo lugar de donde ellos son.

Hombres y mujeres pensamos diferente, actúan diferente, y tienen diferentes necesidades y deseos la mayor parte del tiempo, ¿Son estas diferencias las que parecen causar todos los problemas?

¿Por qué Dios nos habrá hecho tan diferentes cuando sabía que íbamos a tener que vivir juntos? ¡Él sabía que esto iba a causar problemas! ¿Quién dijo que Dios no tenía sentido del humor? Me pregunto cuantas veces se ríe de nosotras cuando estamos en el medio de "una grande" con nuestros esposos debido a esas diferencia.

Seriamente cuando es una revuelta suave tal vez Dios se ríe; pero cuando permitimos que esas diferencias dividan nuestros hogares, causando serios conflictos y sufrimiento, entonces las risas se apagan, y estoy segura que las lágrimas comienzan.

¿Por qué todo no permaneció como cuando empezábamos a enamorarnos?

Sé que es imposible creer; pero ¿podría o hubiera existido una leve posibilidad que tú también hayas cambiado? Absolutamente no, no es posible dices tú; pero considera esto.

1. ¿Qué es lo que tenías puesto cuando el llegó a la casa anoche? ¿Cuándo estaban de novios hubieras usado esa misma ropa si sabías que él estaba viniendo a tu casa a visitarte para cenar contigo? ¿O te hubieras vestido un poquito diferente? ¿hubieras usado maquillaje, tal

vez un poquito de perfume y arreglado tu cabello? ¿En otras palabras te hubieras vestido para atraerlo?

2. Cuando el llegaba para una cita para cenar contigo, ¿cómo lo hubieras saludado? ¿lo saludaste de esa manera anoche? ¿O no lo saludaste del todo?

3. ¿Te interesaste en saber cómo le fue el día? O solo pensaste en tu corazón Si, si, si. ¿Tú crees que tú has tenido un día malo? Deberías quedarte en la casa con estos niños de vez en cuando, entonces sabrás lo que un día de trabajo es realmente.

¿Punto aclarado? Y lo que estoy diciendo es lo siguiente: Ustedes dos han cambiado. Algunos son buenos cambios, algunos no tan buenos, y algunos cambios fueron simplemente necesarios. Dios sabía que estos cambios iban a ocurrir. El sabía todo lo que íbamos a enfrentar en nuestras vidas, y por eso nos bendijo dándonos su palabra.
Si aprendiéramos cuáles son sus instrucciones y las siguiéramos, el nos promete sus bendiciones, y una vida llena de alegría, incluso en el matrimonio.

Día 1
¿Recuerdas Ese Hombre Tan Guapo Con El Que Te Casaste?

Lee Tito 2: 3-5
Hay probablemente instrucciones más exactas, particularmente para mujeres empacados juntos en estos tres versículos que en cualquier otro pasaje en la Biblia. Solo tres versos pero habla a ancianas y jóvenes, nos dice cuales son las cualidades del carácter que Dios quiere lograr en nosotras, nos dice cuales deberían ser nuestras prioridades, y cuál debería ser nuestra actitud diaria.

Estoy segura que ya te habrás dado cuenta; pero en los versos que preceden este párrafo y los que le siguen inmediatamente Dios le habla a nuestros esposos y les da instrucciones. Ahora chicas, nosotras no podemos hacer nada para forzarles a leer y seguir estas enseñanzas, pero podemos hacer algo para seguir las instrucciones que Dios nos ha dado.
De hecho, el concejo de nuestro padre celestial prosigue de esta manera. Saca el tronco de tu propio ojo antes que intentes sacar la pajilla que está en el ojo de él.
(Mateo 7: 3-5) OHHHH esas son palabras un tanto duras pero ciertas.

¡Así que, Señor! ¿Qué es lo que me dijiste que querías que yo aprendiera? Vamos a ver otra vez. La primera instrucción que nos da en Tito 2:4 es para la anciana, para que enseñe a la mujer joven a amar a sus esposos, ¡Bueno muchachas yo soy una mujer mayor y ustedes son jóvenes así que haré lo mejor que pueda!

¿Realmente quieres saber lo que Dios espera de ti? ¿Estás un poquito con miedo de que en algún momento te des cuenta de lo que él realmente espera de ti? Tendrás que someterte a Dios para experimentar mas cambio del que puedes pedir. Vamos a mirar los hechos, todo cambio es duro, la mayor parte del tiempo es doloroso, para ambos para nosotras y para los que nos rodean, desde que después de todo ellos deberán sufrir a través de los cambios con nosotras. La buena noticia es, de que aunque es duro y doloroso, al final cuando el cambio es completo en nosotros, somos más felices y más satisfechas como nunca pensamos que fuera posible, increíble pero también lo son nuestra amada familia. Hay recompensas eternas por hacer las cosas a la manera que Dios quiere, Y eso es algo a lo que estoy dispuesta a hacerlo.

¿No es irónico que Dios cree necesario decirnos que amemos a nuestros esposos? ¿Por qué nos pide él eso? ¿La razón por la que nos casamos con ellos fue porque los amábamos verdad?

Eso depende mucho de cual es tú definición de "amor" es y si esa definición tuya es la misma que Dios tiene.

Otra vez ve atrás en tus memorias hasta cuando lo conociste y te enamoraste de él.
¿Te acuerdas de esos sentimientos? ¿Te acuerdas cuando te diste cuenta de que estabas enamorada y querías casarte con este hombre? Describe los sentimientos de ese entonces, y que es lo que te causó el querer pasar el resto de tu vida con él, asegúrate de incluir lo que en ese tiempo era tu definición de la palabra amor en ese momento particular de tu vida.

_____

_____

Para entender cómo define Dios la palabra amor, tenemos que mirar a las tres palabras griegas y Hebreas en la Biblia que fueron traducidas, de la palabra amor. En este pasaje, la palabra griega traducida es filandros, lo que significa ser amorosa, tener en alta estima, actuar bondadosamente, valorar, delicada compasiva.
Este es la clase de amor que deberíamos demostrar hacia otros cristianos. Aquí Dios encuentra necesario decirnos a nosotras esposas que nosotras deberíamos tratar a nuestros propios esposos con la misma bondad con la que tratamos a otros. ¡Auch!

¡Cariño, yo solo desearía que me trataras de la misma manera como tratas a otras personas! ¿Es que tu esposo te ha expresado las mismas palabras alguna vez a ti? Mi esposo me las dijo y me hizo sentir tan culpable en ese entonces como ahora, el darme cuenta que nosotras esposas tratamos a nuestros esposos más duramente que a otras personas. ¡Qué vergüenza! ¿Cómo crees que tu comportamiento está en este departamento? ¿Eres más dura con tu esposo que lo que eres con otra gente? ¿Le das una reprimenda a él, en algo que a otros no les dirías ni una palabra?

Juntémonos para finalizar este día en oración y confesión.

Día 1 Asignación de Acción

ORACIÓN DE CONFESIÓN: oremos algo así ó hablemos al Señor desde el fondo de nuestros corazones según al grado de culpabilidad.

"Dios Muchas veces no he tratado a mi esposo con afecto o compasión. Frecuentemente he tratado a otros bondadosamente; pero en casa he demostrado cualquier cosa menos bondad a este hombre que escogí como mi compañero de por vida. Con mucha frecuencia he demostrado fe y confianza en extraños de lo que le mostrado a mi esposo. Algunas veces es como que valoro mis posesiones materiales más de lo que valoro a mi propio esposo. ¡Perdóname Señor, y restaura el amor que una vez sentí por este hombre! Adhiere a esos sentimientos tu amor en acción como nos enseñaste en este pasaje, ayúdame a practicar diariamente lo que tu Espíritu Santo me ha enseñado hoy, Gracias en anticipado por lo que harás en mi vida y en la vida de mi esposo a través de la práctica de esta lección aprendida. En el precioso nombre del Señor Jesucristo, Amen."

Escribe tu propia oración de confesión cómo y con cuánta culpa sienta tu corazón.

_____

¡Ahora chicas practiquemos lo que aprendimos hoy!

Reciban a sus esposos esta noche en la puerta con un beso, trátenlo con compasión y bondad. Díganle algo bueno, no te quejes de nada, y escribe su reacción aquí:

Día 2
Al Papá Oso Le Gusta el Pastel

Vamos a continuar con nuestra asignación, ¡aprendamos lo que realmente significa amar a nuestros esposos!

Hoy leamos 1 de Corintios 13: 1-8

Describe las diferentes formas que este pasaje describe "amor".

¿QUÉ ES AMOR? _____

_____

¿QUÉ NO ES AMOR? _____

Queridas damas, ¿Cómo se calificarían ustedes en la demostración de estos conceptos de amor con sus esposos?

Ya puedo oír a algunas de ustedes, "¿Qué dijiste? ¡Oh pero es que tu no entiendes! ¡Obviamente no conoces a mi esposo! Porque él es tan _____"

¿Es que es él realmente tan malo, Chicas? ¡Vamos a probarlo y descubramos! Observemos la lista de fuerzas de carácter abajo. Haga un círculo sobre los atributos que puedes encontrar en tu esposo, lista los que encuentres y agrega los que sabes que él tiene y no están en la lista de abajo.

1. Hombre de oración
2. Tiene un trabajo fijo
3. Es un hombre de familia
4. Es fiel
5. Trabaja en el jardín
6. Es un líder espiritual
7. Pasa tiempo con los niños
8. Te ayuda
9. Considerado
10. Tiene sentido del humor
11. Es Optimista
12. Divertido y amoroso
13. Práctico
14. Tiene visión para el futuro
15. Es enfocado en sus metas
16. Consistente

Observa a tu hombre. ¿Qué fueron esas cosas que te atrajeron de él en el comienzo y que ahora las has tomado como del diario? Lista esos atributos y otros que se te vengan a la mente de su carácter. Usa espacio extra si necesitas y lista todos los que te acuerdas.

1.
2.
3.
4.
5.
6.
7.
8.
9.
10.

Ahora identifica esas faltas que parecen volverte loca. Sé honesta, usa tu cabeza en vez de tus emociones, ¡Usa espacio extra si lo necesitas!

1.
2.
3.
4.
5.
6.
7.
8.

Ahora ve a "Un pastel para papá oso" colorea el pastel de papá, usa rojo para las fortalezas y azul para las debilidades anteriormente anotadas.

¿Sorprendida?

¿Para que concentrarnos en el pequeño porcentaje de sus debilidades en vez de apreciar el mayor porcentaje de sus fortalezas?

Filipenses 4:8 dice:

Finalmente hermanos, lo que sea verdadero, lo que sea honesto, lo que sea justo, lo que sea puro, lo que sea amoroso, lo que sea bueno, Si hubiera alguna virtud, y si hubiera algún elogio piensa en estas cosas,

Muchachas, este pasaje describe los comandos de Dios, y no son sugerencias.

Un Pastel Para El Papá Oso

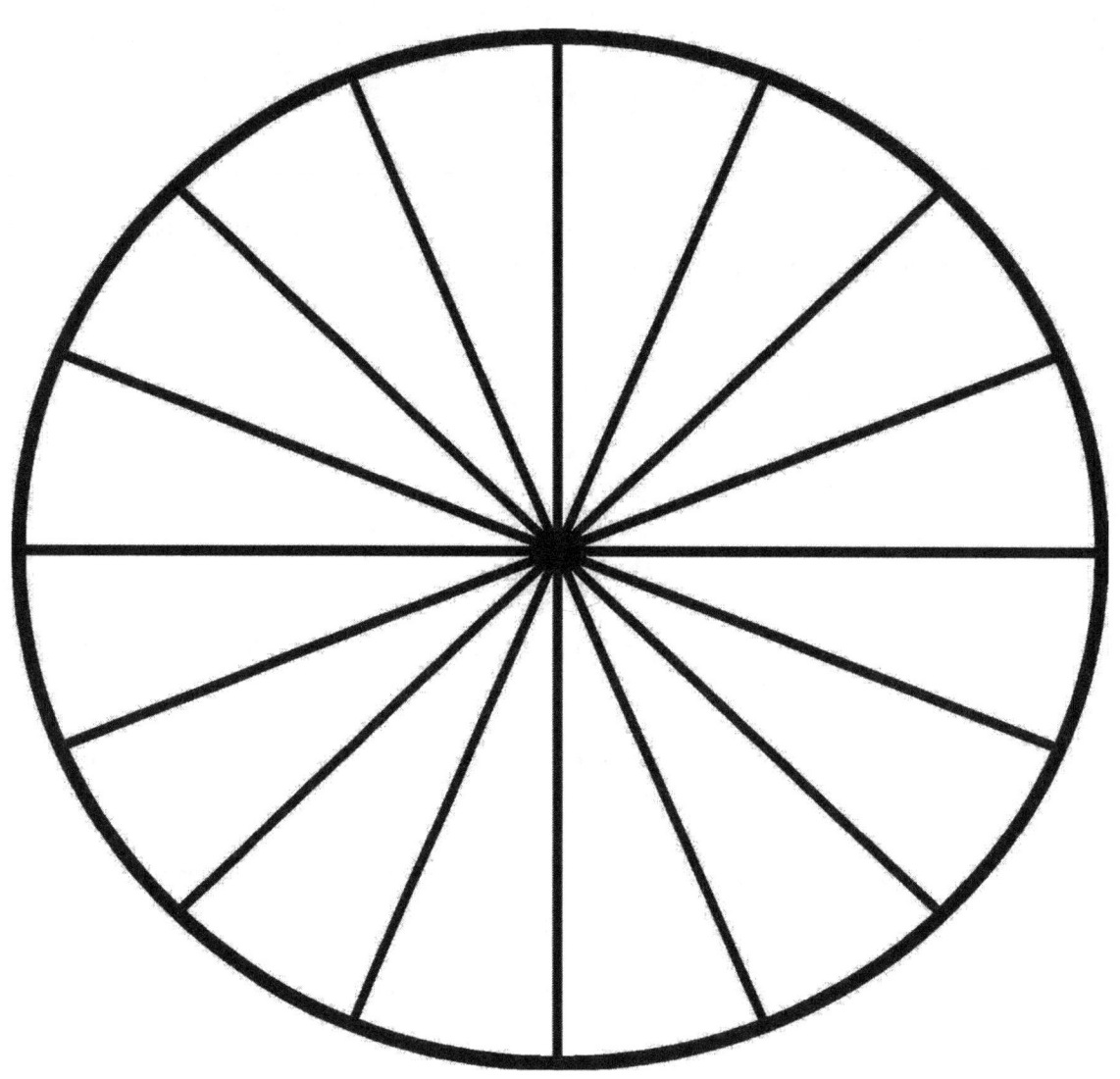

Día 2 Asignación de Acción

¡Vamos a tratar a la manera de Dios hoy! Todo el día hoy, piensa solamente en las buenas cualidades de tu esposo. Cuando estés con él esta noche, ofrécele un regalo de corazón, honesta verbalmente elógiale y agradécele por esas virtudes y su arduo trabajo por ti y tu familia. Hazlo con caricias suaves y un beso, te sorprenderá su reacción.

Planea por anticipado, escribe todas esas virtudes por las cuales le vas a agradecer a tu esposo esta noche.

_____
_____
_____
_____
_____
_____
_____

Escribe su reacción aquí:

_____
_____
_____
_____
_____

¿Qué es lo que aprendiste con su reacción?

_____
_____
_____
_____
_____
_____
_____

Día 3
Dime Otra Vez ¿Cómo Saco Esta Viga De Mi Ojo?

Hoy lee 1 de Corintios 13: 1-8 otra vez.

¿Qué es amor? Recuerda nuestro pasaje otra vez. Cómo recordarás, hemos estado estudiando Filandros, ó lo que es amor de hermanos.

Frecuentemente pensamos en el amor por nuestros esposos como un sentimiento lleno de emociones, sensaciones y ternura. Pero ¿sabías que el verdadero amor es realmente una acción? ¿Sabías que amor no es algo donde simplemente caemos, como caemos en un hueco? ¿Sabías que el verdadero amor es una decisión en vez de solo una emoción? ¡Wau! Eso va en contra de todo lo que aprendimos de nuestra sociedad moderna. ¡Cuando el cine muestra el amor, una siempre cae enamorada y usualmente en esa caída una aterriza inmediatamente en la cama!

De Cualquier manera, concordando con Dios, no es amor real definitivamente, eso es lujuria, y claro después que la relación es construida y el compromiso del matrimonio es hecho, la parte física del matrimonio es extremadamente importante; pero, para que el amor real surja la parte física del amor debe venir del profundo compromiso y aceptación, de todo la relación matrimonial. Dios en su infinita sabiduría, sabía que la parte física era una fundación muy débil para establecer todo el peso de la relación matrimonial solo en ello. Nos enfocaremos en la parte física del amor en la semana siguiente a la que viene. Así que ahora enfoquémonos en la definición que Dios tiene del resto de la relación de amor, la cual será la fundación en la que toda nuestra vida juntos, estará construida.

La palabra de Dios nos aclara, que aunque tengamos toda clase de cualidades espirituales, completo entendimiento de la palabra, y una fe tan grande que puede mover montañas, pero no tenemos amor, somos:

_____.

Otra vez, como hicimos ayer, en el margen de la derecha escribe los ocho conceptos que nos enseña lo que es el amor y lo que no es.

Lee Juan 3:17 Escribe en tus propias palabras que es lo que el verso 17 te dice.

_____

El versículo 17 nos dice que el amor de Dios es incondicional en todo. La palabra de Dios es clara en este sentido que aunque nosotros hacemos muchas cosas antipáticas, Jesucristo no vino a esta tierra a condenarnos por las cosas que hacemos mal cada día; pero en cambio él nos amó y vino a salvarnos a pesar de todo el mal que hacemos.

Frecuentemente, como esposas, nosotras ponemos condiciones para dar nuestro amor a nuestros esposos, somos muy rápidas para condenarlos cuando ellos fallan en lograr lo que esperamos de ellos. Mientras que nos tengan satisfechas, los tratamos con bondad y otros frutos del amor. Y si nos decepcionan no vacilamos en mostrarles nuestra cólera y una actitud ruda y egoísta y llevamos una cuenta estricta de todo lo que hicieron mal en nuestros ojos.

Y claro el hace lo mismo contigo, ¿dirías?

¿Ahora que fue eso otra vez de la viga que tengo en mi ojo, Señor?

Día 3 Asignación de Acción

Usando la definición de amor en estos versos, ¿Han sido tus acciones hacia tu esposo acciones de verdadero amor? Abajo en la primera columna, lista las acciones que tú sabes es tú fuerte, y en la otra columna lista las que ante Dios te has sentido culpable, o son tus debilidades.

Fortalezas
1. _____
2. _____
3. _____
4. _____
5. _____
6. _____
7. _____
8. _____

Debilidades
1. _____
2. _____
3. _____
4. _____
5. _____
6. _____
7. _____
8. _____

¡Recuerda no estoy diciéndote que enteramente todo es tu culpa! Solo estoy diciendo que cada uno de nosotros puede trabajar en uno mismo. Debemos orar y pedirle a Dios que ayude a nuestros esposos. Si queremos que Dios nos oiga y nos responda ayudando a nuestros esposos, nosotras debemos hacer todo esfuerzo para estar en obediencia hacia Dios.

Si trabajas en ti misma, y dejas que Dios trabaje en tu esposo, te prometo que Dios hará el trabajo correcto.

Todo el día de hoy enfoca tus pensamientos en esas áreas en tu vida que tu sabes que necesitas mejorar. Esta noche cuando tu esposo llegue de su trabajo, *deliberadamente* actúa con esas cualidades aunque no lo sientas así, El verdadero amor es una decisión y una acción, no solo una emoción.

Escribe su reacción en respuesta a tu nueva actitud.

_____
_____
_____

Día 4
Damas, Yo Se Que Ustedes Son Agudas e Inteligente; Pero...

Otra vez lee 1 de Corintios 13:1-8

Hoy hablaremos un poco más en detalle acerca del tipo de amor llamado filandros. Uno de los adjetivos usados para describir este tipo de amor fue el "tener un alto respeto por."

Todas nosotras hemos tenido gente en nuestro pasado que han bendecido nuestras vidas en forma excepcional, y por esa razón promovieron que exhibiéramos esa clase de amor por ellas.

Usualmente cuando tenemos en muy alto concepto o respetamos a una persona es porque nos han ayudado en alguna manera muy especial o nos han influenciado en alguna manera.

Piensa en alguna persona de tu pasado a la cual tú la has tenido en alta estima por algo que hizo por ti que influenció tu vida permanentemente. Brevemente describe porque tienes un alto respeto por ella. _____

_____

Ahora, vamos a jugar un juego de suponer por un momento. Supongamos que esta persona hiciera algo que te hiriera. No tan significante. Pero que te haga enojar. ¿La tratarías con desprecio especialmente en público?_____

_____

¿Llamarías a todas tus amigas para descargar tu frustración y a contarles lo tan horrible que esta persona fue?, o por el alto respeto que le tienes, ¿conversarías con ella en privado y luego perdonarías?_____

_____

La lealtad es una rara cualidad en estos días, en vez de tener un corazón de agradecimiento por todas las cosas que tu esposo ha hecho por ti en el pasado muchas esposas permanecen agradecidas y fieles mientras que sus esposos no hagan nada para enojarlas hoy.

El matrimonio se transforma en "¿Qué es lo que has hecho por mi hoy?" una relación sin la lealtad que se necesita para construir un futuro, ninguno esposo o esposa puede vivir con esa presión.

¡Recuerda! El amor no lleva un expediente de males, ¿Estas manteniendo tú una lista de los errores que tu esposo cometió contigo? ¿Cuán larga es tu lista de extorsión para con él? ¿Llamas a tus amigas o tu madre para repetir y recontar todos sus errores que él cometió para contigo? Ó ¿rápidamente llevas tu dolor delante de Dios para que te ayude a sanar y luego lo perdonas?

_____
_____

Lee Mateo 6: 14-15

¿Quién está hablando aquí?_____ ¿Qué es lo que Jesús está diciendo?_____

Estas son las palabras de los propios labios de Jesús. Queridas damas Jesús no nos ofrece una opinión, Él nos da una promesa, Él nos promete no perdonarnos si no perdonamos a otros y esto incluye a nuestros esposos.

Muchas veces en el matrimonio, porque tenemos la tendencia de casarnos con una persona con un temperamento opuesto al nuestro, la esposa se convertirá en crítica y sarcástica, porque su esposo no hace las cosas a su manera o tan rápido como ella lo haría.

Cuanto más aparezcan estas diferencias, lo más impaciente que ella se vuelve. Lo más impaciente que ella se vuelve, lo más que ella lo presionara para que lo haga a su manera y en el momento que ella quiere. Yo entiendo este sentimiento queridas señoras yo también soy una mujer, yo también he sentido estas mismas frustraciones; pero Dios me ha enseñado algo a través de estas pruebas.

Ustedes ven, Señoras, ustedes son agudas e inteligentes y están listas a continuar. Si ustedes se convencen a sí mismas que él no es tan agudo o inteligente como ustedes, ustedes no sentirán un alto respeto por él y lo deshonraran y le faltaran el respeto, y es exactamente lo que el enemigo quiere.

Esta actitud matara su matrimonio.

¿Que siempre estás en lo correcto es lo más importante para ti? Si es así, por favor entiende lo siguiente, ningún hombre será bueno, rápido o capaz suficiente para complacer tus expectativas.

Una señora que se había divorciado tres veces me dijo que ella nunca hubiera dejado su primer esposo si ella hubiera entendido este principio.

Día 4 Asignación de Acción

Tarea # 1:
¿Has estado regañando continuamente a tu esposo por alguna razón?

1.
2.
3.
4.
5.

Lo que sea por lo que lo has estado regañándolo continuamente, ya deja de hacerlo, ya se lo pediste una vez pero más allá de eso es molestoso. Puedes estar segura que si le sigues molestando, Él no lo hará a tu manera ni en el momento que tú quieras, lo que sea que le hayas pedido.

Simplemente no trabaja de esa manera, o por lo menos no hace ningún bien a tu relación matrimonial.

Si quieres felicidad, paz, compañía, romance, y alegría en tu hogar, primero es tu relación con Dios y seguidamente la relación con tu esposo es la segunda prioridad.

Tarea # 2

¿Cuánto tiempo lo vas a extorsionar con la lista que tienes en contra de él?

Ahora ponte en oración delante de Dios, haz una lista de las cosas de las cuales te quejas de tu esposo. No lo mantengas en la mira por estas cosas, no tengas estas cosas como con un hacha sobre su cabeza ya más, Dale sus errores y defectos a Dios y deja que Dios sea quien se encargue de corregirlo a su manera y a su tiempo.

Ahora, como un acto final de perdón hacia tu esposo, y confianza en Dios, anda al lavadero de la cocina y:

Quema la lista.......

Día 5

Es Tan Linda, Como Actúa

¡Auch...La lección de ayer fue dura! ¿Verdad? Pero es cierto, y si le permites actuar, ¡Dios cambiará tus pensamientos desde dentro de ti, entonces ya no será tan difícil! El cambio no sucederá de la noche a la mañana pero sucederá, ¡acuérdate que Dios nos encuentra donde estamos!

Una vez más, lee 1 de Corintios 13: 1-8

En el día 3 de esta semana encontramos el verdadero amor real es una decisión y una acción y no solo una emoción.

Hoy nos recordaremos a nosotras mismas como vivir esa teoría. No solo hablar de ello o reconocer la existencia de esta verdad. Ya que esta teoría particular no es una cualidad natural de nuestro lado emocional, nostras tenemos que hacer la decisión de hacerlo, hay que tomar acción. Es muy fácil reconocer esta verdad, pero no el ponerla en práctica.

Este puede ser un buen momento para recordarnos que es lo que hace esta clase tan diferente a muchas otras: Aquí estamos no solo aprendiendo no solo lo que es la verdad, pero estamos practicando la verdad en el mundo real. Memoriza estos versículos porque tendremos una prueba. (En cuanto veas a tu esposo esta noche)

Los versículos del 4-8 declaran lo que es el amor.

1. Soporta
2. Es paciente
3. Es bondadoso
4. Sostiene y da apoyo en tiempos duros
5. Elige creer lo mejor de quien ama
6. Tiene esperanza en cualquier circunstancia
7. Se regocija cuando la verdad es mostrada y prevalece
8. Nunca falla (se opaca o se pone obsoleto)

Estos mismos versos también nos dice lo que no es el amor, la versión amplificada de la Biblia es aún más específica sobre lo que NO es el amor.

1. No es envidioso
2. No es celoso
3. No es presumido
4. No es altanero
5. No es arrogante ni orgulloso
6. No es rudo
7. No actúa apropiadamente
8. No insiste en hacer todo a su manera, ó cree que está siempre en lo correcto
9. No es egoísta.
10. No es hipersensible, temeroso, o resentido
11. No se enoja fácilmente
12. No se regocija con injusticias

¿Quién podría amar de esta manera? Solo una persona que está controlada por el espíritu puede alcanzar esta preciada meta. Nosotras no debemos sentirnos abrumadas, sino que debemos darnos cuenta que debemos depender de Dios día a día. (Cada hora o minuto a minuto si es necesario) Para hacer sus buenas obras dentro y a través de nosotras. Creerle cuando él nos promete que terminara el trabajo que ha empezado en nosotras.

Tú no estás en esta clase por accidente, fuiste puesta aquí por orden divina. Dios ya ha empezado su buena obra en ti y él ha prometido que la terminará. La única que puede detener esta obra eres tú.

¿Qué piensan de todo esto ustedes señoras? ¿Están dispuestas a que Dios haga esta buena obra de amor en ustedes?

He oído decir a algunas mujeres, ¡Necesito un divorcio! Esto es lo que te digo, No, tú no necesitas un divorcio, lo que tú quieres es que las cosas vayan como las soñaste cuando te casaste con él.

Entonces vamos a trabajar en esto un poquito. Supongamos que recién están saliendo como cuando eran enamorados otra vez. ¿Recuerdas esos primeros días con tu cariñito?

¿Recuerdas como solías vestirte o arreglarte? Te ponías tu maquillaje, perfume y un vestido muy bonito con la intensión de atraerlo. ¿Por qué no lo haces ya más? Te apuesto que él se pregunta lo mismo. Tu esposo se sintió atraído a ti al principio por la manera como te veías. Dios hizo a los hombres de esa manera, Si te preguntas porque él parece que no te presta atención ya más, tal vez deberías mirarte a ti misma con más atención en el espejo. No te estoy diciendo que trates de imitar a una súper modelo, solo te estoy diciendo que te arregles bien, huelas bien y que te comportes alegre y con una actitud invitadora.

Si vamos a permitir que Dios trabaje a su manera en ti, No solo la alegría de esos días volverá pero la alegría barata, será mejorada a una alegría increíble y sentirás una satisfacción tan grande como nunca soñaste que lograrías por ti misma.

Créeme yo la he experimentado y es invalorable cualquier esfuerzo que le pongamos.

Día 5 Asignación de Acción

Esta noche cuando tu esposo llegue del trabajo, vístete en algo colorido y vistoso, ponte maquillaje y perfume, arregla tu pelo, no es necesario que sea muy elegante, chicas, solo practiquen algo de buen arreglo. Muéstrale que pones atención a tu apariencia y a la imagen que él tenga de ti. (Si te preocupa si Dios aprobaría esto lee Proverbios 31:22)

Adhiere a esto tu nueva actitud y tu nuevo entendimiento del verdadero significado del amor y estoy segura que gozaras de tu noche.

Recuerda nuestra meta es obedecer a Dios independientemente de lo que nuestros esposos u otras personas puedan hacer. ¡Tú estás haciendo esto para agradar a Dios! ¡Tú no estás haciendo esto en reacción a la acción de otras personas, hacia ti!

Escribe la reacción de tu esposo aquí:

_____
_____
_____

Empieza memorizando las cualidades que estudiamos en el día 5, en lo que es el amor y en lo que no es. Para el final de la semana 7, las repetiremos de memoria, luego será más fácil para practicarlas en el día a día de nuestras vidas.

¡Tú puedes hacerlo!

SEMANA 5

Como Amarlo Cuando No Lo Quieres Hacer?
Amar a tu esposo – 1a parte

¡No lo hice! ¡Si lo hiciste!
¡No lo hice! ¡Si lo hiciste!

¡Cállate! ¡No, Tú Cállate!
¡Tú Cállate, Tú Cállate!

¿As oído esas palabras alguna vez así tan alto? Estoy segura que si, y muchas mujeres en los Estados Unidos. Algunas veces eres tú quien está equivocada, aunque no lo quieras admitir; pero algunas veces tú no estás del todo equivocada. El asunto es, que si tú realmente no sabes que es lo que hiciste para haberlo enojado tanto así, ¿Cómo respondes?

Qué pasaría en el caso siguiente: Los niños te han enojado el día entero, la secadora se malogró cuando tienes dos cargas de ropa para secar, El perro te dejó un oloroso regalo justo en el medio del suelo donde tú estabas caminando (cuando llevabas una tremenda caja en tus brazos). Mientras limpiabas el desastre, se te quemo el asado en el horno hasta las cenizas.

¡Esa pequeña impertinencia te forzó a tener que servir fideos instantáneos para la cena! ¡Aún así estabas determinada a preparar una buena sorpresa para tu esposo para la cena!

¡Debido a tus devocionales de esta mañana, de alguna manera aún has podido mantener tu sanidad, y una sonrisa en tu rostro¡ ¡Cuando en ese momento llega el buen esposo tuyo….! Dos horas antes de su tiempo normal.

"Hola amorcito. ¡Llegaste temprano hoy! ¿Tuviste un buen día…..?

"Pensé que había dicho que los niños tenían que mantener esas bicicletas afuera…. ¿Y adonde está mi maletín?.... ¡Tú lo debes haber puesto en otro lado ayer….! ¡Después que te dije que no lo tocaras!

¡Hoy llegue al trabajo y con todo el laberinto de esta mañana, me olvidé del maletín, y si hubiera estado al lado de la puerta donde te dije que lo dejaras, esto no hubiera pasado y todo esto es enteramente tu culpa!

¡Tú miras hacia la puerta y allí está el maletín, justo donde él lo dejó ayer!

¿Sientes, hielo corriendo por tus venas?

Ahí está una cosa que me gustaría aclarar en este punto. En este capítulo estamos hablando de explosiones verbales de enojo que suceden en todos los matrimonios de vez en cuando, pero no todo el tiempo. No me estoy refiriendo a situaciones de abuso físico que ocurre en demasiados hogares, si es así por favor busca ayuda inmediatamente. Tú necesitas salir de ese hogar con tus niños, (si los hay) y busca un lugar seguro, Por favor entiende que Dios no espera que tú te quedes en un hogar donde recibes este tipo de abuso. Tienes que entender que tú, tus niños, incluyendo tu esposo nunca podrán recibir la ayuda que necesitan mientras tú te quedes en ese hogar. Después que hayas hallado un lugar seguro, tú puedes buscar ayuda para toda la familia, incluyendo tu esposo si está dispuesto. Quedándote en ese hogar solo hará que las cosas empeoren y que el peligro para ti y para tus niños sea mayor. Confía en Dios y busca un refugio.

Día 1
No Diré Otra Palabra

Lee 1 de Corintios 13:1-8

Bueno, El escenario de apertura.

Puede ser un poquito exagerado, pero ves el punto, ¿Te ha pasado este tipo de situación alguna vez? ¿Cuál fue tu reacción? Se honesta.

_____
_____
_____

La mayoría de las mujeres responderían de una de estas cuatro maneras:
1. Tengo que defenderme. No voy a dejar que me hable de esa manera. Yo puedo gritar tan alto como él. Le voy a mostrar, ¿Quién cree que es él? Él está supuesto a amarme y tratarme con respeto. ……. Bla, bla, bla, bla.
2. (Llorando lastimeramente) "No puedo creer que tu puedes hablarme de esa manera (Buuuu huuuu huuuu), ¡me voy a la casa de mi madre!
3. Con la cabeza y los hombros bajos, susurras, ¡sí señor, yo lo sé amorcito es enteramente mi culpa, trataré de ser mejor, lo siento mucho!
4. Silencio y hielo por todo el siguiente mes.

¿Te sorprendería saber que ninguna de las formas mencionadas es como Dios quiere que tú reacciones?

¿Cómo es que Dios quiere que reaccionemos frente a una explosión de enojo frente a nuestros esposos? Y, ¿cuánto te costaría responder de la manera que Dios quiere que reacciones?

La primera cosa que necesitas es tener el tipo de amor que Dios quiere que tengas.
La semana pasada aprendimos que es el amor Filandros, ó amor que muestra afecto. Para el fin de esa semana, empezamos a ver en nuestra asignación lo que era el amor Ágape, el más puro de los amores. Si la mujer solo tiene el amor filandro por su esposo, ella terminara siendo una estadística más de divorcio en el escenario de líneas arriba.

Ninguno de nosotros esposos o esposas puede continuar sintiendo afecto por alguien, que nos está constantemente gritando y menospreciándonos, o acusándonos de cosas que no hicimos, especialmente si este tipo de explosiones sucede constantemente.

Lo único que puede llevar al esposo o la esposa a través de esta relación y sus luchas en un matrimonio, es la determinación de actuar con motivo en vez de emociones. El amor Agape es la clase de amor que Dios tiene por nosotras. Un amor sin condiciones, eterno, sin importar que pase, sin importar lo que te hace la otra persona, no desaparece, no disminuye.

Aunque ofendido o herido, o cuando se sufre una pérdida o ha habido separación, el amor continua sosteniéndose en el hecho de que estará intacto, aunque se tengan sentimientos amorosos o no.

Acuérdate de la canción que dice, ¿Tú has perdido ese sentimiento de amor? El cantante asume eso porque el sentimiento se fue, y pronto la muchacha también se irá. Esa es la razón principal por lo que hay tantos divorcios en nuestra cultura. Por muchos tan pronto como el sentimiento disminuye, tan pronto como el lado oscuro de la personalidad de la persona levanta su cabeza, El ofendido huye, muchos asumen que las luchas vienen porque el amor ha desaparecido, sin darse cuenta que las luchas vienen y van, y aunque te deshagas de las luchas de hoy. El mañana traerá nuevas luchas las cuales pueden ser más difíciles que las de hoy.

La única manera que un matrimonio puede atravesar los tiempos duros, es entender que el amor continúa porque simplemente alguien ha decidido que el amor se quedará, ¿comprendiste?
Agape es una decisión. Nosotras decidimos amar a pesar de los pecados del amado.
Lee Oseas 3:1 ¿Qué es lo que Dios le dice a Oseas que haga aunque su esposa ha cometido adulterio en contra de él?

___

¿Que dice acerca de la actitud de Dios hacia Israel aun cuando ella busco a otros dioses?

___

El amor ágape no acepta el pecado, no lo soporta, no lo excusa, no trata de ignorar el pecado, no toma la culpa por el pecado. Simplemente continúa existiendo aun en tiempos cuando no es merecido.

Es la elección del que ama, y no del que es amado, no hay nada que el que es amado puede hacer para merecerlo, porque ninguno de nosotros está sin pecado. No podemos ganarlo, porque no está en nuestro poder y no hay nada que el que es amado puede hacer para terminar ese amor por las mismas razones.

Este es un amor sobrenatural que solo viene de Dios y es lo único que te dará las fuerzas para quedarte aun cuando las cosas se tornen duras. Cuando tu esposo saca su enojo en contra tuya, aunque tú sabes que tu no hiciste nada para merecerlo, cuando el escupe insultos que hieren o te trata con frialdad, o rechaza tener la intimidad de la que tienes deseos. El amor ágape será el único que te hará estar, la única manera de que puedes sostener tu compromiso hacia tu matrimonio es el poseer el amor sobrenatural de *Agape* que viene de Dios, que te permite tomar control de tus emociones y de tu voluntad.

¿Qué es lo que tu matrimonio significa para ti?
_____

¿Qué significa para tus hijos? _____

¿Es tu matrimonio lo suficientemente importante para ti y para ellos para que tomes la decisión para que puedas dar *amor ágape*? ¿Aun en esos tiempos en los que te provoca torcerle el pescuezo como a una gallina? Aunque a Dios le puede provocar alguna vez castigarnos duramente, él se frena y espera que nosotros volvamos a su camino.

En Oseas capítulo 7:13, Dios explica en gran detalle cuando dice que quería castigar a Israel duramente, por su constante adulterio en su adoración a otros dioses, pero en el capítulo 11, verso 9, ¿Qué es lo que dice?
_____

Dios en su infinito amor, deja pasar el castigo final de sus amados a favor del *amor ágape* y la paciencia que les tiene para traerlos en comunión con él otra vez. ¿Podemos dejar pasar nuestro enojo con nuestros esposos de la misma manera? ¿Podemos refrenarnos de torcerles el pescuezo como a la gallina, y en vez de eso dejar que Dios lo ame a través de nosotras, que lo atraiga a sí mismo, y le permita restaurar su comunión con Dios? ¿No podemos permitir a Dios que sea él mismo quien corrija su trato para nosotras?

Muchas de ustedes en esta clase han venido de hogares destruidos, lo sé porque ya han compartido esos sufrimientos conmigo. Tú ya sabes del dolor de ser una niña en un hogar incompleto, aun sientes la soledad y el vacío que esa separación te causó. ¿Te gustaría que tus hijos experimentaran ese mismo dolor? ¿No?

Entonces tú deberías estar en disposición de hacer algo que por lo menos uno de tus padres no estaba dispuesto a hacer. Primero debes someterte a Dios y permitirle que él corrija a tu esposo. Date cuenta que tu cólera, resentimiento y amargura están como obstáculos en las acciones de Dios cuando él está tratando de tocar a tu esposo. Cuando el explota en un mal temperamento y tu reaccionas en la misma forma, él no puede oír al Espíritu Santo encima de tus gritos e insultos. En vez de oír tu enojada voz, ¿no sería más beneficioso para él que oyera la voz de su creador en primer lugar?

¡Esto no es fácil! Es muy natural el tratar de defenderte, cuando alguien injusta y odiosamente maltratándote. Pero si vamos a alcanzar victoria en nuestra relación matrimonial, tenemos que aprender a no reaccionar en la manera *natural*. Pero actuemos en la manera *súper natural* del Espíritu Santo. Pero para actuar en la manera *súper natural* del Espíritu Santo, no significa que debemos dejar que alguien abuse de nostras. Al contrario eso no le ayudara a ver el amor de Dios de mejor manera que pegándole de gritos. Aprenderemos más de cómo reaccionar de la mejor manera en las siguientes lecciones.

¿Te acuerdas del pastel para el papá oso? Probablemente sus cualidades positivas sobrepasaron abrumadoramente a sus negativas. ¿Podemos como esposas tener un poquito de gracia? ¿Podemos iluminarnos y alivianarnos un poquito? ¿Después de todo, *amor ágape* es lo que queremos verdad? Dios nos los da, ¿se lo darás a tu esposo como Dios te lo ha indicado? Este es el momento de tomar la decisión.

Día 1 Asignación de Acción

Palabras de decisión:

La fecha de hoy es _____

Hoy, frente a Dios todo poderoso, yo, _____hago la siguiente decisión:

_____

Aunque mi esposo no siempre lo merece, haré lo mejor que yo pueda de darle *amor ágape*. Me doy cuenta que sus acciones no tienen nada que ver con esta decisión; es un acto voluntario de mi obediencia a la orden de Dios.

Aunque sé que fallaré algunas veces en este deseo, haré lo mejor de mí para reconocer que necesito confesarle a Dios y permitirle que me cambien desde adentro para que el *amor ágape* de Dios fluya a través de mí hacia mi esposo. Entiendo que dando *amor ágape* a mi esposo no significa que permitiré, excusaré o encubriré su pecado; pero que permitiré continuar mi amor por él aunque no necesariamente se lo merece. Sé sin lugar a dudas que no puedo lograr esto solo con mi esfuerzo; pero si permito que el amor de Dios fluya a través de mi, sucederá. Yo simplemente me entrego a ti Dios mío, para ser usada por ti como un medio para hacer llegar tu amor a mi esposo.

Oración de Promesa

Ahora, Padre celestial, te confirmo y te prometo en oración esta decisión:

_____
_____
_____
_____

Promesa a mis hijos

A mis hijos,_____,_____,
_____,_____
_____, En adición les prometo orar diariamente, pidiendo la protección de Dios en nuestro hogar y de hacer lo humanamente posible, de mantener nuestro hogar junto, intacto, seguro para su futuro.

Si es posible permítale a su esposo leer esta página, y amorosamente pídale que se una a usted en estas promesas para ustedes mismos, para sus niños y en especial para Dios, a través de la fe en el Señor Jesucristo. No trates de forzar a tu esposo para hacer esta promesa. Debes dejar que el Espíritu Santo haga su trabajo en la vida de tu esposo. Así como lo está haciendo en la tuya. No trates de tomar el lugar del Espíritu Santo. Si lo haces, bloquearás a tu esposo de oír cuando Él le habla. Por favor no cometas este error.

Oración de Promesa del Esposo

_____
_____
_____
_____

Firmado_____

Esposo: _____

Día 2
Tú Tienes Que Dejar a Dios Que Él Haga el Trabajo

Le los versos en 1 de Corintios una vez más. O trata de repetirlos de memoria.

¿Fue el día de ayer duro para ti? Oro para que hayas podido hacer la elección correcta. Si todo esto aún está muy nuevo y muy sensible para ti, y honestamente no fuiste capaz de hacer la decisión entonces sigue tratando, y sigue tratando de permitir a Dios que trabaje dentro y a través de ti. Veras que cuando llegues al punto de que realmente puedes hacer el compromiso, cosecharás más paz y alegría de lo que pensaste, porque aprenderás que paz y alegría no se encuentra cuando nuestros amados finalmente nos traten bien. Solo se encuentran cuando nosotras nos encontramos a nosotras mismas en completa fe, confianza y obediencia hacia Dios. Después que nos hayamos encontrado en la disponibilidad de hacer la promesa, necesitamos aprender a mantener nuestra promesa. Y eso es lo que haremos hoy.

La única fuente de amor ágape es Dios. El único que puede darte la fuerza para ejercitar este amor es Dios. Él debe darte lo que específicamente él requiere que tú tengas para que hagas las cosas a su manera. Porque debemos depender enteramente en nuestro Padre celestial en vez de depender en nosotras mismas.

¿Cuándo te dará el amor ágape? El te lo da cuando se lo pides. Así como cuando pides salvación, Él te la dará libremente cuando sinceramente tú lo quieres. Él no la forzará en ti. ¿Pediste ayer sinceramente? Si así fue, él te lo dio. Ahora lo que necesitas hacer es ejercitar lo que te ha sido dado.

Debes elegir, si continuar viviendo con tu cólera, resentimiento, incomodidad, infelicidad y soledad. Ó elegir ejercitar el amor ágape que Dios te ha dado para que puedas experimentar paz interior, y contentamiento a pesar de tus circunstancias.

Cuando el amor ágape está en control de tus emociones, empezaras a considerar más de lo que piense tu Padre celestial de ti que el trato que te da tu esposo.

Cuando confías en Dios y eliges su camino, Lo liberas para que trabaje en tu esposo de una manera en la que nunca te imaginaste. Entonces se convierte en la responsabilidad de Dios. Y no la tuya, el defenderte y traer a tu esposo en obediencia hacia Dios.

Lee 1 Pedro 3:1

En la Biblia amplificada, lo dice de esta manera. De esta manera las casadas sean sumisas a sus esposos (subordinaos ustedes a ser secundarias y dependientes de ellos y adáptense ustedes a ellos) así que si alguno no anda en obediencia de la palabra de Dios puedan ser ganados no por discusiones pero por las obedientes vidas de sus esposas.

Créanme señoras. Yo sé cuan duro es el tomar este verso, y que fácil es de que pensemos que Dios piensa que no somos tan buenas como ellos. Pero eso no es lo que está diciendo de ninguna manera. Como aprendimos ayer Dios necesita ser el que enseñe a nuestros esposos cual es la manera correcta de tratarnos. Va a tomar más tiempo si Dios tiene que competir con nosotras para corregir a nuestros esposos cuando se están portando mal. Y acuérdense que en el capítulo 2, Pedro había estado enseñando sumisión y actitudes apropiadas de comportamiento, en otros tipos de relaciones humanas, es por eso que este capítulo empieza con la palabra asimismo.

Los versos arriba mencionados pueden ser aplicados a esposos salvos como también a los que no lo son. Si tu cooperas con Dios, tu tendrás influencia en tu esposo, para que el pueda ser ganado hacia la obediencia a Dios. De acuerdo a este verso, ¿que es lo que puedes hacer para influenciarlo a él?

En la versión de Reina Valera. La palabra *conducta* es usada en este verso. Un estudio detallado de la palabra *conducta* refiere a nuestras acciones. Nosotras podemos discutir los problemas con nuestros esposos todo lo que queramos. La Biblia es muy clara en esto. Pero es a la manera de Dios en que los discutamos respaldado por nuestra respetuosa (obediencia), a su decisión final que tiene el poder de ganarlos en santa obediencia. Recuerden, nosotras no podemos cambiar a nuestros hombres. Solo Dios puede hacerlo.

Lee 1 Pedro 2:15 Una vez más, repitiendo lo que dice la Biblia en el lenguaje sencillo:

Dios quiere que ustedes hagan el bien, para que la gente ignorante y tonta no tenga nada que decir en contra de ustedes.

¡Wau!, Dios es muy directo en como él manejará a un esposo que está acusando injustamente, desplegando mal temperamento, o maltratándonos. Yo personalmente pienso que Dios puede manejarlos, ¿no crees?

¡No era lo que esperaban oír! ¿Verdad? Me doy cuenta que la palabra que empieza con "O" es una píldora difícil de tragar para algunas. Dios nos ordena que respetemos la decisión de nuestros esposos, y de que voluntariamente sigamos su liderazgo. La versión Reina Valera en la Biblia llama a eso *"OBEDIENCIA"* Pero esa palabra pone un sabor desagradable en la boca de muchas mujeres; pero ese es un tópico que discutiremos ampliamente en la semana 12. Por ahora necesitas entender lo siguiente: Todos nosotros humanos tenemos otros humanos a los que debemos someternos en esta tierra. En nuestros trabajos debemos someternos a nuestros jefes, aunque no estemos de acuerdo con ellos. Cuando manejamos en la autopista, tenemos que someternos a los que patrullan la autopista aunque no estemos de acuerdo con ellos. En un juzgado debemos someternos a la decisión del juez, aunque no estemos de acuerdo, aun cuando pensamos que es injusto. Toda institución debe tener un líder, uno quien debe aceptar la responsabilidad final por las decisiones. Dios señaló que para el hogar, el esposo es esa persona, aunque nosotras no estemos de acuerdo con ello.

Otra vez, no estoy diciendo que tú debes aceptar todo lo que él dice. Solo digo que hay una manera correcta e incorrecta de corregirlo. La manera correcta no es ciertamente la manera más natural, o más fácil, pero es la única forma de experimentar cambio a largo plazo dentro de la relación matrimonial. Hay una manera de hablar pacíficamente, y no permitir que los maltratos continúen; gritando otra vez, amargándote, poniéndote de alfombra, ó llorando histéricamente, no es la respuesta. ¡Sigue leyendo!

Otra vez, lee 1 Pedro 2:15 y 3:1. ¿Qué es lo que dice el versículo?

_____

_____

Te recuerdo: que para recibir el premio que deseas tú debes hacer las cosas a la manera de Dios. Si quieres que tu esposo te trate con respeto y bondad como Dios manda, Tú tienes que responderle primero de la manera que Dios quiere.

Ten en mente otro punto importante: Nosotras somos duras con ellos por sus explosiones injustas; pero frecuentemente olvidamos las nuestras.

Día 3
Píldoras Amargas Son Duras de Tragar

Por favor mantente especialmente en oración mientras estudiamos la palabra de Dios en estos días. Podrían tener un tremendo impacto en tu vida personal y en tu matrimonio.
Lee Jeremías 29:11

¿En estos versos que es lo que Dios declara que desea para ti?

_____

_____

_____

_____

Con este versículo puedo ver que Dios no solo desea lo mejor para mi; pero él quiere lo mejor para mi, mucho mejor de lo que yo pudiera haberlo soñado por mí misma. Solo el darme cuenta de ello hace que todas las píldoras amargas que hemos tenido que tomar esta semana un poco más llevadero.

Me doy cuenta que Dios no está tratando de quitarme mi individualidad, o mi habilidad de pensar por mí misma; pero que él sabe mejor que yo, lo que me hará feliz, o que es lo que trabajará mejor en mi vida (ó que no) y que ajustes tengo que hacer para cumplir con su sabiduría y requerimientos.

Simplemente, le confío que él guíe mi vida, mis pensamientos y mis acciones.
Desde que estamos aprendiendo a amar a nuestros esposos con amor *ágape*, miremos ahora otros varios hechos que nos ayudarán en nuestra relación con nuestros esposos.
Recientemente, oí a un pastor enseñar sobre como restaurar relaciones rotas. Aquí están algunos de los puntos importantes en como restaurar la relación rota. (Por favor mira los versículos indicados al principio de cada declaración):

1 de Pedro 5:5- La solución para restablecer relaciones quebradas es el de deshacerse de:

_____

_____

Romanos 12:3 Hasta que no nos deshagamos del orgullo falso, nunca podremos tener la clase de relación que Dios quiere que nosotros tengamos con nuestros esposos. El falso orgullo nos hace tener una opinión más alta de nosotras mismas de lo que pensamos (nuestras opiniones) y de lo que hacemos, (nuestras acciones) que lo que debemos.

Seis pasos para restaurar relaciones quebradas

Lee Santiago 4:6

1. PÍDELE a Dios _____

Hasta que no nos demos cuenta que no podemos hacer nada sin la ayuda de Dios, fallaremos y nuestra relación continuará fallando también.

Evita el monstruoso YO, pon a la otra persona primero.

Lee, Romanos 12:10 y Filipenses 2:3.

2. AFIRMA_____

La otra persona necesita que tú *afirmes su valor* como persona y como tu esposo. Recuerda, ustedes se casaron para satisfacer las necesidades mutuas, y no egoístamente hacer que las tuyas sean satisfechas. Piensa en los buenos tiempos, piensa en las buenas cualidades de la otra persona, en vez de ver solo lo negativo, (¿Recuerdas el pastel para el papá oso de la semana pasada?).

¡Conténtense rápidamente! Recientemente, se hizo un estudio en la relación de los monos y se hizo un descubrimiento muy importante. Los monos pelean tanto así como los humanos lo hacen; pero si no hacen contacto de mirada en los cinco minutos siguientes a la pelea, su relación se malograra para siempre. ¡Wau! ¿Es esto importante para nuestra clase o qué?

Lee Gálatas 6:5 y Romanos 3:23

3. RECONOCE tu propio
   _____

Siempre hay dos lados para cada historia. Las dos partes son responsables por decir o hacer y cometer errores, en cada pelea. Algunas veces podría ser tan solo una mala actitud; pero si cada uno reconociera sus errores, se evitaría que el orgullo sea el que gobierne, valoren los sentimientos de cada uno, mientras que se estén acusando, no se logrará ningún progreso.

Lee Colosenses 3:13

4. PERMITE _____

Permítanse los dos ser humanos. Relájense, no se sientan heridos tan pronto. Todos hacemos errores, así que no se tiren de cabeza, cuando el que hizo el error es tu esposo. Aprendan a bromear un poquito, el buen humor ayudará a calmar la tensión, y de seguro funciona en esta clase, ¿verdad? Aprende a dar un regalo de amor cada día.

Lee Filipenses 2:4 y Romanos 15:2

5. ADAPTENSE
_____

Deberíamos siempre estar dispuestas a adaptarnos a las necesidades de la otra persona. Después de todo quisiéramos que ellos se adaptaran a las nuestras. ¿No es cierto?

Lee 1 Corintios 7:4, Filipenses 2:5-7 y Romanos 15:5.

6. ABANDONE _____

En la sociedad de hoy la gente esta demasiada preocupada con sus propios derechos que se ha desarrollado de "*MIO*" sociedad egoísta, determinada a hacer su voluntad sin *monstruosamente* importarle, lo que es correcto de acuerdo a la palabra de Dios. La Biblia muy claramente dice que el Señor Jesucristo abandonó sus derechos por nosotros. Porque no podemos abandonar nuestros derechos por él y por el beneficio de su Reino. Jesús tenía el derecho de permanecer en el paraíso, Él tenía el derecho de no venir a este mundo pecador, con gente pecadora. Jesús tenía el derecho de no pagar por NUESTRO castigo en la cruz. El abandonó todos esos derechos por el amor que nos tiene. Nosotros no hicimos nada para merecerlo. Nosotros fuimos los que cometimos los pecados y no Jesús. Él no nos debía nada, pero él lo dio de cualquier manera. Así que, quien nos creemos nosotros para reclamar nuestros derechos frente a él, él quiere que nuestros matrimonios sean fuertes para el bien de su reino. Si le entregamos nuestros derechos a Jesucristo, Él los ejercitara para su gloria en beneficio nuestro.

Día 4
NO yo NO Voy a Ser su Alfombra

Lee 1 Pedro 3:1

¿Te parece que estamos diciendo que sin importar lo que tu esposo dice ó como lo dice, debes callarte y aceptarlo?
_____

En el versículo 1 del capítulo 3, nota la palabra que Pedro usa, para empezar esta nueva instrucción para esposas. Cuando la palabra *así mismo* es usada, significa, "así como antes" ó "como lo dije anteriormente" así que cada vez que veas la palabra así mismo, debes releer el párrafo ó el verso anterior, para ver qué es lo que tienes que hacer así como anteriormente ó para ver qué es lo que fue dicho anteriormente.

Ahora lee 1 Pedro 2:11-23

¿En este versículo a quien dice que debemos estar sujetas a? _____

¿Es esta lección solo para esposas? _____ ¿para quién es? _____

¿Qué es lo que el versículo 12 dice que nuestra *conversación* debe ser?
_____

¿Qué es lo que los versos 13-17 implican que debe ser nuestra actitud?
_____

Ahora lee los versos del 18-25. ¿Para quién están escritos estos versos directamente? _____

Cómo cristianos, ¿somos sirvientes? _____

¿Quién es nuestro amo? _____

¿Quién dice en los versos 19 y 20 que un sirviente debe aceptar acusaciones ilícitas?
_____

El verso 21 nos dice que deberíamos seguir el ejemplo de Jesucristo. ¿Cómo dicen en los versos 22-23 que él reaccionó cuando fue acusado?

_____

El verso 23 dice que Cristo se volvió hacia aquel quien juzga con rectitud, (que quiere decir hacia Dios, el Padre), implicando que él no estaba preocupado como lo juzgaba el hombre, pero como el padre lo juzgaba. ¿Qué es lo que podemos aprender en lo que respecta a ser injustamente juzgadas por nuestros esposos?

_____

Cuando sufrimos acusaciones injustas o maltrato de otros, ¿por quién sufrimos realmente?
_____

¿Cómo quien, nuestra reacción debería ser? _____

¿Por qué? _____

Lee 1 Pedro 3:1-2, 4

Cuando se refiere a que el esposo sea ganado por casta conversación. Se refiere a que un esposo está actuando en desobediencia a la palabra, no solo esposos no cristianos, sino que habla que se gane su obediencia, tanto como su alma. Así que tu conversación debería ser tal que influencie a tu esposo a actuar en obediencia hacia Dios. En el pasado muchas han enseñado y han sido enseñadas que para ser santas y sumisas, debemos como esposas estar calladas, absorbiendo el dolor sin decir nada. Sumisión es un tópico que hablaremos en gran detalle más adelante; pero aclaremos inmediatamente, que esta clase de enseñanzas han dejado fuera un punto muy importante.

El verso 2 habla de nuestra *conversación*. Conversación es lo que decimos, y la manera como actuamos cuando lo decimos. Es acerca de nuestra manera como nos comportamos en relación a Cristo. Envuelve nuestra reputación, nuestro testimonio, en una base de largo tiempo, no solo en un incidente. Si nuestra conversación es la que debe estar en los ojos de Dios, entonces ultimadamente influirá a nuestros esposos permanentemente.

Desafortunadamente, también lo influirá si nuestra conversación no es lo que Dios requiere. Por desobediencia en vez de obediencia, la clase de conversación ó reacción afirmara su comportamiento incorrecto. ¿Es eso lo que queremos?

Entonces, ¿Cómo respondemos? De acuerdo a estos dos capítulos de 1 de Pedro, debemos:

1. Ser honestas en nuestra conversación (2:11, 2:22).
2. No seas maliciosa ni reprochadora (2:16, 23)
3. Se respetuosa y mansa (2:18, 3:2, 4)
4. Debes estar sometida a la autoridad (2:13, 14, 16, 18; 3:1). Nota como un verso se refiere a la autoridad del esposo, y cuatro versículos se refieren a otras autoridades en nuestra vida, y están dirigidas a ambos hombres y mujeres.
5. Confía en la justicia de Dios que él manejará la situación en tu mejor interés 2:23, 3:5).

Recuerda, la única persona a quien podemos cambiar somos a nosotras mismas. Debemos dejar el cambio de otras personas a Dios, quien los ama más de lo que nosotras podemos de cualquier manera.

¿Te sientes inadecuada para cambiar tus propias maneras y cumplir las expectativas de Dios? ¡Entonces únete al grupo, querida! Debes recordar que solo Dios a través de ti, puede alcanzar este cambio. Recuerda El promete: Todo lo puedo en Cristo que me fortalece. (Filipenses 4:13)

Día 4 Asignación de Acción

Después de leer 1 de Pedro, capítulo 3, describe en tus propias palabras las maneras como Dios quiere que respondas a otros, especialmente a tu esposo, cuando te sientes tratada injustamente.

_____
_____
_____

Ahora, honestamente describe como sus instrucciones difieren de la manera como tú respondes normalmente.

_____
_____
_____

Día 5
Los Diez Mandamientos

Lee Hechos 24.

¿Cómo reaccionó Pablo cuando fue injustamente acusado? Aprisionado por dos años, hundido en un barco cuando estaba en cadenas, finalmente llevado ante Félix para su juicio. Tú deberías poder encontrar diez respuestas diferentes, actitudes ó acciones en su conversación.
(Acuérdate que conversación es ambos, lo que dices y lo que haces).

1._____
2._____
4._____
5._____
6._____
7._____
8._____
9._____
10._____

Haz una lista de maneras específicas que Dios te ha hablado para que cambies:

_____
_____
_____

*Respuestas en la siguiente página

¿Cómo debería un cristiano responder si fuera injustamente acusado?

Nosotras sabemos cómo respondió Jesús cuando fue acusado injustamente; pero, ¿podemos nosotras, como humanas que esperen que respondamos de la misma manera?

Dios en su infinita sabiduría y misericordia, nos ha dado ejemplos de otros humanos en el mismo tipo de circunstancias, y de cómo respondieron. Un extraordinario ejemplo de tal circunstancia es la historia del apóstol Pablo. En el pasaje de más abajo Pablo fue mantenido prisionero por dos años por algo que él no era culpable. Es asombroso como Pablo pudo mantener una actitud cristiana a través de sus luchas.

Después de leer y estudiar estos pasajes, ve si puedes identificar los versos que dan los hechos siguientes (después que yo hice este estudio, decidí nombrar estos hechos).

MIS DIEZ MANDAMIENTOS PARA LIDIAR CON INJUSTICIA
Toma el ejemplo del apóstol Pablo, Hechos capitulo 24

1. Tenemos que aceptar que habrá injusticia y falsas acusaciones.
2. Date cuenta que tu acusador humano tiene lealtades extraviadas
3. Date cuenta que ellos saben la verdad pero no están listos o no tienen la voluntad de actuar de esa manera, así que debemos orar por ellos.
4. Tratémoslos con respeto.
5. Como refiriéndote a la circunstancia explica tu caso pero no discutas
6. Haz lo que es correcto a los ojos de Dios, no en el de los hombres.
7. No te preocupes de mi encarcelamiento, (Luchas físicas ó emocionales).
8. Continúa demostrando la verdad de Dios.
9. No caigas en la tentación de su deseo de ser sobornados (cualquiera que te acuse falsamente, ellos quieren algo que tú tienes)
10. Date cuenta que la libertad de esta prisión, no se resolverá en el momento que quieres pero puedes estar segura que se resolverá.

Desde que Dios señaló estas 10 actitudes que Pablo exhibió cuando lidiaba con luchas y acusaciones falsas, me di cuenta de que mis problemas en comparación de lo que Pablo tuvo que enfrentar, entonces yo también puedo practicarlas. Aun no las he conquistado, pero estoy mejorando.

Como Pablo en Filipenses 3:14, "prosigo a la meta para obtener el premio del supremo llamamiento de Dios en Cristo Jesús".

Que Dios te llene de Gracia mientras haces lo mejor para servirle y crezcas en el Señor Jesucristo.

¿Qué pasa cuando Mamá osa se calienta?

Hemos hablado bastante del Papá oso cuando está caliente; ¿pero qué pasa cuando mamá osa se calienta? ¿Está ella siempre fresca, calmada y controlada? Ó ¿alguna vez te transformas en una mamá al rojo vivo?

Tal vez este escenario es más como el de tu hogar.

El esposo llega a casa después de un mal día en el trabajo; pero el aun está sonriendo.

"Hola amorcito como estuvo tu di…"

! Ya era tiempo! He cuidado de estos niños el día entero… ¡ahora es tu turno! ¡Tú nunca haces nada en la casa para ayudarme! ¡Todo lo que hago es trabajar y trabajar! Tú podrías cocinar la cena de vez en cuando, desde que tú comes tu almuerzo fuera todos los días, y luego regresas a una oficina en silencio. Después de todo el trabajo de una mujer nunca termina. Yo cuido a estos niños 24 horas al día 7 días a la semana. Y tú puedes ir afuera en el mundo todos los días. No tienes que oír los niños llorando y chillando, estoy harta de esto.

Bien venido a casa mi amor, gracias por trabajar tan duro para que yo pueda estar en la casa y cuidar a los niños.

¿Cuál de los ejemplos es el que ocurre más frecuentemente en tu casa? Se honesta. Danos el ejemplo que ocurrió más recientemente que te puedas acordar, como ejemplo de cualquiera de los dos escenarios que haya ocurrido.

_____
_____
_____
_____

¿Cómo reaccionó tu esposo? ¿Tal vez le ayudaría algo de la sabiduría que Dios nos ha enseñado? ¿O tal vez temes que él aprenda eso? ¿Entonces damas, es tiempo de encerrarnos en el ropero para hacer nuestras oraciones?

SEMANA 6

Una Mamacita Caliente!
Amar a tu Esposo – 3a Parte

Ok, te levantaste a las 5:00 a.m., preparaste el desayuno, calmaste a los niños que gritaban, encontraste sus zapatos, limpiaste el papel de la tarea de la escuela que el perro tan graciosamente uso como el baño, estuviste de referí entre tu hijo y tu hija y el dulce Romeo, llevaste los niños a la escuela, (después de pelear con el tráfico tan horrible), ¡cambiaste los pañales y limpiaste al bebé, (piernas, pies, pelo y manos porque pensó que tenía chocolate en sus pañales! Finalmente te das un tiempito para saborear el primer café de la mañana, y solo son las 7:55 a. m. ¿Tu día se pondrá aun mejor, verdad? ¡TAL VEZ NO! Este es solo un día típico en la emocionante vida de una cuidadora del Zoológico.

La noche no es nada diferente. El papá oso llega de su trabajo e inmediatamente asume que la cuidadora del zoológico (TÚ), esta lista y esperándolo para una noche de sexo ardiente. ¡Esos gritos que hasta los vecinos oyen de ti, definitivamente no son los llamados sexuales de Lily la leona, son más bien los gritos de guerra de Lily la Hiena que está lista a atacar. Pobre papá oso corre y se mete a invernar, y rinde el resto de su noche a una noche de fútbol, con una pequeña esperanza que después que los pequeños monitos se vayan a la cama a dormir, su sorpresa lo estará esperando en la cama. Para su asombro encuentra que su compañera de cama, luce como una gallina cruda desplumada, ¡hombre! ¿De donde vinieron esos pijamas de la abuela de Moisés?

Horacio el esposo se pregunta. ¿Dónde se fue el romance? ¿Qué le pasó a mi amorcito a mi pequeña noviecita? Hoy ella actúa más como una pantera rabiosa que un pichoncito.

Lily, se pregunta. ¿Dónde están las dulces palabras de amor? ¿Las caricias románticas? ¿Y la actitud de apoyo? La llamada sexual de Horacio ahora parece más el rugido de un Oso rabioso que un osito de peluche, ¿Por qué sus bellas palabras ahora se volvieron hiriente criticismo?

Muchacha, ¿tal vez fue bueno que no te dieras cuenta que en el matrimonio y los niños iba a ser tan duro, ah? Si lo hubieras sabido, tal vez no habrías estado dispuesta a compartir la fabulosa vida en el zoológico.

¿Oye, que le pasaría a tu amorcito en la luna de miel?

Querida, si estas cantando estas canciones tristes estoy segura que él también lo hace.

Algo tiene que suceder inmediatamente, antes que alguna labios dulces, o algún susurrador entren en el escenario y traten de arreglar los problemas en vuestra relación matrimonial, tratando de convencer a uno o los dos de ustedes que ellos pueden llenar esas noches de soledad.

Esas dos viejas serpientes en el pasto están allí, esperando hasta que su amo y señor vea que la escena de seducción está en buen tiempo en el jardín.

Si Horacio y Lily siguen permitiendo que eso suceda, El enemigo, más que seguro ganará otra batalla y su matrimonio se unirá al 51% de los tantos otros que mordieron el polvo.
¿Por qué hay un porcentaje del 51% de divorcios incluyendo en parejas cristianas?
¿Quién tiene la culpa de todo este desastre?
Es el esposo, ¿Verdad?
Es la esposa ¿verdad?
Bueno, ¿de quién es la culpa? ¡Ambos!
Algunas esposas dicen, ¡a quien le importa! Me cansé del sexo hace mucho tiempo atrás. Sexo es más para el que para mí de cualquier manera. Ya tengo los niños que quería, así que ya no necesito de sexo.

Eso está bien mí querida amiga, si el esposo está de acuerdo con esa declaración, ¿Quieres apostar que él no está de acuerdo? Ya sé, ya sé no estoy supuesta a hacer apuestas.

¿Qué es lo que Dios dice sobre el sexo?, ¿Dios? ¿Sexo?, ¿en el mismo párrafo? ¿No es eso blasfemar o algo?

Chicas yo tengo noticias para ustedes. ¡Dios es el que creó el sexo! ¡En Génesis está asentado la apreciación de todo lo que Dios creó es bueno! ¡Nosotras podemos entender sin lugar a dudas que el sexo es bueno en los ojos de Dios!

Porque Dios creó el sexo para ser bueno y un regalo para nosotros, El enemigo dijo entonces, ¿Cómo puedo corromper este regalo del sexo? ¿Cómo puedo retorcerlo y hacerlo algo sucio y pecaminoso en vez de algo hermoso y amoroso? Entonces él diablo se propuso retorcerlo y ensuciarlo en todas las formas en que pudo pensarlo.

La única manera cómo podemos combatir al enemigo es:

1. Entender porque Dios nos dio este precioso regalo, y su propósito en nuestro matrimonio.
2. Entender porque el enemigo trabaja tan arduamente para pervertir este regalo y como trata de lograrlo.
3. Entender la intimidad física desde el punto de vista de la mujer e identificar sus necesidades
4. Entender la intimidad física desde el punto de vista del hombre e identificar sus necesidades
5. Entender las maneras en las que debemos ajustar nuestros hábitos y nuestra manera de pensar para que podamos experimentar la completa satisfacción y bendición que Dios quería que tengamos en nuestro matrimonio

Observaremos a cada uno de estos cinco puntos en nuestro estudio diario esta semana.

¡Y qué alegría!! Tendremos otra semana de asignaciones de Acción que tú y tu esposo podrán gozar por seguro.

¡Ahh! Vamos muchachas alégrense, denle una oportunidad, ya verán que les gustará.

Día 1
¿Quién Dijiste que Creó el Sexo?

Proseguiremos con la porción donde Pablo está dando una reprimenda en Tito 2, para que las mujeres mayores enseñen a las jóvenes a amar a sus esposos. Las dos semanas pasadas hemos estudiado el significado del amor en las escrituras. En nuestra primera semana de matrimonio vimos lo que significa el amor Filandros, o amor que muestra afecto. La semana pasada estudiamos lo que significa el amor ágape. Hoy estudiaremos otra importante clase de amor, una clase de amor que solo debe ser observado en relación a nuestros esposos. El amor EROS, ó en los términos actuales el amor sexual. Desde que fue Dios quien inventó el Sexo. Y el enemigo ha hecho lo imposible para pervertir el diseño original de Dios. ¿Cuál fue el diseño original de Dios? Lee Génesis 1:28-31 y el capítulo 2.

¿Por qué Dios eligió hacer una ayuda para Adán?

_____

En el verso 2:18 ¿Cómo es que Dios describe la ayuda que él haría para Adán?

_____

En el verso 18 está muy claro, que Dios haría una ayuda *de igual valor a* Adán. Una ayuda tan *valiosa e inteligente*, al *mismo nivel* que Adán, pero no exactamente como él.

Ella lo *complementaría*, no sería su adversario, para *competir* con él. Siendo el varón y ella mujer, sus diferencias los complementarían el uno al otro y juntos podrían realizar la tarea de hacer una vida juntos.

Nosotras como mujeres no tenemos que luchar por igualdad. Dios ya nos dio eso cuando nos creó, él lo dice claramente allí en verso 18; pero muchachas, ¡El nos hizo diferentes! ¡Algunas mujeres no son tan inteligentes como creen que lo son! ¡Ellas piensan que tener igualdad con el hombre, significa ser igual que el hombre! Dios no habría hecho a la mujer para estar con él si Dios hubiera querido que la mujer fuera lo mismo que el hombre, Si hubiera sido ese el caso, él hubiera hecho solo más hombres.

Después que hizo a Eva, lo primero que hizo fue bendecirlos, dándoles una unión sagrada de intimidad que no se puede encontrar en otro tipo de relación en la tierra.

¿Qué es lo que la última parte del verso 1:28 ordena a hacer a Adán y Eva?
_____

¿Cómo Dios esperaba que ellos cumplieran con multiplicarse?
_____

¿Entonces, quién creó el sexo? _____

De acuerdo al verso 1:31, ¿Qué es lo que Dios pensó de todo lo que él hizo?
_____

Desde que Dios dijo que todo lo que él había creado era muy bueno, eso incluye el Sexo ¿verdad? Lee Génesis 2:24 ¿Qué crees que significa convertirse en "una sola carne" significa en este verso?
_____

¿Cómo dice el verso 2:25 que estarían vestidos? _____

¿Cómo se sentirían de estar desnudos? _____

Lee Génesis 3:8-10

Fue solo después que Adán y Eva desobedecieron y rompieron la ley de Dios, que sintieron vergüenza. Fue el pecado de la desobediencia y no el sexo que causo la vergüenza. Ellos habían estado teniendo sexo desde que Dios se los dio desde el verso 1:28. Después que el pecado entro en el mundo y debido a la perversidad sexual fuera del matrimonio, mucha gente a través de los siglos han creído que todo lo concerniente al sexo es pecado a no ser que sea con fines de procreación. Estos versos prueban que eso no es correcto.

Día 1 Asignación de Acción

Si primero lees la asignación de acción y luego se la explicas a tu esposo. *Puede* ser que él se anime a participar contigo. La *manera* en que se lo presentes significará toda la diferencia en su reacción. Pídeselo pero no trates de forzarlo con cólera, protestando o nada parecido.

Para Ti:

Antes que nos enfoquemos en el tópico de esta semana que es la intimidad. ¿Qué fue tu opinión del punto de vista de Dios respecto al sexo? ¿En donde fue que leíste este punto de vista?

_____
_____
_____
_____

¿Cómo es que este punto de vista difiere con lo que has aprendido esta semana?

_____
_____
_____
_____

¿Reconoces áreas que requieren mejorar? Si es así ¿Cuál es tu plan para mejorarlas?

_____
_____
_____
_____

¿Puedes ver formas en las que puedes estar en más unión física con tu esposo?

_____
_____
_____
_____

Si es posible, para tu esposo:

Antes de esta semana, ¿cuál era tu impresión del punto de vista de Dios sobre el sexo? ¿De dónde fue que aprendiste este punto de vista?
_____
_____
_____
_____

¿Cómo es que este punto de vista difiere con lo que has estado discutiendo con tu esposa esta semana?
_____
_____
_____
_____

¿Reconoces áreas que podrían mejorar? Si es así, ¿Tienes un plan para mejorarlas?
_____
_____
_____
_____

De qué manera te gustaría estar más en unión física con tu esposa?
_____
_____
_____
_____

Practiquen en cualquier de las "áreas de mejora" que mencionaron en líneas arriba.
¿Esos esposos están ya cooperando con ustedes?

Día 2
Dios Dijo Que Empiece la Diversión

Para continuar con el estudio del diseño original de Dios para intimidad física. Por favor lee Génesis 1: 26-29 otra vez. Después que Dios creó Adán y Eva, en el verso 26. ¿Qué es lo que hizo en los versos 28 y 29 con respecto a Adán y Eva?

1. _____

2. _____

3. _____

4. _____

La primera cosa que Dios hizo fue bendecir a Adán y Eva. ¡Qué maravilloso es tener la bendición de Dios en nuestras vidas! Dios quiso lo mejor para sus nuevos hijos. Igual como lo deseamos para nuestros propios hijos. Él los proveyó de todo lo que posiblemente necesitarían ahí mismo en el jardín del Edén. ¿Qué triste que ellos no reconocieran la bendición de Dios! Nosotros también nos perdemos de sus bendiciones por la misma razón.

La segunda cosa que Dios hizo en el verso 28, les ordeno que fueran fructíferos y se multiplicaran y que poblaran la tierra con sus nuevos seres creados. Y Dios eligió que el sexo sería la forma como cumpliesen esa tarea. Así mismo nos proveyó estos cuerpos con una gran capacidad de gozar de la experiencia y de obtener una gran satisfacción y compañerismo en el proceso.

La tercera y cuarta cosa que él hizo es de darles dominio sobre todo lo que tiene vida en la tierra, y comida a través de la vegetación; pero para continuar con nuestro propósito nos enfocaremos en los primeros dos tópicos.

¡Solo piensen en esto chicas! La primera cosa que Dios hizo fue bendecirlos, la segunda cosa fue darles la unión sexual y la orden de usar esta bendición para popular la tierra. Él nos permitió que creáramos niños usando este exclusivo y hermoso regalo. Nuestros niños serían dados a nosotras debido a esta unión, a esta unidad que nos conectaría a nuestro esposo y no a otro. Dios tenía tanto la intensión de que gozáramos tanto de esta unión que diseñó nuestros cuerpos de tal manera que no pudiéramos obtener esta única calidad de placer de ninguna otra manera.

Por supuesto el pecado, y el diablo vinieron a tratar de pervertir este hermoso plan.
Cuando nos volvemos uno con nuestros esposos, significa que nos conectamos con ellos.

La intensión de Dios es que nosotras deberíamos estar conectadas (en unísono) en por lo menos cuatro diferentes áreas en la vida:

1. Intelectualmente 2. Emocionalmente 3. Espiritualmente 4. Físicamente.

Cuando no estamos en unidad en alguna de estas áreas nosotros somos como dos individuos separados. Nosotros nunca experimentaremos enteramente la felicidad de nuestro matrimonio hasta que busquemos conocer, entender, y tener intimidad el uno con el otro en cada una de estas áreas.

Dios quiere que tengamos esta dulce unidad en nuestros matrimonios por la estabilidad emocional que traerá a sus vidas. Así mismo traerá, comodidad, aceptación, compañerismo, fuerza, confianza, y un sentimiento de pertenecer y de saber que por lo menos para una persona en esta tierra eres lo más importante. Solo la santa unidad de Dios os dará todo eso.

La mayoría de compañeros de matrimonio necesitan mejorar en por lo menos una de estas áreas de unidad. Un área débil afectará toda la unión, así como un eslabón débil en una cadena. Muchas veces el esposo será el fuerte, compartiendo en el área física de la unión y débil compartiendo en las áreas emocionales, intelectuales, o espirituales. Al mismo tiempo la esposa será fuerte en las áreas emocionales, intelectuales, o espirituales; pero débil en el área física, por ejemplo:

1. Una esposa no querrá tener intimidad con su esposo a menos que se sienta en unidad emocional con su esposo.
2. Si el esposo siente que hay una pequeña unidad física, tampoco funcionará bien en el área emocional.
3. Ambas partes se sentirán vacías si el área espiritual está débil, Porque es solo Dios que da el propósito y el significado de la relación. Sin él se sentirá rápidamente vacía.

Las cuatro áreas mencionadas son igualmente importantes.

Día 2 Asignación de Acción

¿Qué tan conectados están ustedes como pareja?

¿Cómo calificarían su matrimonio en cada una de estas áreas?

Si es posible, hagan que sus esposos se unan a la asignación de acción de hoy. No lo presionen a él si no se siente listo aun. Deje que sea el Espíritu Santo quien trabaje en él. En una escala del 1 al 5 califica cada una de las áreas que hemos discutido hoy, haz un círculo alrededor del número que más representa el nivel de unidad como pareja.

Escala:
1. No hay unidad.
2. Poca unidad
3. 50% de unidad
4. Mucha unidad
5. Unidad completa no necesita mejora.

	Calificación de la esposa	Calificación del esposo
Intelectual	1 2 3 4 5	1 2 3 4 5
Emocional	1 2 3 4 5	1 2 3 4 5
Espiritual	1 2 3 4 5	1 2 3 4 5
Física	1 2 3 4 5	1 2 3 4 5

Comparen sus calificaciones y discutan maneras en que pueden mejorar en las áreas que más necesitan. Ambos necesitan mejorar en sus particular áreas débiles para que todo en el matrimonio mejore, sin importar si el está dispuesto o no, tú tienes que hacer tu parte.

Día 3
Es un Regalo... Mantenlo Especial y Hermoso

Como dijimos en la introducción de esta semana. Cuando Dios diseña un hermoso plan para el hombre, el enemigo busca destruirlo ó pervertir su plan en orden de vencernos y robarnos de nuestra alegría.

Lee Hebreos 13:4. En este verso ¿cómo es que Dios dice que él siente acerca de la cama matrimonial?

_____

Lee Colosenses 3:5 y 1 Corintios 6:16.

Entre estos dos versos, compara el punto de vista de Dios del sexo dentro del matrimonio (Hebreos 13:4 arriba) con su punto de vista de la relación sexual fuera del matrimonio.

_____
_____

Todos nosotros sabemos como el enemigo trata de tentar a la gente en explorar experiencias sexuales fuera del matrimonio, algunas veces en extremadamente perversas formas, y nosotras entendemos perfectamente que es peligroso para nuestros matrimonios y para nosotros; pero nosotras como cristianas entendemos como el enemigo puede usar la tentación dentro del matrimonio y hacernos caer en el adulterio.

Lee Proverbios 5:15-23.

¿Cuál es la advertencia de Salomón es este pasaje?

_____
_____

Nosotros debemos protegernos de cualquier tentación que pueda causar la ruina de la relación de nuestro matrimonio.

Algunas mujeres usan el sexo como arma en el matrimonio para conseguir lo que desean. He visto esposas y esposos (aunque, más esposas), que amenazan a sus esposos con no permitirles sexo a sus esposos quien rehúsa estar de acuerdo con una opinión o de hacer algo de la manera que la esposa lo quiere. He oído a mujeres hablando de continuar el acto de la amenaza hasta que algún objeto o una baratija les sea comprada, ó hasta conseguir exactamente lo que desean. He oído también de hombres y mujeres que rehúsan a su esposa a completa satisfacción (¿probablemente por alguna razón egoísta?)

Cualquiera que sea la causa, cuando esto pasa. Sin duda alguna, la expresión de amor se vuelva nada más que una táctica de control. Esto es un tipo de perversión dentro del matrimonio, y si pasa sin corregirse, la parte ofendida será un blanco fácil para el plan de seducción del enemigo.

De acuerdo a 1 Corintios 7:5, ¿cuál es la orden de Pablo correspondiendo a la unión sexual? ¿Cuándo es permisible para la pareja de abstenerse?

_____

¿Qué es lo que dice que Satanás hará si privamos de sexo a nuestra pareja, en el matrimonio?

_____

Dios está tratando de enseñarnos que dentro de circunstancias normales, no debemos privar el uno al otro de sexo dentro del matrimonio, excepto cuando están de mutuo acuerdo para ayuno y oración.
Lee 2 Samuel 12:13-24. Después que David cometió el pecado con Betsabé, Natán profetizó la muerte del hijo de ellos. Después que se arrepintieran, ¿qué es lo que la profecía les hizo hacer?

_____

Después de una etapa de oración y ayuno, después de la muerte del niño, ¿Qué hizo David?

_____

¿Qué fue lo que sus acciones le causaron a Betsabé, después que se acostó con ella?

_____

Los versos anteriores confirman que la intimidad es un gran origen de comodidad para ambos.

Por supuesto que hay otros momentos, especialmente por causas médicas, en las que debemos abstenernos. En Levíticos 18, también dice que se deben abstener de sexo durante el periodo de la mujer, aun las escrituras son muy claras diciendo que no debemos privar de sexo como castigo ó como un medio de manipulación.
Advertencia: Si lo haces de cualquier manera. Arriesgas el de tornar tu amor en un plan de pago en un sistema de trueque. Ya no será un acto especial de amor entre la pareja, sino un acto para ser subastado al mejor postor. En consecuencia uno en la pareja siente que tiene que trabajar para recibir intimidad sexual en vez de trabajar en ello.
Esta no era la intención de Dios, ni es lo que protegerá la unió de la pareja.
¿Te ha pasado frecuentemente, ó te ha pasado alguna vez, que has usado el privilegio sexual como arma ó herramienta para obtener para obtener lo que quieres de tu esposo? Si fue así, describe tal incidente, y di ¿qué es lo que recibiste que fue tan importante para ti?

_____

La recompensa que recibiste, ¿No te parece pequeña y menos importante ahora?
_____

¿Te ha hecho sentir Dios un sentimiento de condena por esta acción? Escribe tu respuesta aquí.
_____

¿Ha usado tu esposo la misma acción contra ti? Si fue así, ¿Cómo te hizo sentir? _____
_____

Día 3 Asignación de Acción

Si eres una mujer que tiene la tendencia de usar sus favores sexuales como armas o herramientas. Especialmente tú necesitarás hacer la tarea de acción de hoy.

Esta noche cuando tu esposo llegue del trabajo, espéralo con un saludo especial como practicamos la semana pasada. Vístete con una ropa agradable y vistosa, asegúrate de usar perfume, como solías hacerlo cuando estaban de enamorados, tócalo, bésalo, y asegúrate de tener una buena actitud mental.

Si esta ha sido tu tendencia:

Una vez que hayas puesto a los niños en la cama, siéntate con tu esposo y ten la valentía de admitir tus errores en esta área. Déjale saber que quieres cambiar y que este no es otro atento de manipularlo, y que estas siendo sincera. Si parece que no te cree, tal vez necesitaras practicar lo que prometiste por algún tiempo antes de que el confíe de nuevo en ti. Cuando sea tiempo de ir a la cama, pórtate atractivamente y hazte accesible para intimidad sexual. Pero deja que el haga el primer avance. Si lo hace, se entregada y voluntariamente participa, hazle saber que la única razón por la que tú estás haciendo esto es porque lo amas y que quieres compartir este regalo especial con él, sin motivos ulteriores.

Si esta no ha sido tu tendencia de usar el sexo como arma o herramienta:

Reitérale a tu esposo cuan especial ves tú la relación sexual entre los dos. Y si él hace el avance, muéstrate lista, abierta, y disponible a demostrar lo que has dicho.

Recuerden, señoras: Nosotras hacemos lo que hacemos primero por amor a nuestro Señor Jesucristo y segundo por amor a nuestros esposos. Escribe la reacción de tu esposo aquí:

Día 4
Las Necesidades de Él versus Las de Ella - Parte I

Lee 1 de Corintios 7: 2-4
Lee Cantares, capítulos del 1-4

Como dije anteriormente, el placer sexual es un bello regalo de Dios para las parejas en el matrimonio. Debería ser una de las áreas de nuestra relación que trajera un grado más alto de felicidad y de gran placer y unión de espíritu que en ninguna otra relación humana en la vida; pero muchas veces nos pasamos mucho tiempo luchando en esta área. Una de las razones es que tenemos una falta de entendimiento de cuanto difiere el hombre de la mujer en este campo. Muchas veces una esposa piensa que su esposo necesita lo mismo que ella y viceversa. Nosotras necesitamos entender que Dios nos hizo diferentes en estas áreas, como lo hizo en las otras áreas.

La mayoría de hombres incluyendo a los dedicados cristianos, dirán que el sexo es muy importante para ellos. Muchos de ellos también dirán que su mayor deseo con respecto a su relación sexual es que les gustaría que sus esposas sean las que inicien activamente el sexo más frecuentemente. Además, ¿sabías que la mayoría de hombres cristianos creen que su vida sexual es aburrida?

¿Qué piensa tú? ¿Es tu vida sexual aburrida? Si tu lo sientes así puedes estar segura que tu esposo siente lo mismo.

Señoras yo estoy aquí frente a ustedes para decirles que el sexo es un asunto de mucha importancia para sus esposos, y es un asunto de mayor importancia para ti así lo quieras aceptar o no. Si él está aburrido y no te lo dice entonces pudiera ser que estén dirigidos hacia más problemas. Las esposas también necesitan una energética vida sexual. Para ambos, adhiere sabor de otra manera llena de presiones y luchas.

¿Qué es lo que la mayoría de las esposas desean que fuera diferente en la relación física? La mayoría desean una más profunda intimidad emocional con sus esposos y que sea expresada en el transcurso de la intimidad sexual.

¿Por qué simplemente no podemos darnos los unos a los otros lo que más necesitamos? ¿No somos suficientemente importantes el uno para el otro, para satisfacer la necesidad más intima de cada uno? Si amamos a nuestros compañeros y si amamos y reverenciamos a Dios, haremos lo posible para transformar nuestros matrimonios para que sean una rica fuente de satisfacción, lo cual es la intención de Dios.

Tu esposo debe aprender a satisfacerte a ti también y es un hecho que la mayoría de ellos lo desea también; pero ellos simplemente no saben cuáles son las necesidades de sus esposas. Nosotras debemos voluntariamente y verbalmente decirles lo que deseamos. Ocasionalmente puedo oír de mujeres quienes sus esposos no parecen interesados en saber si las necesidades de sus esposas fueron satisfechas ó no; pero es muy raro. Una palabra de advertencia: tú debes hablar la verdad con amor a él pero solo Dios puede hacerles sentir sus culpas en su corazón.

Lee 1 de Corintios 7:24. De acuerdo a estos versos, ¿Quién es el responsable de tu satisfacción sexual?

_____

¿Quién es la responsable por la satisfacción sexual de tu esposo? _____

Así que, ahí está, es la culpa de tu esposo cuando la experiencia no es completa, ¿verdad? Bueno se puede decir que así es….Eso es mientras que tu aceptes, que de acuerdo al mismo verso, es tu responsabilidad si en la experiencia de él no suenan campanas tampoco.

¿No parece todo eso como que viene de Dios? Para que aprendamos a depende el uno del otro, ¡Él te dio autoridad sobre el cuerpo de tu esposo, y a tu esposo sobre tu cuerpo! Y para saber cómo satisfacer a nuestros esposos necesitamos saber qué es lo que los incentiva sexualmente hablando. No es ningún secreto que hombres y mujeres son tan diferentes y llegan a la cama matrimonial esperando y necesitando diferentemente y algunas veces opuestos deseos.

Por ejemplo tu esposo necesita gratificación sexual tanto como tú necesitas actos de bondad y romance, Y mi querida amiga, él no va a recibir sexo si tu no recibes la bondad, ¿Verdad? Al mismo tiempo tú no recibirás los actos de bondad si él no está satisfecho en el área sexual. Ahí también Dios fue brillante porque para tener satisfacción total necesitamos de los dos. Y esta fue su manera de asegurar que lo experimentemos.

Otro ejemplo de nuestras diferencias es que la mujer necesita que el sexo sea una experiencia emocional acompañado de excitación física. Para él, la excitación sexual es la experiencia emocional. Ella quiere hablar primero y decir todas las cosas que ella siente verbalmente y luego hacer el amor. El quiere hacer el amor primero y luego hablar… ¡bueno....tal vez! Si es que no se duerme antes. ¿No es cierto?

La mayoría de los problemas ocurren cuando los esposos tratan de dar placer como a ellos les gusta en vez de cómo a ella le gusta. Si aprendiéramos a poner las necesidades de nuestros esposos primero y ellos aprendieran a poner las nuestras primero, entonces ambos terminarían completamente satisfechos.

Lo voy a poner de una manera súper simple para el tiempo de 15 minutos que tenemos. Okey señoras en el cuadro siguiente voy a hacer una lista de los diferentes puntos de vista que hombres y mujeres tienen de su relación.

Hombres

1. Necesitan satisfacción sexual para saber que son amados.
2. Son estimulados para el sexo visualmente.
3. Alcanzan excitación sexual instantáneamente.
4. La necesidad de conversación no está asociada con el sexo.
5. Quiere un amor
6. Desea que la esposa inicie el sexo más frecuentemente.
7. Desea más cantidad.

Mujeres

1. Necesitan conexión emocional para saber que son amadas.
2. Son estimuladas para el sexo siendo tocadas, ternura y palabras
3. La excitación sucede lentamente con persistencia.
4. Conversación intima es necesaria para la satisfacción
5. Quiere un compañero espiritual
6. Necesita de romance más frecuentemente.
7. Desea más calidad.

Día 4 Asignación de Acción

¿Ya Estas Preparada Para la Luna de Miel?

Cuando leías capítulos 1-4 en catares de Salomón, ¿te diste cuenta como la esposa describía su relación de amor? ¿Cómo describirías la tuya?
_____

¿Cómo describiría tu esposo su relación amorosa? ¿Tendrías el valor de preguntarle y recibir su respuesta sin rencor? Escribe su respuesta:
_____

Mañana en la noche tendrás tu más importante asignación de acción de esta semana y necesitaras empezar a prepararla hoy.

Si tienes niños haz lo mejor que puedas para que pasen la noche con familiares o amigos. Tal vez podrías intercambiar noches con alguna amiga que esté tomando la clase contigo. Una de ustedes haciendo esta asignación el viernes y la otra el sábado en la noche.

Si esto fuera *absolutamente* imposible, necesitas prepararlos por adelantado. Díganles que mañana mamá y papi van a tener una noche especial, juntos. No les permitan tomar la siesta de la tarde y pónganlos a la cama temprano. Si ellos ya han pasado la etapa de las siestas, adviértanles que deben estar preparados para ir a sus habitaciones en una hora después que papá llegue del trabajo y que se queden allí. Ofrézcales un premio por buen comportamiento y otro por buena actitud. Al mismo tiempo ofrézcales una reprimenda si desobedecen; pero asegúrate de darles lo que ofreciste, bueno o malo. Hazlo divertido para ellos también. Diles que esto hará mamá y papi muy felices y que se van a querer más. Haz lo que sea para que funcione para que lo puedas hacer. Será tan bueno para tu matrimonio y también para los niños.

Nada les da más seguridad a los niños que el ver a mamá y papi dándose esta atención especial mutuamente.

Planea para esa noche un menú simple, tal vez sería mejor que ordenes que te traigan algo para la cena haz lo que sea más simple allí en tu misma casa para que te dé más tiempo. Pasarás más tiempo en ti misma y en él más que en la comida.

Asegúrate de usar algo sexy para cuando él llegue del trabajo, y otro cambio de ropa para durante la cena que será servida en tu cuarto, cuando los niños ya estén en la cama.

Prepara un lugar en tu habitación donde puedas servir la cena, debes tener una mesa que puedas improvisar para la ocasión. Ó lo puedes hacer tipo picnic en el suelo ó encima de la cama, sé creativa.

Asegúrate que el cuarto y tú huelan bien, que haya claridad y que esté limpio. Ten música y velas prendidas y si te es posible flores frescas. Pétalos de flores desparramados en el suelo y la cama dan un toque exquisito.

Después que la comida sea servida (Si él te deja llegar hasta ahí) ofrécele un masaje. Si… ya entiendo, tú trabajas tanto como él, pero solo por esta vez, hazlo para él. Fíjate si su reacción vale la pena.

Bueno ahora dejemos que la naturaleza tome su curso. Hazle el amor apasionadamente, siendo tú la iniciadora.

Escribe las reacciones de tu esposo a todas las actividades de esta semana, si él lo ha disfrutado tanto como pienso que él lo hará. Pregúntale si le gustaría participar en hacer esfuerzos extra para satisfacer las necesidades mutuas. Te apuesto que él te dará un SI rotundo.

Día 5
Lo Que Él Necesita Versus Lo Que Ella Necesita
Parte II

Una palabra de advertencia: He dividido el estudio de hoy en dos partes. Si tienes niños pequeños que te fuerzan a tener un tiempo de estudio limitado en las mañanas, tal vez sería mejor que retardaras la parte II de este estudio hasta mañana en la mañana para que tengas tiempo de prepararte para tu cita especial de esta noche, de cualquier manera es extremadamente importante que hagas tu devocional con el Señor hoy. Te ayudará a preparar tu corazón y tu actitud, para tu la dicha de tu noche de bodas.

¡Lee los cantares de Salomón, capítulos del 4-8!

Cuando leas este pasaje ten en cuenta que esta es la historia describiendo su boda y la noche de su boda cuando por primera vez experimentaban unión sexual como pareja. Nota el amor apasionado amor que ellos expresan el uno por el otro, el deseo y accesibilidad de la novia para que esta unión ocurra. Ella expresa su entrega en hermosos términos románticos en el capítulo 4.

En el capítulo 5 Salomón expresa con felicidad la afirmación de Dios en esta unión. Los novios no discuten sobre el hecho de que están completamente enamorados el uno del otro y que su foco está el uno en el otro, aunque los invitados a la boda están aún presentes cuando ellos salen para irse a su cámara nupcial.

Piensa en tu cita de esta noche con tu esposo, como tu segunda oportunidad de una segunda noche nupcial.

Brevemente escribe tu plan de acción para tu asignación de la cena de esta noche. ¿Qué es lo que aprendiste de los cantares de Salomón que pueda ayudarte en tu noche y hacerla un poquito más especial?

_____
_____
_____

Me gustaría finalizar esta porción de "amando a tu esposo" del curso de viviendo en un zoológico, con unas pocas palabras concerniendo otras cosas importantes que un esposo necesita de su esposa.

1. La necesidad de compañía.
2. La necesidad de apoyo.
3. La necesidad que su esposa sea atractiva
4. La necesidad de apoyo espiritual.

Así como es de importante es la intimidad física, ciertamente no es lo único que importa. De hecho, la parte sexual en un matrimonio es muy trivial para que sea la parte más importante que estabilice la relación matrimonial. Mientras el tiempo pasa la necesidad de crecimiento en estas otras áreas, se tornaran más importantes. ¿Recuerdas la asignación del día 2? Para realmente ser uno en el matrimonio, debemos crecer en todas las 4 áreas de la relación.

¿Recuerdas cuales son las cuatro áreas?

1.
2.
3.
4.

En el nivel emocional, la mayor necesidad de él es la compañía. Me quede muy sorprendida cuando me di cuenta que mi esposo me consideraba su mejor y más cercana amiga. Me sorprendió porque él no muy frecuentemente comparte sus más profundos pensamientos, luchas, temores, ni sus altos y bajos emocionales, como lo hacen mis amigas más cercanas así que pensé que lo hacía con sus mejores amigos.

Una noche durante una discusión particularmente ruidosa, el me dijo que yo era la amiga más cercana, y que él necesitaba que yo oyera sus problemas, pensamientos y sueños. No había entendido que cuando él está con sus amigos ellos se juntan para realizar actividades como fútbol, golf, cacería; pero que el compartir pensamientos personales no es parte de esas salidas.

Mientras que yo no tenía ninguna duda de que mi esposo me amaba con todo su corazón, erróneamente había asumido que sus amigos eran su confidente. Podría ser que tu esposo también te considere su mejor amiga, aunque no comparta contigo sus más profundos pensamientos frecuentemente, es probablemente más frecuentemente de lo que el comparta con nadie más. Aunque te parezca que el comparte más tiempo con sus amigos, debes darte cuente que el tiempo que él pasa con ellos es para compartir actividades o trabajo, y no compartiendo pensamientos o sentimientos.

Por esta razón soy siempre cuidadosa de no planear otra cosa en los momentos en los que sé que mi esposo estará en la casa. Yo lo pongo primero, si quiero su atención debo planear darle la mía. He sabido de mujeres que pasan horas en el teléfono con sus amigas, o todo su tiempo con los niños cuando él está en casa.

Encuentra cosas que les gusta hacer juntos, y ponlas en el calendario. ¡Hagan planes para pasar tiempo juntos! Hagan reservaciones personales para esos momentos si necesitan, mi esposo y yo lo hacemos, de otra manera las responsabilidades y presiones exteriores acapararán todo nuestro tiempo, dejándonos sin tiempo para nosotros.

La otra cosa que tu esposo necesita grandemente es tu apoyo. Para mostrarle tu apoyo puede ser tan simple como el probarle que estas en su lado. Nada le hace sentir más soledad que el saber que su esposa está en contra de él. Es muy diferente el estar en contra de un plan ó decisión que él ha hecho en el que tú no estás de acuerdo, que estar en contra de él como individuo. La manera como demostrarle tu apoyo sin ninguna duda, es de mostrarle que lo entiendes y lo animas en lo que sea posible. Hazle saber que confías en él y que lo aprecias y dile que lo respetas incluso cuando no estás de acuerdo con alguna situación específica. Recuerda que las situaciones y circunstancias vienen y se van, pero tu relación con él debe permanecer permanente.

La otra manera cómo puedes demostrarle tu apoyo es haciendo tu hogar un lugar donde se sienta ambos a salvo. Haciéndolo una isla de aceptación y afirmación, el simplemente necesita saber que tu estas a su lado.

Recuerda, cuando decidiste casarte con él es porque pensante que él era y tenia lo suficiente que fue natural que decidieras pasar el resto de tú vida con él. Entonces creías en él; entonces cree en él ahora también.

Seguro que el va a cometer algunos errores, y tú también. Y de hecho en esos momentos él va a necesitar tu apoyo, en vez de reprocharle o menospreciarle, perdónale y levántalo en oración. Ora con él y para él. No tienes idea cuánto va a significar eso para él, y cuanto te apreciará por ello. Y tal vez le inspirará para apoyarte y apreciarte aún más en retorno.

Si eres una esposa que no trabaja fuera del hogar. Especialmente tú debes mostrarle tu apreciación porque él tiene la voluntad de ser el único que gana el pan para tu hogar y te permite que te concentres en la casa.

El otro tópico que quiero discutir hoy es de que él necesita que tú seas lo más atractiva que puedas. No necesitas ser una súper modelo para ser atractiva para él. El también eligió pasar el resto de su vida a tu lado. A él le gusto como lucias o no lo habrías atraído del todo para empezar. En contra de lo que el mundo nos dice, los esposos entienden que nuestra apariencia cambiará con el tiempo. Arrugas aparecerán, los pechos se caerán, y los traseros no estarán siempre firmes. Pero aun podemos ser atractivas. Algunas esposas piensan que después del matrimonio la belleza no importa más. Eso es totalmente falso, para que él continúe atraído a ti, tienes que lucir atractiva para él.

La última cosa que discutiremos es que tu esposo necesita que seas espiritualmente fuerte. Él necesita una esposa que orará por él, por los niños, y que crezca espiritualmente a través de la palabra de Dios. Ningún otro libro en la faz de la tierra puede hacer más para lograr un matrimonio y hogar feliz más que la Biblia. La Biblia es el manual de instrucciones para la raza humana.

Lo más poderoso que puede hacer para tener un hogar fuerte y feliz, es el de ser una guerrera en oración y una estudiosa de la palabra de Dios. Esto no requiere un talento especial, no necesitas una vasta educación, no importa si eres talentosa y bella, gorda o flaca, calva o lo que sea.

Toda mujer puede orar. Dios oye las oraciones de la esposa que ora por su esposo y sus hijos. La oración es un acto que no es egoísta. Es humildad en acción y nada logrará resultados tan poderosos en la vida de tu familia que la oración. Así mismo la falta de oración es la más egoísta y egocéntrica acción que una esposa puede hacer. Esperemos que ninguna en esta clase sea culpable de ello.

Ustedes han tenido una semana muy ocupada señoras. Ahora me gustaría escribir un pequeño mensaje a sus amorcitos. Si ustedes piensan que lo recibirán bien, déjenme leérselos, podría ser bueno para ambos ustedes.

Una Palabra de Sabiduría
Para Los Esposos Que Se Han Extraviado

Las tres semanas pasadas tu esposa ha estado trabajando arduamente para aprender a amarte como Dios nos ha enseñado a través de sus escrituras. Mucho de lo que hemos aprendido, hemos tratado de ponerlo en práctica a través de nuestras asignaciones de acción. Estoy segura que tú lo has gozado tanto como ella. Si fue así serás un hombre inteligente y se lo harás saber.

Te habrás estado preguntando, ¿Qué es lo que está sucediendo? ¿Será que esto durará? Pues si la animas eso la ayudará. ¿Cómo puedes animarla? ¡Pregúntaselo!

Algunas mujeres necesitan oír sus palabras. Algunas necesitan sus caricias, algunas su ayuda; otras un poquito de tiempo especial para pasarlo juntos. Lo que sea, estoy segura que estarás de acuerdo que cualquier estímulo valdrá tu atención. La otra manera por la cual hemos aprendido es compartiendo experiencias personales y el conocimiento de nuestras mentoras de esta clase quienes ha pasado por algunas de esas mismas luchas que ella esté pasando en este momento. Hay un tremendo valor que se gana sabiendo que no eres la única mujer que está pasando por un desafío particular.

Sobre todo ella está tratando arduamente de entenderte mejor y hacerte un hombre feliz, y más satisfecho. Espero que le mostraras tu apreciación, con esta filosofía en mente. Hay algunas cosas sobre una mujer que sería ventajoso que entendieras, pero que le sería difícil a ella de expresarlo.

Puntos de Ayuda Concernientes a las Esposas

1. Así como tú te sientes atraído a como ella luce, ella es atraída por tu bondad.
2. Para ella el sexo empieza en la cocina (palabras, acciones y ayuda). Acciones y palabras frías preceden a una acción fría en el dormitorio.
3. Nunca te faltará nada en el dormitorio si expresas cada vez que no es lo *que* ella es (una mujer), pero mejor *quien* es ella (tu compañera espiritual) a quien le quieres hacer el amor.
4. Para ella el sexo no es solo un acto, es toda una relación construida en la fundación de intimidad emocional.
5. El sexo es una calle de ida y vuelta, así como se lo has dicho a ella, pero la velocidad no es 100 km por hora.
6. Si quieres que tu esposa te entienda mejor, trata de abrirte a ella y comparte tus sentimientos y pensamientos con ella. Déjale ver tu pasión por tus sueños y ambiciones; déjale ver tus temores y desilusiones, déjale saber cuánto significa para ti el poder compartir con ella estas cosas que están en tu corazón y que necesitas poder hacerlo sin estar temeroso de ser juzgado y rechazado, en síntesis déjale saber que ella es tu mejor amiga. Una mujer siempre siente una doble dosis de misericordia y compasión por su mejor amigo.
7. Si quieres ver a tu esposa brillar, y que de lo mejor de ella para satisfacerte, dale cumplidos genuinos, hazle saber que la aprecias, hazle saber que ella vale mucho para ti

    Algunas maneras de usar bien tus palabras (verbalmente o en una tarjeta) un beso dulce y una caricia sin otras expectativas, dándole flores en silencio solo con un abrazo. Un beso de chocolate, haciendo ocasionalmente tareas de la casa sin que te lo pida. Contrata una niñera que se quede con los niños sin que tú esposa se entere para que le des una sorpresa y sácala a una romántica noche, presume y fanfarronea de ella en frente a tus amigos o sus amigas. Hay miles de formas que puedes mostrarle que la amas.

    Solo trata una de ellas y la veras brillar, y ¡tu estarás feliz de que lo hiciste!

Parte II

SEMANA 1

¡ El Amor de Una Madre Como Ningún Otro!
Amar a sus hijos – 1ª Parte

¡Bueno la luna de miel pasó, la vida real ha comenzado, y de pronto ese viejo anhelo se apodera de ti, de nuevo! ¡Tú sabes a lo que me refiero! Ese deseo que viene de lo profundo de tu alma, lo que toda mujer anhela. ¡Tu mejor amiga tiene uno también!
¿Por qué no? ¡Digo! Tú quisiste uno tuyo toda tu vida. Jugaste con ellos de niña, y les pusiste nombres también.

¡Ellos solo lloraban cuando tú querías y ellos dormían en paz! ¡Cuando te cansabas de jugar con ellos, todo lo que tenías que hacer era ponerlos de nuevo en la cama y ellos se quedaban allí en silencio hasta que tú querías jugar con ellos otra vez!

¿Qué es lo que estoy diciendo? ¡Bebés por su puesto! Esas dulces criaturitas que te hacen sentir todo calientico y suavecito adentro. Dulces e inocentes, nunca dando dolores de cabeza ¿verdad?

¡Qué gran sorpresa, finalmente ha nacido! Y... ¿Qué es ese horrible ruido que oigo?

Día 1
¿No Te Encantan Los Monitos?

Lee Tito 2:4 y 5

Haz una lista de lo que las mujeres mayores deben enseñar a las jóvenes:

1. _____
2. _____
3. _____
4. _____
5. _____
6. _____
7. _____

En la parte I de "Tomar de Regreso la Familia" practicamos formas como realizar la primera instrucción de este pasaje: Ama a tu esposo. Continuando la práctica de cómo amar a nuestros esposos, nos moveremos a la próxima instrucción que es ama a tus hijos.

¡Qué extraña instrucción! Había solo 7 áreas en la vida que Dios escogió ser específico para que enseñaran las mujeres maduras, entonces ¿porque supones que Dios haya incluido algo que se supone vendría tan naturalmente como amar a tus hijos? ¿Quién podría imaginarse que una madre necesitaría instrucción en esta área?

Antes que aprendamos como amar a nuestros hijos de acuerdo con la definición de Dios, necesitamos tener un entendimiento muy claro de la importancia que Dios le da a la maternidad.

Lee 1 de Samuel capítulo 1, y Lucas capítulo 1 al 2:1-17

En 1 de Samuel después de su oración de humildad y de corazón adolorido a Dios ¿qué es lo que lo que Ana fue escogida para hacer?

_____

En Lucas 1, Después de muchos años deseando por un hijo, ¿Qué es lo que Elizabeth fue escogida para hacer? En Lucas 1 ¿qué fue lo que María, a la tierna edad y sin experiencia, fue escogida para hacer?

_____

Amar a tus hijos...Algo natural

Ana, Elizabeth y María, todas fueron escogidas por Dios para ser la madres de (respectivamente):

1. Del Profeta Samuel, quien iba a ser usado por Dios para establecer el reinado de Israel, lo cual testificaría al venidero reinado de Jesucristo.
2. Juan el Bautista quien sería el predecesor de Jesucristo, anunciando que su reino estaba ahora con nosotros.
3. Jesús, el Mesías, el único Hijo de Dios quien vendría a salvar a toda la raza humana de la eterna separación del Padre.

Te das cuenta que si tu eres una madre, también tu has sido escogida por Dios para enseñar a tus hijos a testificar del reino de Jesucristo. Fuiste escogida por la voluntad de Dios, no por tus propios atributos, o la falta de ellos. Dios mismo te ha diseñado y te ha dado un propósito específico, de amar, moldear y enseñar a tus preciosos hijos para servirle y hablar a otros sobre Él.

Amándolos de la manera que Dios lo diseñó, tú les estás enseñando que Dios es real, y su amor también, que su palabra es verdadera, y que genuinamente Él los ama. Tu obediencia de amarlos a la manera de Dios, es la prueba de la existencia de Dios.

La maternidad es una preciosa asignación, es una posición de monumental importancia.

Sabiendo esto, ¿existe alguna duda de que Dios específicamente nos ordenara *amar a nuestros hijos*? Es una responsabilidad increíblemente importante que Dios no quiso dejarlo al azar.

¿Es que esta responsabilidad que viene directamente del corazón de Dios, te deja temblando? La intensión de Dios no fue que tengamos un espíritu de temor. Si solo pidiéramos, Él nos daría lo que pidamos para cumplir con su llamado.

¿Cómo es que Dios quiere que cumplamos con sus instrucciones?

¡No temas! Mañana empezaremos con nuestra jornada para realmente entender, como amar a nuestros hijos.

Día 1 Asignación de Acción

Escribe tu oración a Dios pidiéndole que te muestre verdades espirituales y aplicaciones que nunca has visto antes, para ponerlas en práctica. Pídele que te muestre cambios que deben ser hechos en tu actitud y comportamiento, de manera que puedas ser usada de manera grande y poderosa, mientras crías a tus hijos para que sirvan al Señor.

Abuelas:

Oren y pídanle a Dios que les muestre maneras en las que pueden apoyar a sus hijas cuando ellas tratan de educar a tus nietos, como Dios manda.

Los abuelos pueden tener una gran influencia en la vida de sus nietos.

Día 2

Amando a Los Monitos - Definición

Ayer descubrimos que ser una madre es un llamado enormemente importante. Se ha dicho frecuentemente, "la mano que mece la cuna gobierna el mundo" ¡Por esa razón necesitamos desesperadamente obtener la perspectiva de Dios arraigada profundamente en nuestros corazones y mentes!

Una vez más, lea Tito 2:4-5.

La segunda instrucción, es para las madres de amar a sus hijos. La palabra griega traducida aquí, como amor es *filoteknos* que literalmente significa amor maternal, tener mucho cariño.
Escribe lo que entiendes por tener mucho cariño a alguien.

Cuando aprendíamos a amar a nuestros esposos, aprendimos del amor filandros, o amor que muestra afecto, que también significa que les tengamos mucho cariño. La definición de ser cariñoso, en la Biblia, es el de mantenerlo calientico. Metafóricamente, significa apreciarlos con amor tierno, cuidarlos con ternura. Naturalmente tenemos manifestaciones tiernas para nuestros niños; pero esta definición también incluye el demostrar ese afecto cuidándolos y proveyéndoles con lo que necesitan. No solamente debemos proveer por sus necesidades, pero tenemos que hacerlo con una actitud tierna, que les haga saber sin ninguna duda que los amamos.

Dios nos hizo criaturas complejas, somos únicos en muchas maneras; pero hay un área en la que todos somos iguales, toda persona tiene una tremenda necesidad de ser amada por sus padres y madres. El amor de nuestras madres es la esencia de nuestro valor personal cuando niños. Cuando un niño siente que no es amado por su padre o madre, esto causa que su auto estima se deteriore. El niño siente que si su padre o madre no le aman o no lo valoran, ¿quién lo haría? En consecuencia, es muy importante que nuestros hijos sepan sin ninguna duda que los amamos.

¿Cómo les podemos asegurar? ¿Cómo les hacemos entender nuestro profundo afecto y amor? En los próximos días estudiaremos acerca de los atributos bíblicos del amor maternal.
Ustedes se darán cuenta que una madre de las escrituras será nuestro modelo cada día. En la asignación de acción de cada día, nos envolveremos en una aplicación práctica sobre los lenguajes de amor como lo describió, Gary Chapman en su libro. *"Los cinco lenguajes de amor de los niños"*.

Antes que podamos absorber estas enseñanzas en como amar a nuestros hijos, primero tenemos que hablar de algo muy importante. Como lo dije antes, el 100% de nosotros tenemos algo en común, y es la necesidad de saber que somos amados por nuestros padres. De acuerdo al señor Chapman, muchos adultos cuando miran en el pasado recordarán que fueron amados, pero ellos no se *sintieron amados* en ese entonces por ellos. Este asunto puede invalidar en su maternidad o paternidad con sus propios hijos si no es resuelta. Por esa razón hablaremos de ello directamente antes que iniciemos nuestro estudio.

Piensa un momento y trae a tu memoria tu niñez. ¿Te amaba tu mamá? _____ ¿te amaba tu papá? _____

¿Por qué respondiste si, ó no? En otras palabras, cuales fueron las acciones de tus padres que te hicieron pensar que no te amaban?

Mamá: _____

Papá: _____

Día 2 Asignación de Acción

Esta tarea puede ser un poco dura para alguna de ustedes; pero les prometo, Dios te escuchará y te ayudará si sigues leyendo y estudiando la lección de esta semana.

¿Cómo adulta tienes sentimientos de auto estima bajo y que vales poco debido a que no te sentiste amada por ambos o uno de tus padres? Si es así describe cómo y porque.

_____

Puede ser duro, pero...

Si este ejercicio ha reabierto una herida que has tratado de olvidar por largo tiempo, por favor date cuenta que tu nunca podrás seguir adelante en paz hasta que no enfrentes, entiendas y perdones. Entonces verdaderamente podrás pedirle a Dios que lo ponga en el pasado, que sane la herida, y el dolor que te ha causado.

Nunca podrás seguir adelante, y ser la madre que deseas ser hasta que no hayas enfrentado tu pasado. ¿Por qué no oramos de inmediato y le confiesas a Dios tu perdón hacia tu padre o madre que sin saber o a sabiendas, te hizo sentir su desamor? Si no le perdonas solo causará que ese sentimiento remuerda tu espíritu, y el estancamiento de tu progreso como madre. El no perdonar nunca borrara ese dolor, pero el perdón hará llegar la mano sanadora de Dios en tu vida y te permitirá seguir adelante. Pueda ser que con el nuevo conocimiento que puedas obtener en los próximos días, puedas darte cuenta que tu padre o madre simplemente no sabían demostrar su amor, en una manera que pudieras entenderlo. ¡Es posible!

Tiempo de Oración:

Escribe tu oración a Dios.

_____
_____
_____

Día 3
Un Modelo Bíblico del Papel de Amor a Los Hijos

Lee Éxodo 1:22 y 2:1-10

La madre de Moisés, Jocabed. Fue una madre
_____.

El verso 2:1 dice que Jocabed, la madre de Moisés, desafió la autoridad gubernamental y con fe en Dios, escondió a su bebé Moisés para salvarle la vida. Aunque posiblemente habría significado la pena de muerte para ella si hubiera sido descubierta, Jocabed sabía que el riesgo era definitivamente bueno. Una madre amorosa siempre será una protectora.

Jocabed se encontraba en la más horrible posición que una madre podría encontrarse. Ella vivía en un país, que tenia esclavizado a su gente. Aunque en esclavitud la población Judía se multiplicó hasta el punto de que los Egipcios empezaron a temer por el número de Judíos, y ordenaron medidas crueles para mantener la explosión demográfica Judía bajo control.

¿Qué fue lo que el Faraón ordeno a las parteras que hicieran? _____

Las parteras Judías temían más de las leyes de Dios que las leyes de Faraón y ¿qué fue lo que hicieron? _____

Faraón estaba muy lleno de odio contra el pueblo Judío y emitió nuevas leyes ordenando la _____ -de todo bebé varón (Éxodo 1:22)

Trata de ponerte en el lugar de la madre de Moisés, ¿Puedes siquiera imaginarte el horror de tener un recién nacido varón o de estar embarazada y que el gobierno mataría a tu bebé cuando naciera, si era un varón? ¿Qué crees que harías en esas circunstancias?

El castigo por desobedecer una orden directa del rey era la pena de muerte. Cualquier madre que fuera descubierta tratando de ocultar su hijo sería condenada a morir. Pero Jocabed no solo podía pensar en sí misma y en su hijo recién nacido, ella tenía hijos mayores y perder su vida significaría que sus otros hijos tendrían que crecer sin su madre que pudiera verlos crecer y cuidarlos.

¡Qué mujer tan valiente! ¡Su fe era enorme! Nota que esta historia es lo único que se menciona de esta mujer tan valiente y llena de fe; pero los frutos de sus acciones duraron a través de toda la historia. Recuerda la declaración que mencione anteriormente, "la mano que mece la cuna gobierna el mundo", verdaderamente, la mano de Jocabed ha tenido un enorme impacto en nuestro mundo, incluso hasta hoy. Dios realmente premió su decisión de salvar a su hijo.

Por diseño divino, hizo que una de las únicas personas vivientes que tenía el poder de salvar a Moisés fuera quien lo encontrara. Dios también hizo que la ternura se apoderara del corazón de la hija de faraón para que ella pudiera protegerlo de la ley de su padre y salvarle la vida. Ella inconscientemente fue usada por Dios para salvar la vida del niño y no solo eso sino que sin saberlo ella lo envió de vuelta con su propia madre, cuando buscaba una nodriza, para que lo alimentara y lo cuidara hasta que fuera destetado.

¡Que Dios tan impresionante es al que servimos! Él oyó la oración de esta madre suplicando por la salvación de su hijo y movió su mano de una manera sobrenatural, respondiendo así, a las oraciones de esta madre.

Tal vez fue porque sus oraciones venían de lo más profundo de su corazón y con mucha fe, que Dios eligió usar a Moises para ser el líder quien enfrentaría al faraón en poder y le diría "DEJA IR A MI PUEBLO".

Jocabed fue una madre amorosa y protectora, y Dios la bendijo a ella, a su hijo y en consecuencia a toda una nación.

Día 3 Asignación de Acción

¿Eres tú una madre de fe, decidida a confiar a Dios la vida de tu hijo?
Dios tenía un plan para Jacobed, su hijo y una nación entera. Aunque la vida de su hijo estaba en riesgo, ella actuó en fe en Dios y le permitió la libertad a Dios para que trabajara su plan en sus vidas. Ella podría haber elegido llorar en angustia sobre las circunstancias en su vida; pero en vez de quejarse de su situación, simplemente se volvió hacia Dios con fe y esperanza que Él salvaría a su hijo.
¡Oh y como respondió! Que poco sabía ella de que el plan de Dios era mucho más grande que el de ella.
Una vez más Dios probó su fidelidad en la vida de Jacobed y Moisés. El mayor deseo de Dios es mostrarnos su inmensa fidelidad en nuestras vidas, en la de nuestros esposos e hijos si solo le damos a Dios la libertad de trabajar su plan de acuerdo con su propósito.
¿Tienes la suficiente fe en Dios para entender que su plan es lo mejor para tu hijo aun que no lo entiendas en este momento?
Piensa en esto por unos minutos, luego escribe tu oración a Dios sobre esto.
Recuerda: Dios ya conoce tu corazón, así que mejor se honesta con Él y pídele su ayuda mientras creces en esta área.

Día 4 Amando a Tus Hijos - Parte I

Lee 1 de Corintios, Capítulo 13.

En una lección anterior, estudiamos la lección sobre el amor. Dios hace su descripción de amor muy clara.

Como hicimos anterior, has una lista de las acciones que describen lo que es el amor:

_____

_____

Ahora, describe lo que NO es el amor:

_____

_____

¿Qué crees que sucederá con nuestros niños si nuestras acción diarias reflejaran esas cosas que la Biblia dice que NO es amor?

_____

_____

Obviamente, si nuestras acciones no demuestran amor constantemente, nuestros hijos no se sentirán amados; en consecuencia será menos probable que puedan entender el amor de Dios para ellos. Si ellos no se sienten amados, entonces la cólera, inferioridad o inseguridad, les hará abrirse a alguien que les muestre un poco de amor, lo cual los dirigiría directamente hacia el desastre porque desafortunadamente, ese alguien podría estar controlado por el enemigo y no solo alejaría a tus hijos de ti, sino que los alejaría también de Dios.

Necesito interrumpir todo este consejo práctico de cómo mostrar amor a nuestros hijos por un minuto, porque creo que podemos hacer todo lo que mencionamos en el capítulo uno y dos de la parte dos, pero aún así perder a nuestros hijos. Tú ves, nosotras podemos hacer todo al pie de la letra; pero aun podríamos verlos lanzarse de cabeza por el mal camino de destrucción que todo padre teme. Hay un ingrediente, que si es dejado fuera, puede causar cierta falla y ese ingrediente es la oración y hablo de la oración profunda y consistente que sale del corazón, donde buscamos al Padre en el nombre de Jesús por nuestros hijos, sin jamás darse por vencido, no importa cuantas cosas malas hagan o cuán lejos caigan.

Cuando dejamos de orar, simplemente le estamos diciendo a Dios que no necesitamos su ayuda. Le estamos diciendo que podemos criar a nuestros hijos nosotros solos. Y aquí estoy para decirte que realmente no podemos, de ninguna manera, no funcionaría y sé lo que te estoy diciendo.

Aunque pudiéramos demostrar el fruto del Espíritu Santo todos los días de nuestra vida, esto no causará el mismo efecto en la vida de nuestros hijos. Necesitas entender que es nuestro Padre Celestial quien produce el fruto en la vida de nuestros hijos, no nosotros, Él es el único que puede cambiar sus corazones, mentes y acciones, y mi querida amiga, el cambio de corazón que Dios realiza en nuestras vidas, es lo único que permanece para siempre en la vida de alguien.

Nosotros podemos ir a la iglesia y llevar a nuestros hijos cada vez que las puertas de la iglesia estén abiertas y todo lo que lograremos es estar muy ocupadas a menos que a la vez oremos diligentemente. ¿Porqué es que frecuentemente vamos a la iglesia llorando y pidiendo consejo a nuestras amigas y buscando en cualquier libro que podamos leer para que nos ayude con nuestro dilema? ¿No sería mejor que fuéramos a la iglesia a postrarnos de rodillas ante su altar e implorar al único que puede hacer la diferencia? Los libros son buenos y pueden ayudar, pero solo un libro tiene todas las respuestas y ese es el libro de Dios, la Biblia. Poniendo en práctica la palabra de Dios y manteniéndonos en ferviente oración, no es nuestra última opción, es nuestro único recurso. Qué fabuloso sería que los padres pudieran entender esto.

La oración es nuestra aceptación de que Dios puede más que nosotros. La oración de intercesión es la herramienta más poderosa que tenemos en este mundo y lo único que puede cambiar a nuestros hijos completamente. La oración busca el trono del Dios todo poderoso para que intervenga en sus vidas en todas las áreas. Sin oración nuestros esfuerzos serán en vano. Con nuestra oración y obediencia a su palabra, Él nos responderá y tocará la vida de nuestros hijos. Esto no significa que nunca tendremos problemas, pero significa que Dios nos oirá cuando llevemos a nuestros hijos delante de él.

Nunca he encontrado en ninguna parte de la Biblia donde Dios haya rechazado la oración de una madre por la salvación de sus hijos, o una profunda suplica al Padre para que se acerque a ellos. He explorado por mi misma y preguntado a otros mucho más calificados que yo y he descubierto que Dios dijo solo una vez NO a la oración de una madre por su hijo, y esa única vez fue cuando la madre de Santiago y Juan le pidió a Jesús que sentara a uno de sus hijos a su derecha y el otro a su izquierda cuando fuera a su trono en el cielo.
Su oración fue dirigida a Dios en orgullo, porque ella estaba más preocupada con el prestigio y la posición y no el corazón de sus hijos. Pero miren como respondió a las oraciones de Jocabed y a las otras de las cuales leeremos en los próximos días.

Y ciertamente Dios respondió mis oraciones hace diez años atrás.

Tom y yo hemos llevado a nuestros hijos a la iglesia toda su vida, les enseñamos los caminos y la palabra de Dios de la mejor manera que pudimos, aunque fallamos muchas veces. Tratamos de vivir una vida consistente y llena de fe delante de ellos, y siempre hemos orado por ellos desde que eran muy pequeños. Yo estaba segura que nuestros hijos no se envolverían en cosas en las cuales otros niños lo estaban haciendo, o que no caerían en trampas de las cuales les habíamos advertido; yo estaba segura que ellos serían diferentes debido a todas las cosas que hicimos para criarlos correctamente.

Pero esto no fue así, ya que como nos sucede a todos, ellos escogieron aprender ciertas cosas de la manera dura. Así que ellos fueron engañados y les hicieron creer que sus padres eran de opiniones antiguas en algunos aspectos. Creyeron que podían lograrlo a su manera y aun ser buenos cristianos, así que ellos cometieron sus propios errores, uno de mis hijos en especial, casi pudo ser destruido por sus malas decisiones; pero Dios fue Fiel, déjame que te lo repita, Dios fue Fiel, con F mayúscula.

Por 5 años suplicamos a Dios por él y algunas veces me preguntaba si Dios estaría oyéndonos, y si su mano estaría trabajando en mi hijo. Gracias al Señor su mano estaba trabajando, no tengo el tiempo de describir toda la historia en estas líneas; pero, ese es otro libro que está en progreso. Déjenme que les cuente el final de la historia. Después de cinco largos años de desilusiones, Dios nos trajo la victoria. Hoy mi hijo está sirviendo al Señor a nuestro lado. Nuestros tres hijos aman a Dios y están enseñando a sus propios hijos de acuerdo con la palabra de Dios. Dios es maravilloso y fiel, además, siempre esta presente para ayudarnos en tiempos de lucha. Confíale tus hijos a Él, porque Él nunca te abandonará.

Día 4 Asignación de Acción

Notas de la Autora: Te recomiendo que te compres el libro de "*Los Cinco Lenguajes del amor de los niños*" por el autor Gary Chapman para esta porción de nuestro estudio, y será un libro de gran referencia para que lo añadas a tu biblioteca, para que lo leas una y otra vez cada vez que lo necesites. Claro que no es necesario, pero sería útil ya que muchos padres lo encuentran de mucha ayuda.

Al comienzo de esta semana, enfrentamos nuestros sentimientos en referencia al amor de nuestros padres y de cómo impactó nuestras vidas. Para algunas de ustedes, este fue un ejercicio placentero, para otras tal vez doloroso. Espero que la lección de hoy les ayudara a lidiar positivamente con estos sentimientos y que puedas avanzar en tu propia etapa de criar a tus hijos.

Vuelve a mirar las referencias del libro "*Los Cinco Lenguajes del amor de los niños*", en él, Gary Chapman hace una lista de cómo la gente interpreta el amor. Chapman nombra estas cinco áreas "Lenguajes del amor" y estas son: 1) Toque físico, 2) Palabras de afirmación, 3) Tiempo de calidad, 4) Regalos, 5) Actos de Servicio.

Basándonos en la asignación del día dos, donde se describían las razones para sentirse amadas por la madre, ¿incluye tu descripción una o más de estas formas del "lenguaje del amor"? ¿Cuáles?

_____

_____

Si no te sentiste amada por ella, ¿incluyo tu descripción el por qué estaba alguna de las formas del "lenguaje del amor"? ¿Cuáles?
_____

_____

En tu opinión, ¿Cuáles dos formas del "leguaje del amor" te describe más el amor?
1. _____

2. _____

¿Puedes observar una conexión directa entre tu descripción del amor de tus padres (o la falta de ello) y tus dos elecciones?
_____

_____

Ordena los cinco leguajes del amor, en el orden que tendría más importancia para ti.
1.
2.
3.
4.
5.

Porque todos tenemos un "lenguaje de amor" predominante, muchas veces nos sentiremos bien amadas y aceptadas o no amadas ni aceptadas si es que nuestra madre no usó nuestra forma primordial de amor en sus expresiones de amor hacia nosotras. No importa realmente cuánto nos amó, nosotras nos sentiremos inseguras de su amor si sus demostraciones fueron otras que las que nosotras consideramos primordiales.

Por ejemplo. Si tú eres una persona que necesita palabras amorosas y mucha afirmación para sentirte segura con el amor de otros, tú no te sentirás amada si tu mamá te criticaba regularmente, aunque ella usara todas las otras cuatro formas del "lenguaje de amor". Aunque ella hubiera estado dedicada a hacerlo todo para ti, te acariciaba frecuentemente, te daba todo lo que necesitabas y ponía como primordial importancia el pasar tiempo contigo, es muy posible y altamente probable que te sintieras no amada por ella, porque ella no te comunicó su amor en el "lenguaje de amor" tuyo.

La mayor parte del tiempo una persona puede saber en su corazón que son amadas, pero algunas veces no lo siente así. Si puedes entender este concepto en ti misma, podrás aliviar mucho dolor y confusión que puedes haber estado llevando a cuestas por muchos años.

Volveremos a estudiar los "lenguajes del amor" mas adelante. Por ahora, reconocer la existencia de este concepto, podría ayudarnos a encontrar libertad y entendimiento de porque algunas veces no pudimos sentirnos amadas por papá o mamá aunque nuestra mente nos decía lo contrario.

Tengo la esperanza que cuando entiendas más tu propia forma de "lenguaje de amor", podrás entender más la relación entre tú y tus propios padres. Ciertamente me ayudó a mí. Mi madre me amó tanto como cualquier madre puede amar, y no tengo la más mínima duda que ella hubiera hecho cualquier cosa para protegerme, incluyendo el poner en riesgo su propia vida. Desafortunadamente, yo siempre lo supe en mi mente, pero no siempre lo sentí.

Y es que mi lenguaje primario de amor son las palabras de afirmación, y lo más difícil de este mundo para ella era exactamente eso. Ella no sabía cómo ofrecer amor con palabras de afirmación. Probablemente ella me dijo muchísimas veces ¡te amo, ó te quiero!, cada día, pero no sabía usar palabras positivas para alentarme y sacar lo mejor de mí. Ella usaba palabras de crítica y me ridiculizaba cuando me corregía, y claro, yo interpreté eso como falta de amor, en vez de entenderlo como la herramienta de enseñanza que ella utilizaba.

Debemos recordar la teoría de los "lenguajes del amor" que se describen en el libro anteriormente mencionado. Nuestros padres no tuvieron ese conocimiento, así que ellos demostraron su amor de la mejor manera que ellos pudieron. Usando mis circunstancias como ejemplo, ¿te ha pasado que esta clase de malentendido te causó que sintieras que no te amaban, aunque en tu mente tú sabías que si te amaban?

Si fue así, escribe tu oración a Dios, y pídele que sane tu mente y tu corazón de una vez por todas.

Acepta el hecho que tu madre nunca quiso hacerte daño, sino que no entendió y nunca conoció tu "lenguaje de amor" primario.

Día 5
Amando a Tus Hijos - Parte II

Hace un momento aprendimos los atributos de una madre amorosa. Jocabed, fue nuestro primer ejemplo de una madre que con mucha fe buscó proteger a su hijo de una muerte segura, en las manos del cruel faraón Egipcio. Hoy aprenderemos de otra amorosa madre quien nos mostrará su fidelidad en servicio.

Lee 2 de Reyes 4: 8-37

Este pasaje nos relata de la mujer Sunamita que estaba dedicada al servicio del Señor y servía al profeta Eliseo construyendo una habitación para él y que pudiera quedarse en cualquier momento que lo necesitara viniendo de sus viajes. A través de su hospitalidad, ella sirvió a Dios y a su siervo, con mucho amor y sin esperar nada a cambio.

Un día cuando Eliseo estaba de visita y descansaba pensativo en la cama que ella había preparado para él, de pronto se preguntó qué es lo que podría hacer por esta mujer y su esposo, en agradecimiento por su amabilidad. Eliseo la llamó y le preguntó qué es lo que podría hacer por ella. ¿Qué es lo que él ofreció?

_____

¿Cuál fue su respuesta?

_____

En esta historia la mujer Sunamita, probó que su servicio a Dios y a su siervo era por amor y no esperando recibir algo a cambio. Cuando Eliseo le ofreció que él la llevaría ante el Rey y sus comandos para que le rindieran honores y premios, ella respondió que ella tenía todo lo que necesitaba de entre su propia gente. ¡Qué actitud de servicio! Ella brindó sus servicios a Dios y a Eliseo sin esperar recompensa.

Más tarde cuando Eliseo estaba en su habitación con Giezi su siervo, le preguntó si él sabía algo que se pudiera hacer para honrar a esta mujer tan leal y dedicada, quien muy gentilmente le había brindado un hogar y hospitalidad. Giezi le dijo que la pareja Sunamita nunca habían tenido la bendición de tener un hijo. Ella probablemente había orado por un hijo por muchos años y con angustia en el corazón le había pedido a Dios que la bendijera con un hijo.
Cuando Eliseo llegó a su casa ella le sirvió sin quejarse de su situación o sin pedirle que Eliseo intercediera a Dios por ella, ni pidió que su necesidad fuera satisfecha por su fiel servicio a él. Y de hecho ella ni le mencionó nada a Eliseo; pero estaba claro que Dios sabía que el deseo de su corazón era el tener un hijo.

En su fe, Eliseo envió a Giezi que la llamara, y mientras ella estaba parada en la puerta de Eliseo, él le prometió que ella quedaría embarazada y que tendría un hijo en un año, y ella casi no podía creerlo.

Su única respuesta fue, ¡No me mientas Eliseo! Con lo cual ella quería decir que este asunto era demasiado importante para ella y que no bromeara con ello. No podría soportarlo si fuera una mentira, no quería que le prometiera algo, si es que no iba a suceder.

¿Has deseado algo tanto así, que cuando realmente sucedió, no podías creerlo? Bueno, obviamente su gran deseo realmente sucedió, en el versículo 17 dice que ella tuvo un hijo en la época predicha. Dios es tan bueno y una vez más podemos ver que Él escucha los deseos de nuestros corazones y responde a sus fieles siervos.

Una actitud de servicio sin egoísmo, es absolutamente necesaria para convertirnos en buenas y amorosas madres. Dios vio esta actitud en la vida de esta mujer, mucho antes que se convirtiera en madre, Él sabía que ella sería una madre llena de fe, quien amaría su hijo a través de su servicio toda su vida.

Es también interesante notar que el nombre de la mujer Sunamita, no es siquiera mencionado en este pasaje. Muchas mujeres se sentirían ofendidas si alguien omitiera sus nombres, pero su sincera y pura razón para servir no estaba manchada con el deseo de auto glorificación, y creo que es muy apropiado que Dios haya escogido magnificar la actitud de servicio en su vida, elevando su servicio en vez de su nombre.

¿En tu vida de servicio, preferirías tener tu nombre o tu servicio magnificado?

_____

_____

Día 5 Asignación de Acción

¿Te ha enseñado algo la historia de la mujer Sunamita, sobre la actitud de servicio como madre? ¿Recuerdas en el día 2 cuando aprendimos que deberíamos valorar a nuestros hijos con una actitud correcta en el corazón? Aquí esta joven madre es un ejemplo de una madre que sirve a Dios y al hombre con todo su corazón, sin ninguna condición. Así es como debemos servir a nuestras familias. ¿Encuentras algunas veces que te es duro servir a tu familia, especialmente a tus hijos, día a día con una actitud bondadosa sin condiciones? La mayoría de mujeres tienen una lucha en esta área, ¿eres tú una de ellas?

Empieza tu asignación con una oración a Dios, pidiéndole que te revele cualquier actitud o acción que le gustaría a Dios que modificaras.

Escribe sobre tu actitud de servicio en un día normal y luego haz una lista de las maneras que sientes que Dios quisiera que mejores.

SEMANA 2

El Lenguaje del Amor que Su Hijo Entenderá
Amar a sus hijos – 2ª Parte

Alguna vez te preguntas, quien entrena a quien? ¿Sientes alguna vez que el domador de leones residente ve a los pequeños cachorros viniendo a atacarte mientras que solo puedes pensar en correr? En un mundo saturado con expertos corregidores de niños, (que ni tienen niños) seguramente tenemos una cantidad suficiente de malcriados, mimados e indisciplinados, chillones, tiranos en miniatura corriendo alrededor nuestro.

Ya puedo oírte, ¿como puedes decir eso?, eso es cruel, ¡Tú no debes amar a los niños! ¡Tú debes haber sido un ogro de madre para tus niños! ¡Me imagino que no debes estar mucho con los niños! ¿Es que no puedes soportar el bullicio?

La verdad es, que yo absolutamente adoro a los niños. Nuestros hijos nos trajeron mucha felicidad a nosotros a través de los años. Ahora ellos nos han dado seis hermosos nietos (absolutamente perfectos, aunque sea yo misma quien lo diga), 4 niños y 2 niñas. Le tomó a mi familia 31 años para finalmente tener una niña, y créanme que a esas dos niñas no les falta nuestra atención, con vestiditos muy coquetos y muchos zapatos. Por supuesto que los niños también tienen lo suyo como pelotas de fútbol, y cuanto juguete se les ocurra. Tom y yo hemos descubierto, que los nietos son pura alegría natural al 100% sin necesidad de aditivos.

Tom dice bromeando, los nietos son el premio que Dios nos da por no haber matado a nuestros hijos. Ellos son una alegría increíble y no hay nada que yo ame más que cuando los tengo en mis brazos, cuidándolos, limpiando sus desarreglos, jugando béisbol y muñequitas. El día libre de la abuela es más un premio para mí que para ellos. Nosotros estamos bendecidos de tenerlos viviendo muy cerca de nosotros. Algunas veces Tom y yo los subimos a todos en el carro, y partimos hacia alguna aventura. Sandy nuestro perro también viaja con nosotros hacia nuestras aventuras. La gente piensa que estamos locos, pero nosotros sabemos que es una bendición para nosotros.

Pero yo, casi como todo el mundo, tengo la tendencia de pensar que mis hijos y mis nietos nunca pueden ser tan traviesos como todos los demás. ¡Los míos no eran quejones, malcriados, engreídos ó indisciplinados! Y ¡tampoco tiranos en miniatura, ó tal vez solo un poquito! Ó tal vez no nos fijamos en que nuestros vecinos solían cerrar sus puertas cuando nos veían venir.

Tú ves, Dios en su infinita sabiduría, nos dio a los padres y abuelos una dosis extra de misericordia para lidiar con nuestros propios niños. Debido a la dosis extra de misericordia que los padres tenemos, no sentenciamos a nuestros niños con el titulo permanente de delincuente juvenil por gritar tremendas amenazas a su hermanita a través de la mesa, o no les pasamos una sentencia de por vida a un niño travieso que escondió a su mascota, un pequeño sapito, en el budín para la cena.

Los niños van a ser niños no importa de quien sean. Nuestra tarea como padres es de ayudarlos de alguna manera a pasar todo ese comportamiento y actitudes infantiles, a un comportamiento maduro y adulto sin dañar sus espíritus.

Puede ser logrado o Dios no nos hubiera asignado esta tarea; de cualquier manera debemos hacerlo a su manera. Como padres nuestra fe en Dios, nuestra obediencia a su palabra y nuestra vida de oración activa, nos da la seguridad que al final, nuestros niños desarrollaran todo bien.

Muy frecuentemente, sentimos que hemos fallado como padres porque nuestros niños no están viviendo como nosotros los instruimos. Y yo lo sé, porque en muchas ocasiones me sentí que había fallado como madre. Cuando eran pequeños y me sentía inadecuada para controlar su comportamiento, me sentía impotente y abrumada cuando un niño de dos años, me sacaba de mis casillas. Luego cuando estuvieron en edad escolar y salían con cada broma inapropiada, o simplemente ignoraban mis instrucciones, me hacían sentir frustrada y encolerizada de saber que ellos pudieran tratar a su madre de esa manera. Especialmente cuando mis hijos pasaban por la adolescencia, yo me encontraba llorando un momento, lívida en el siguiente, e inútil en el otro.

Cada vez que los veía caer en un área en la cual estaba segura que les había yo enseñado bien, me sentía como que les había fallado y me sentía totalmente responsable por sus malas decisiones. Hubo ocasiones en que sus fallas fueron por mi culpa, porque no les enseñé como debía o porque mi vida no había reflejado delante de ellos el ejemplo de esa enseñanza.

También hubo tiempos cuando sus fallas fueron totalmente de ellos, porque no se adhirieron a las enseñanzas que se les dio, en palabra y en hechos.

Esta semana miraremos a varios hechos necesarios acerca de la crianza de niños que podrían ayudarte grandemente, mientras buscas entrenar a tus pequeños a la manera de Dios.

Probablemente no estarás de acuerdo completamente con todo lo que se enseñe en esta lección. Solo te pido que compares lo que está siendo enseñado aquí, con las enseñanzas de la palabra de Dios. Como te había dicho antes, si algo de lo que yo digo es en oposición de lo que la palabra de Dios enseña, entonces estaré herrada, de otra manera si lo que digo está en regla con la palabra de Dios, entonces la enseñanza está correcta, así estés de acuerdo o no.

Dejemos que la palabra de Dios sea la autoridad. Permítele que sea Él quien cambie tu mente en las áreas en las que no estás de acuerdo porque si te adhieres a su manera, Él no te fallará y lo más importante, no les fallará a tus hijos, ni hoy ni nunca. La primera cosa más importante que una madre debe hacer, es tener fe. Sin fe es imposible criar niños con la paz mental de saber que eventualmente, todo funcionará porque Dios está en control.

Día 1
La Mujer Sunamita - Un Ejemplo de Fe Personificada
Parte I

Lee 2 de Reyes 4: 19-37.

La semana pasada, terminamos nuestro estudio semanal con el ejemplo de la mujer Sunamita quien sirvió al profeta Eliseo a través de su cualidad de servicio dándole hospitalidad.

El deseo de su corazón era el de tener un hijo, pero ella no ofreció sus servicios para que sus oraciones fueran oídas, ella sirvió voluntariamente y amorosamente sin siquiera haber mencionado sus deseos a Eliseo.

Eliseo deseaba premiarla públicamente ante el rey y su ejército pero ella no aceptó su ofrecimiento, en cambio ella eligió permanecer en el anonimato y servir a Dios y a su siervo silenciosamente sin ninguna fanfarria. Eliseo se dio cuenta de la falta que le hacía el tener un hijo en su vida y buscó a Dios para que Él interviniera.

¿Qué es lo que Eliseo pidió a favor de ella? _____

¿Le contestó Dios a Eliseo? _____

¿Qué es lo que Dios le dijo a Eliseo que le sucedería a la mujer Sunamita por su fidelidad y su servicio al profeta? _____

¿Qué es lo que Eliseo hizo después de haber orado a favor de ella? _____

Cuando él oró, él no guardo la respuesta de Dios para sí solo, sino que le dijo cual había sido su oración y pedido a Dios y que ella debía esperar por la respuesta de Dios.

¿Qué le dio a Eliseo la seguridad de decirle a ella la respuesta de Dios? _____

La fe de Eliseo, era la seguridad de que Dios respondería, debemos notar que Eliseo no dejo que ninguna duda lo silenciara de lo que él sabía que iba a ser la respuesta de Dios. ¿Has experimentado alguna vez la seguridad de que Dios te estaba dando una promesa directa en respuesta a una oración, pero estabas temerosa de compartirlo con alguien porque temías que hubieras malentendido el mensaje de Dios?.

Cuando Eliseo le dijo a ella su oración y lo que Dios le había respondido, ¿Cuál fue su reacción? _____

Él le prometió que le nacería un hijo en un año, ¿Cuál es el versículo que confirma que el profeta Eliseo le había dicho la verdad a ella?

¿Puedes recordar alguna vez en que Dios te respondió tu oración aunque se trataba de algo que otros dudaban en que nunca lo lograrías? ¿Puedes recordar alguna vez en que la única explicación de algún evento o circunstancia pudo haber sucedido sólo con la intervención divina?

Día 1   Asignación de Acción
Descubriendo El Leguaje De Amor De Tus Hijos

En referencia al libro: " *Los cinco lenguajes de amor de los niños"* por Gary Chapman y Ross Campbell, la semana pasada iniciamos un estudio sobre los cinco lenguajes del amor y como la comprensión de ellos nos puede ayudar a que nuestros hijos entiendan mejor nuestro amor hacia ellos. Esta semana determinaremos el lenguaje específico de nuestros hijos y otros a quienes amamos. Con el propósito de recordar los cinco lenguajes del amor, estos son: Toque físico, Palabras de Afirmación, Tiempos de Calidad, Regalos y Actos de Servicio.

Sinceramente espero que hayas compartido nuestro estudio de los "lenguajes del amor" con tu esposo y que él haya podido compartir contigo cuál de ellos es su lenguaje de amor primario. El querer descubrir cual es el "lenguaje de amor" de tus hijos, podría ser un poco más difícil, de hecho Gary Chapman, el autor de *"Los cinco lenguajes de amor de los niños",* sugiere que no le pregunte a sus niños ni que discuta su investigación con ellos, debido al natural egoísmo de los niños. Ellos podrían manipularte para satisfacer sus deseos momentáneos. Chapman sugiere que utilicemos el siguiente procedimiento para determinar el leguaje de amor de ellos:

1. Observa como tu hijo demuestra su amor hacia ti. Los niños frecuentemente muestran su amor en la misma forma en que ellos lo reciben. Por ejemplo, si su hijo dice frecuentemente, ¿¡te quiero mucho por hacer esas galletas, mamá!, significa que él puede necesitar palabras de afirmación de ti. Si voluntariamente usa la aspiradora para limpiar el suelo porque te ama, entonces puede ser que él se sienta amado cuando se le muestra actos de servicio.
2. Observe cómo es que su niño demuestra su amor por otros. Si frecuentemente abraza y besa a sus hermanos, hermanas, tías, abuelos, etc., sin que se le pida, probablemente su niño necesita afecto a través de caricias, como confirmación del amor.
3. Escuche que es lo que su hijo o hija pide más frecuentemente, si te pide que lo lleves al parque para caminar, o frecuentemente te pide que te sientes con él y juegues con él, probablemente él o ella necesita pasar momentos de calidad contigo para satisfacer su necesidad emocional, o si él dice frecuentemente mira lo que hice, él necesita palabras de afirmación. Si él dice, ¡la mamá de Juan lo quiere mucho porque le compró una chaqueta nueva!, puedes estar segura que los regalos son un signo importante de amor para él. Asegúrate que tu hijo no te está manipulando solo para conseguir cosas materiales para estar a la misma altura de sus amigos.
4. Escucha que es de lo que tu hijo se queja más frecuentemente. Seguramente tu hijo menciona específicamente un área en la que no está satisfecho, como por ejemplo cuando

dice, "tú nunca" o declaraciones como "tú nunca juegas conmigo" ó "mamá tu nunca me dices nada, cuando hago algo bien"

Dale a tu hijo una entre dos opciones. Los niños más grandes pueden ayudar con el proceso de descubrimiento cuando les das una elección entre dos expresiones de amor. Por ejemplo ¿Juan, te gustaría ir al parque a jugar conmigo, o preferirías que yo hiciera unas galleticas para ti y para tus amigos mañana? Su respuesta te dará una idea valiosa de lo que su "lenguaje de amor" es.

Descubrir el "lenguaje de amor" de tu hijo, puede tomar tiempo, pero podrías empezar a tener indicios en un día o dos. Continúa intentando y pronto lo descubrirás y esto te ayudará a mostrarle a tus hijos, cuanto los amas en una manera práctica.

Debes ser muy cuidadosa en no usar este conocimiento en contra de ellos. Los niños son muy vulnerables y si usas este conocimiento como una arma para que ellos hagan lo que tú quieres que hagan, puedes causarles que se encierren dentro de sí mismos y que no sean comunicativos.

Recuerda, tu amor nunca debe ser expresado de una manera condicional. La declaración "Te quiero" siempre debe afirmarse de una manera única, sin un "Te quiero porque...", de esa manera su hijo entenderá que el amor que usted siente por él, es incondicional, lo cual les ayudará a atravesar obstáculos durante los próximos años.

Día 2
La Mujer Sunamita - Un Ejemplo De Fe Personificada   Parte II

Lee otra vez 2 de Reyes 4:19-37

Para la lección de hoy, empezaremos con el nacimiento del hijo de la mujer Sunamita y aprenderemos como continuó la vida de ellos. La escritura no dice nada específico sobre los primeros años del hijo de ella; pero definitivamente hay mucho que aprender de esta historia.

Déjame indicar algunos de los hechos que se mencionan específicamente, o son inferidos:
1. Podemos saber con seguridad que ella y su esposo trabajaron juntos en la crianza de su hijo.
2. Cuando había madurado lo suficiente, su padre lo llevaba al campo a trabajar lada a lado con él, entrenándolo a ser un duro trabajador.
3. Aunque su padre trabajaba con él en el campo, mantuvo una relación muy estrecha con su madre también, porque el día que se enfermó su padre lo envió a su casa.
4. Su padre tomo un interés muy activo con su hijo, y aunque lo envió a su casa con los sirvientes, él padre también volvió a su casa un corto tiempo después. Nosotros sabemos eso porque él estaba allí cuando el niño murió.

Años después, cuando su hijo era lo suficientemente maduro para trabajar en el campo con su padre, se enfermo con alguna enfermedad o lesión a la cabeza, (las escrituras no son muy claras al respecto) y fue llevado a su madre y se sentó en su falda. Unas horas más tarde al medio día, él murió. ¿Puedes imaginarte el dolor que ella sintió? La agonía que ella sentía hubiera paralizado a cualquier mujer. Pero no a ella. ¿Qué es lo que ella hizo? *Inmediatamente* envió por el burro y fue corriendo al siervo de Dios, quien había traído la bendición de Dios unos años atrás.

Eliseo la vio venir y supo que había algún problema, y envió a Geizi a preguntarle que es lo que pasaba. Su respuesta fue "está bien" ¿BIEN? ¿Cómo podía decir ella eso? Su hijo estaba muerto, ¿cómo podía estar bien? Y la única razón por la cual ella podía responder de esa manera era por su increíble fe en Dios y en el siervo de Dios.

El versículo 23 implica que la pareja Sunamita, había mantenido su relación con Eliseo a través de los años. Los versículos 25 y 26, que cuando Eliseo la vio venir a lo lejos, él envió a su siervo a preguntar por ella y por su hijo.

Instintivamente él sabía que ella no hubiera venido a verlo inesperadamente a no ser porque algo andaba mal y que ella necesitaba su ayuda. Y claro que la necesitaba. Era obvio que él los conocía bien y los estimaba profundamente.

En vez de dar frenéticamente gritos desde lo lejos, pidiendo su ayuda, ella esperó hasta que estuvieron cara a cara.

Inmediatamente ella le recordó las palabras que le había dicho cuando él le dijo que tendría un hijo. Cada acción hablo claramente de la fe que ella tenía, en ambos, en Dios y en el profeta. Ella sabía que Dios no la abandonaría. Él le había dado el hijo prometido, y creyó que Dios no lo apartaría de ella. Ella sabía que Eliseo era un profeta de Dios y el líder espiritual de su familia. Ella seguiría sus instrucciones y tendría fe, que Dios respondería.

Y Dios respondió, a través de un milagro usando a su siervo, Dios resucitó a su hijo.

A través de esta historia, podemos ganar confianza en Dios, que Él traerá a nuestros hijos de vuelta a una vida espiritual en Jesucristo, si confiamos en Él como la madre Sunamita lo hizo.

A través de la fe y oración, Dios oirá la oración de una madre. Ten fe, no porque eres una madre perfecta, sino porque Él es un Dios perfecto.

¿Tienes tú la fe de esta madre? ¿Confías totalmente en el que te confió la crianza de tus hijos para cuidarlos diariamente? Describe tus verdaderos sentimientos hacia Dios, y recuerda que Él ya sabe lo que estas pensando, así que es mejor que seas honesta en el papel. Te ayudará a crecer en fe si tú honestamente enfrentas tus debilidades y se las confiesas abiertamente a tu Señor y le pides su ayuda. Mientras haces esto, Él será fiel y oyéndote responderá a tus oraciones.

Día 2 Asignación de Acción

Hoy escribe lo que descubriste cuando observaste a tus hijos sobre la manera como expresan su amor a las siguientes personas.

A ti:

A su padre:

A su hermano/hermana:

A sus abuelos:

A un amigo, profesor, u otro miembro no familiar:

Día 3
Siendo Padres y Entrenando El Perro

Ruth Graham enseña, que todo padre debería leer un buen libro de entrenamiento a los perros. Ella dice que los padres deberían mantener su instrucción, simple. Yo les hablé a mis hijos hasta marearlos.

Pienso que deberíamos prestarle atención a ella. Ella ha ganado el derecho de dar concejos, que son seguros.

Les había hablado anteriormente de Sandy, nuestro perro, le pusimos ese nombre porque el ama mucho la playa y la arena. En nuestra última visita a la playa, Sandy decidió que nosotros caminábamos muy lento, así que obstinadamente el corrió delante de nosotros. La próxima vez que lo vimos fue encerrado en una jaula en protección policial de esa localidad. Tan pronto como Tom lo vio, él dijo, mira amorcito nuestro hijo está en la canasta.

La clase de perro que tenemos es conocido porque tienen dificultad en controlarse y obedecer ordenes, los primeros dos años de vida, además porque necesitan algo en la boca continuamente, preferiblemente tu brazo o tu mano y realmente experimentamos que era cierto. También son conocidos por ser "ladrones" de la ropa, ya que les encanta jugar con la ropa interior o medias que encuentra y llevárselos a los vecinos y claro que eso también es cierto. Sandy tiene un buen sentido del humor y le gusta probarlo a cada oportunidad que él tiene y corre llevándose la ropa interior. Esta querida mascota nuestra no tiene miedo de que le gritemos o que nos vea con la cara roja de la rabia. Piensa que necesitamos una buena carrera de vez en cuando y que nuestros pulmones necesitan ejercicio por lo menos una vez al día.

El entrenamiento de Sandy podríamos decir que no fue una cama de rosas. Eso es si estamos hablando de la cama de rosas de nuestro jardín donde le gusta escarbar. Él es tan lindo y dulce que no puede más que reírse de él, claro si en ese momento no estás dando gritos. Este perro tiene una personalidad de acero. En un momento puede volverte loca y al siguiente te hace perder el aliento por las carcajadas que te causa. A través de todo eso hemos aprendido una cosa muy importante. Usa ordenes simples si quieres que él haga exactamente lo que dices. "siéntate" "quieto" "echado" "no".

Yo soy de tipo sanguíneo por naturaleza, nosotros podemos hablar hasta con los monos. En su libro con su hija GiGi, "Madres Juntas", Ruth Graham dice que ella puede hablarle a sus hijos hasta que los deja mareados. Yo puedo entender eso. Yo digo, ¿que hay de malo en sentarte con tu hijo de cuatro años a explicarle porque mamá dice que no se debe tirar los pañales sucios al suelo o a las paredes?. Ellos tienen que entender varias cosas importantes, como:

1. No es sanitario
2. No es de buenas maneras
3. No se trata de arte mural cuando huele mal
4. Alguien puede salir ofendido

Solo existe un problema con esta pequeña teoría mía. ¡No funciona! Ellos se cansan de la cháchara, mucho antes de que puedan entender lo que estoy diciendo.

Así que, como entrenando a nuestro perro Sandy, si mantenemos nuestras órdenes cortas, simples y precisas, nuestros niños no tendrán duda de lo que queremos. Adhiere las razones, los "porqués" gradualmente como vayan creciendo o cuando pregunten. (Para un niño de 3 años, eso sucederá cada vez que tú abras la boca). Sé consistente y persistente, mantén tus promesas, positivas o negativas. Si le dices que lo vas a castigar por algo que hizo mal o le prometes darle un premio por algo que hizo bien, llévalo a cabo, y nunca des una orden si no la vas a hacer cumplir.

ENTRENANDO A TUS HIJOS EN LA PALABRA DE DIOS

Lee estos versículos y llena las líneas en blanco:

Proverbios 22: 6 _____ niño en su camino, y ni a aún de _____ se apartará de el.

Proverbios 22:15 _____ está ligada al corazón del muchacho, pero la _____ alejará de el.

En cada caso aquí, la palabra Hebrea traducida significa, entrenar – dedicar, debe ser estrecha y diligente. Debemos ser diligentes y consistentes en la manera como educamos a nuestros hijos.

Esta es probablemente la falla número uno de las madres donde quiera que esten. Es muy difícil ser consistente, día a día en el entrenamiento de nuestros hijos.

Un día el horario de una mamá es más ocupado que el otro y por tener que hacer todo mas rápido, puede hacerla más diligente para que sus niños le obedezcan, que en un día que tiene mas tiempo. Lo que ella dice hoy de pronto no será lo que dice mañana. Es imperativo que les demos a nuestros hijos límites y reglas que son las mismas cada día. Reglas con las que pueden contar. Es completamente injusto que permitamos a Juanito saltar en la cama hoy y castigarlo por hacer lo mismo mañana. Él debe saber que las reglas en casa son las mismas cada día para que entiendan que las reglas de Dios son las mismas. De otra manera él terminará totalmente confundido y pensará que Dios también está sujeto a cambios emocionales y que sus reglas pueden cambiar así como cambian las tuyas.

Lee Deuteronomio 11:18-20

¿Cómo y dónde este verso nos dice que nosotros como padres debemos enseñar a nuestros hijos?

_____

Una vez más las escrituras nos enseñan que las reglas son las mismas. Se repiten de una manera un poco diferente, como debemos enseñar a nuestros niños diligentemente, la misma lección. Mantén las reglas iguales. La Biblia mantiene las reglas iguales cuando nos enseña como debemos enseñar a nuestros hijos.

Lee Isaías 28:9 - 10

¿Qué piensas de la frase "mandato sobre mandato, renglón tras renglón, línea sobre línea, un poquito allí, otro poquito allá" que significa?

Una vez más Dios es consistente, Él nos ordena seguir enseñando la misma cosa. La repetición causa que lo aprendido se entierre en lo profundo de los corazones de nuestros hijos. Las reglas son las mismas, las enseñanzas se quedan consistentes, día tras día.

Cuando esta consistencia echa raíz en el corazón de una madre, también echará raíces en las acciones de la madre.

Hasta que no eche raíces en el corazón y las acciones de la madre, no debemos esperar que eche raíces en el corazón ni las acciones de los niños. ¡Oh, si..! esto quiere decir que nosotras debemos crecer primero si queremos que nuestros hijos crezcan también.

Efesios 6:4 nos enseña "Y vosotros, padres, no _____ a vuestros hijos, sino_____.

Cuando no les damos a nuestros hijos la seguridad de reglas y expectativas consistentes, ellos no estarán seguros si esperan un castigo o un premio sobre cierto comportamiento. En sus pequeños corazones ellos sienten una profunda injusticia, cuando el premio de hoy se convierte en el castigo de mañana, ellos se sienten completamente ineptos tratando de complacernos. Esto normalmente resulta en un sentimiento de desconfianza hacia nosotras y enciende una cólera que muy bien podría ser experimentada por el resto de sus vidas.

2 de Timoteo 3:15, ¿qué nos enseña?

_____
_____
_____

Nuestra recompensa, será el ver a nuestros hijos venir a nuestro Señor Jesucristo como su Señor y Salvador, cuando ejercitamos una disciplina consistente y haciendo las cosas a la manera de Dios. ¿Qué mejor recompensa podría haber?

La teoría de Ruth Graham en el usar el entrenamiento de las mascotas, en nuestros niños, ¿resultó bastante sabia verdad?

Por favor recuerda que hasta que la consistencia echa raíces en el corazón de una madre, no echará raíces en el corazón de los niños.

Día 3 Asignación de Acción

Considerando el consejo de Ruth Graham en el entrenamiento de las mascotas, cuidadosamente piensa en el carácter y personalidad de cada uno de tus hijos y las reglas que quieres que ellos pongan en práctica en cada etapa de sus vidas.

Por cada niño, haz una lista separada de tres reglas que más te gustaría que aprendieran durante los próximos 21 días.

¿Te diste cuenta que si haces cualquier cosa por 21 días consecutivos, se convierten en un hábito que no se rompe fácilmente? Usa este conocimiento para ventaja tuya.

Ten la menor cantidad de reglas posibles…pero sé consistente con estas pocas.

Día 4
Amando a tus Hijos

Empecemos el devocional de hoy leyendo acerca del amor de Dios hacia nosotros, sus hijos, en Juan 3:1-22.

¿Has pensado en el hecho de que Dios es el padre perfecto, pero aún Él no tiene hijos perfectos?

¿Cómo reaccionas cuando tus hijos, frecuentemente cuestionan tus respuestas y juicios a una de sus propias preguntas? Después de repetidos intentos de explicarles la verdad y ellos continúan dudando de la veracidad de tu respuesta, ¿te irritas y te sientes frustrada? ¿Y qué padre no lo hace?

Después de leer Juan 3:1-22 ¿Qué se hace evidente sobre Nicodemo y su reacción a la respuesta de Jesús a la pregunta de Nicodemo?

¡Aunque él estaba cara a cara con el hijo viviente de Dios, aun dudaba!

En el versículo 2, Nicodemo viene en la noche (indicando ya su duda) ¿Qué le dice a Jesús?

_____

En el versículo 3, Jesús le responde directamente, y de una manera simple. ¿Cuál fue su respuesta? _____

Justamente en el siguiente verso Nicodemo una vez más cuestiona la respuesta de Jesús, y todavía aún en el versículo 6, ¿Qué es lo que hace Nicodemo? _____

¿Alguna vez cuestionan tus hijos tu veracidad y discuten contigo? ¡Muchacha! Los míos lo hacían y aún lo hacen. Compara las respuestas de Jesús a Nicodemo en los versículos 3, 5-8, y 10-22 ¿Qué es lo que se nota más en las respuestas de Jesús?
_____

Es totalmente asombroso para mí de observar las cualidades paternales de Jesús en acción aquí, Él fue increíblemente paciente con Nicodemo.

Nótese como Nicodemo vino a Jesús buscando respuestas. Jesús no lo había buscado a él, Nicodemo busco a Jesús voluntariamente y ¿para qué? ¿Qué es lo que Nicodemo reconoce de Jesús en el versículo 2?

Nicodemo supo que Jesús había venido de Dios y era de Dios, Así que él vino a preguntarle de la vida eterna, obviamente creyendo que Jesús tendría las respuestas que él necesitaba. Pero cuando Jesús no le dio las respuestas que él quería, ¿Cuál fue su reacción? La sabiduría de Jesús fue cuestionada. Me pregunto si Nicodemo estaba esperando que Jesús cambiara de opinión o por lo menos que le diera una segunda elección que le gustara mejor. Hijos tercos vienen en todas las edades.

¿Alguna vez caes en esta trampa cuando Dios te da una respuesta u orden, que mejor no te gustaría oír? ¿Vas buscando por una segunda elección que sería más conveniente para ti? Jesús fue muy fuerte pero aun paciente y amoroso en su respuesta a Nicodemo. Aun cuando él le cuestionó por tercera vez, Jesús le respondió la misma verdadera respuesta.

Algunas veces nuestros hijos nos ponen presión cuando continúan discutiendo contra alguna respuesta que les dimos. ¿Por qué? Porque no les gustó nuestra primera respuesta y tienen la esperanza de convencernos e irritarnos con sus argumentos que pueden hacernos cambiar nuestra decisión o darnos por vencidos, para que les demos una respuesta que esté más a su gusto.

¡Qué gran ejemplo es esta historia mostrándonos los atributos de ser padres, y como siempre Jesús, es el ejemplo perfecto para toda situación que podamos encontrar!

¿Encuentras que algunas veces tus hijos dudan o cuestionan tu sabiduría espiritual? Danos algunos ejemplos.

_____
_____
_____
_____

Día 4 Asignación de Acción

Escribe acerca de tu más reciente confrontación con tus hijos. Utilizando el ejemplo de Jesús en el pasaje que estudiamos hoy. ¿Cómo podrías haber manejado esta situación de una manera más morosa?

1. ¿Fuiste suficientemente directa?
2. ¿Fuiste fuerte manteniendo tu convicción?
3. ¿Te molestaste con el niño?

A continuación, escribe las maneras que puedes mejorar para que estés lista cuando se presente la siguiente confrontación. ¡Puedes estar segura que vendrá!

Notas

Día 5
Disciplina, Castigo y Sentimientos Tiernos

¿Recuerdas alguna vez que fuiste disciplinada o castigada de una manera que sentiste que se te rompería el corazón? En vez de tener el corazón roto, ¿Alguna vez te sentiste tan furiosa que solo sentiste una gran amargura? ¿Te has dado cuenta que el mismo tipo de disciplina no funciona con todos los niños por igual? Algunos responden muy bien a una buena conversación, otros responden a solo una mirada desaprobadora, o algunos necesitan mano dura para tan solo conseguir su atención. Nuestros niños también tienen sentimientos tiernos y el *"como"* los disciplinamos o castigamos es tan importante, así como que lo hagamos cuando sea necesario.

Explora las siguientes escrituras y has una lista de las acciones que mostró el amor de Jesús, hacia aquellos que estaban envueltos en aquella situación.

Lucas 18:15-17

Lucas 8: 43-48

Lucas 7:9

Juan 3:17, 18

Lucas 6:6-11

Juan 8:11

Lucas 5:29-32

Juan 13:5

Lucas 22:19-20

Juan 3:16

Disciplina y castigo no son necesariamente la misma cosa. En los versos de arriba es fácil ver que la gente y especialmente los niños, estaba atraídos por Jesús.

- Él sabía cómo mostrar su amor a la gente de una manera que ellos lo entendieran.
- Él sabía que todos son diferentes y que tienen diferentes necesidades.
- Él encontraba a cada uno exactamente donde estaban, no donde deberían encontrarse.
- Él les enseñaba la verdad sin condenarlos.
- Él exponía el pecado pero amaba al pecador.
- Él les daba su tiempo.
- Les daba lo que necesitaban.
- Los tocaba.
- Los servía.
- ¡Les dio el regalo más grande de todos, a sí mismo, su propia vida, Vida Eterna!

Mira cuan frecuentemente Jesús enseñaba a la gente, confrontaba el pecado. Corregía a la gente pecadora, pero nunca los hería con sus palabras, con su contacto o servicio. Nunca escatimó en darles su tiempo, aunque ellos dudaban o cuestionaban, ni tampoco escatimó su regalo de Vida Eterna aunque ninguno lo merecía.

Su amor no era condicionado a las acciones de nadie, Él hubiera perdonado hasta a los fariseos si solo se hubieran arrepentido y se lo hubieran pedido. Él nunca les volvió la espalda; pero ellos si le volvieron la espalda a Jesús. El nunca retrocedió de decir la verdad, pero siempre lo hizo con amabilidad y amor. La única vez que las escrituras nos muestran donde Jesús mostró su cólera, fue en el templo cuando sacó a los mercaderes fuera. Ellos estaban convirtiendo la casa de su Padre en casa de ladrones. Las escrituras fueron cumplidas cuando Jesús demostró el gran respeto por la casa de su Padre y proclamo que debería ser sólo casa de oración.

Si pudiéramos nosotros mostrar esta clase de amor a nuestros hijos, ellos nunca dudarían de nuestro amor por ellos.

Si aprendemos a enseñarles diligentemente con amor, consistencia, amabilidad, y si consistentemente mostramos obediencia en nuestras vidas, entonces la promesa en Proverbios 22:6 será nuestra.

Dios nunca nos dijo que nuestros hijos no cometerían errores; pero dijo que si los entrenamos a la manera de Dios, cuando *sean viejos* ellos no se apartarán de las enseñanzas de Dios.

Las cosas más poderosas que tú como madre puedes hacer por tus hijos son:

- Enséñales los caminos de Dios, que están en la Biblia.
- Ama a tu esposo y mantén la familia junta.
- Mantenlos en contacto estrecho con los siervos de Dios y sus profetas, en la iglesia local.
- Practica consistencia en tu propia vida y en el entrenamiento de ellos.
- Ora por ellos y ten fe en que Dios responderá tus oraciones y los salvará.

Día 5 Asignación de Acción
Disciplina, Castigo y "Los Cinco Lenguajes de Amor"

No hay nada más que dañe a un niño que cuando utilizamos su lenguaje de amor de una manera equivocada.

Por ejemplo, un niño que necesita palabras de afirmación para sentirse amado, se sentirá muy mal cuando su madre o padre le grita, lo insulta y le dice cosas como ¡qué estúpido eres! o dice palabras como, ¡tú nuca vas a llegar a nada! Esta clase de trato va en detrimento del niño pero en especial para el que la necesidad de palabras de afirmación es grande. El niño que oye estos insultos tendrá una muy baja estima personal, y por seguro será el que caerá en problemas en su adolescencia porque desesperadamente busca la aprobación de cualquiera que quiera dársela, porque nunca la tuvo en casa.

Los otros lenguajes del amor trabajan de la misma manera, el niño que necesita contacto será más sensible a las palmadas, jaladas de brazo, etc. El niño que necesita tiempos de calidad se sentirá especialmente herido si es confinado a su habitación por largos periodos como castigo. El niño que necesita actos de servicio se sentirá herido profundamente si su madre descuida consistentemente de proveer sus alimentos, lavar su ropa, o se olvida de recogerlo después de sus prácticas deportivas. Un cumpleaños olvidado puede dejar cicatrices profundas cuando su "lenguaje de amor" son los regalos.

El punto es que una madre o padre puede usar el "lenguaje de amor" en formas positivas para ofrecer amor incondicional ó pueden utilizar también los "lenguajes de amor" en formas negativas e hirientes lo cual disminuirá su confianza y auto estima y el éxito de nuestros hijos.

Tal vez si practicáramos el usar estos lenguajes, podríamos adquirir nuevas costumbres si tratamos de usarlos en maneras positivas en el entrenamiento de nuestros hijos.

Aunque sin observar los "lenguajes de amor", debes entrenar y disciplinar a tus hijos, el castigo es a veces necesario sin importar cuál es su lenguaje de amor. El temor de herir su auto estima no debe anular la necesidad de una apropiada corrección, y ciertamente puede ser logrado de una manera que no hiera la fragilidad de la autoestima.

Creo que el "lenguaje de amor" de mi hijo es _____

Aún no sé cuál es el "lenguaje de amor" de mi hijo, usaré _____ como un ejemplo en el escenario siguiente.

En el escenario siguiente, describe cómo puedes usar el "lenguaje de amor" de tu hijo de una manera positiva y una manera negativa.

Escenario # 1:

Tu hijo acaba de llegar de la escuela con una tarjeta de calificaciones mostrando dos A, una B, dos C, una D y una F.

¿Cómo puedes responder de una manera positiva?

¿Cómo puedes responder de una manera negativa?

SEMANA 3

¡Me reiría, si no estuviera llorando tan fuerte!
Establecer Un Balance Emocional

Algunos días me parece que no puedo parar de llorar.
Me siento tan triste que apenas puedo salir de la cama.
Me siento tan furiosa que podría escupir clavos.
¡Muchacha! Me siento tan feliz hoy que me siento que estoy flotando en el aire.
Esa tormenta de truenos me asustó tanto anoche que hasta me hizo temblar.
Estoy tan decepcionada que no pude ir de paseo con mi familia, por el fin de semana.
Estoy muy molesta con mi mejor amiga, por no querer prestarme su batidora.
Mi esposo vino anoche y dejo las llaves en la mesa, el correo en la cocina, sus zapatos en la puerta, sus calcetines en el suelo, su camisa en el baño, su corbata en la manija de la puerta, la casa se parece al apartamento que tenía cuando estaba soltero y cuando le pedí que me ayudara a recogerlos me comenzó a gritar e hirió mis sentimientos.

Nunca debí haber presentado mi mejor amiga a mi hermana, ahora ellas son mejores amigas de lo que yo fui. Ellas fueron a la tienda y no me invitaron a ir con ellas. Ya veremos si las invito al almuerzo de Semana Santa para las damas.

¡Las emociones! Seguro que pueden lastimar a una mujer. Pueden dejarte vacía y fría como una tumba, o estresada y furiosa como un gato en un cuarto lleno de sillas mecedoras.

Nada puede llevarte en una montaña rusa más rápido que las emociones no programadas.

Nada mas puede quitarte la energía, el tiempo y la paz mental, que las emociones descontroladas. Pero después de todo, *nosotras somos* mujeres y no siempre podemos controlarlas, ¡entonces! ¿Qué puede hacer una mujer?

Lee Tito 2: 3-5. Mira las directrices que hemos estudiado en la parte uno y dos, hasta este punto. Hoy proseguiremos a la siguiente directriz, que es la de tener estabilidad emocional.

Como siempre la palabra de Dios nos guiará a un mejor entendimiento de cómo tener un mejor control de nuestras emociones y una gran paz mental que nunca pensamos que fuera posible.

Día 1
Llena de Temor

Lee Filipenses 4:19 tres veces en voz alta, mientras te preparas para la lección de hoy.

En Tomar de Regreso la Familia parte I, estudiamos la importancia de la disciplina en nuestras vidas. Nuestra fuente de estudios bíblicos, fueron los hijos de Israel quienes fueron liberados de los egipcios, y guiados por Dios a través de Moisés a una travesía hacia la tierra prometida. Aprendimos de sus luchas y sus victorias, a medida que Dios se mostraba a sí mismo todo poderoso, en cada lucha que ellos tenían que enfrentar.

¿En tu opinión cual fue la lucha más grande que tuvieron que enfrentar en su camino?

- Esclavitud
- El Mar Rojo
- Una larga jornada por delante
- Ningún recurso de comida visible
- El enorme ejército egipcio pisándoles los talones.
- Ninguna fuente de agua visible
- Animales salvajes en el bosque
- Su propia actitud
- Un viaje a lo desconocido
- La falta de bines materiales como ropa y zapatos.

Aunque sabiendo que los obstáculos que tenían que vencer eran enormes desde el punto de vista humano, una y otra vez, Dios les mostró que Él los cuidaría y les daría lo que necesitaban, más que nada en una manera poderosa y súper natural. Ellos solo tenían que confiar y tener fe en Él. En vez de tener fe, ellos parecían estar más gobernados por una actitud incrédula, alimentada por la emoción de temor. La actitud de incredulidad es siempre alimentada por temor.

Su actitud arruinó toda esperanza de que lograran entrar en la tierra prometida como era la intensión de Dios. En vez de tener fe, ellos permitieron que su temor y miedo gobernaran sus vidas. Su falta de disciplina los llevó a una inestabilidad emocional, porque permitieron que el miedo fuera el poder que principalmente gobernara sus vidas.

En tu lucha diaria, ¿Qué es lo que gobierna tus decisiones?

¿Sabías que fe y miedo no pueden estar en el mismo lugar al mismo tiempo? Tu puedes tener lo uno ó lo otro pero no puedes tener ambos.

La falta de fe puede causar emociones, como el miedo que puede tornarse descontrolado. Enfrentémoslo, sin la fe de que Dios nos cuidará y satisfará nuestras necesidades, si tenemos mucho que temer, eso es exactamente lo que les pasó a los israelitas en el desierto. La razón por la cual ellos se quejaban tanto, era porque su fe era casi inexistente y por eso la emoción del miedo los controlaba y el miedo los llevó a pensar que eran ellos mismos que tenían que arreglar sus problemas.

Otras emociones pueden también controlarte, a menos que aprendas a mantener tus ojos fijos en el Señor y permitas que el espíritu trabaje en ti.

Lee Proverbios 19:13 y 21:19.

¿Has notado como otra gente se siente cuando están cerca de una mujer que no tiene control emocional? Nadie ni siquiera su esposo quiere estar a su lado. La palabra contenciosa significa pelea, discusión, argumento, la que siembra discordia y tensión. Todas estas acciones son el fruto de una cólera descontrolada. Así como cuando clamaban y se quejaban los Israelitas en el desierto, era el fruto de su miedo descontrolado.

¿Cuál es la emoción negativa con la que luchas más? ¿Es el miedo, cólera, tristeza, depresión, preocupación, dolor?

Pasaremos nuestra semana aprendiendo de Dios, como poder tener una mente equilibrada y sana; como Él, continuamente nos ordena tener.

Por hoy concentrémonos en el verso con el cual comenzamos, Filipenses 4:19: "Mi Dios, pues, suplirá todo lo que os falta conforme a sus riquezas en gloria en Cristo Jesús."

Queridas damas, o nosotras creemos en la palabra de Dios, o no. No hay término medio, la calidad de nuestra felicidad en este mundo, estará directamente proporcional a cómo vivamos estos principios.

Día 1 Asignación de Acción

¿Tienes una actitud de gratitud, o te preocupas, y te quejas de tus retos?

Toma un momento y has una lista de tus bendiciones y luego ora agradeciendo a Dios, por todas esas bendiciones que has recibido.

1.
2.
3.
4.
5.
6.
7.

Ahora has una lista de tus *necesidades*. Muchas veces confundimos deseos con necesidades, incluye en esta lista todo lo que es verdaderamente una necesidad.

1.
2.
3.
4.
5.
6.

¿Cómo es tu fe? ¿Es saludable? ¿Confías que Dios satisfará tus necesidades? ¿Llorarás y te quejarás con temor? ¿Ó te relajarás y confiarás en que Dios te proveerá para ti?

Escribe tu decisión aquí, está bien que le digas a Dios sobre tus temores. Recuerda que tú puedes tomar la decisión de confiar en Dios aun en medio de tus temores. Confesando esos temores y pidiéndole a Dios que los elimine, crecerás en tu fe. Y tú tienes que ser honesta porque Dios conoce tu corazón de cualquier manera.

Día 2
¿Qué Es Lo Que Una Mujer Debe Hacer?

Lee Tito 2: 3-5

Nosotras hemos estudiado las primeras tres directivas de este pasaje. Aprendimos a ser *sobrias* y disciplinadas. Aprendimos a amar a nuestros esposos y a nuestros hijos y ahora nos moveremos hacia la cuarta directriz, la cual es el de ser discretas.

Escribe que es lo que tú crees que significa el ser discreta.

_____

_____

La traducción del griego en la Biblia de la palabra discreta es *Sofron* ¿reconoces la palabra? En la parte I de este libro, aprendimos de la palabra sofronize, la cual fue traducida como disciplinada, en el día de hoy la palabra sofron, es la actual raíz de sofronize que significa más exactamente, emociones sanas.

¡Muchachas nosotras siempre podemos contar con el Señor para que nuestra enseñanza sea completa! En la parte I nuestra palabra fue el de ser disciplinada o controlada en nuestras acciones de vida. La palabra de hoy nos aconseja el de ser auto controladas o disciplinadas en nuestra vida emocional.

Hay otras cinco palabras que se derivan de la palabra Sofron que tiene que ver con control emocional.

Mente Sana
Moderadas
Ser balanceadas
Emocionalmente estables
Dominio propio

Lee los versículos siguientes, y escoge cuales palabras de las que mencionamos se utilizan para traducir la palabra griega Sofron.

Tito 2: 1a _____

Tito 2: 1b _____

Ora y di, ¿cómo una puedo mantener una mente sana cuando vivo en un "Zoológico"?

Tito 2:4 _____

Tito 2:5 _____

Tito 2:6 _____

Tito 2:7

_____

Tito 2:8

_____

Tito 2:12

_____

Damas, cuando las escrituras dicen algo, una vez, nosotras debemos oír porque es Dios quien habla. Cuando dice algo dos veces, debemos saber que es importante para que Dios lo repita. Cuando lo dice tres veces, Dios esta realmente serio; pero cuando lo dice ocho veces en 15 versículos, mejor despertémonos y fijémonos cuidadosamente, porque es Dios quien nos está hablando muy seriamente al respecto. Y su propósito aquí es el de enseñarnos a tener: una mente sana, a ser moderadas, con balance en nuestra vida, estabilidad emocional y dominio propio.

Una de las razones por las que Dios repite algo tantas veces en un punto particular de instrucción es por la seriedad de las consecuencias que la desobediencia puede causar.

Lee Tito 2:5 una vez más. ¿Qué es lo que Dios dice que debemos aprender?

_____

Lee Tito 2:13-15 otra vez diga las razones por las cuáles Dios quiere que aprendamos, obedezcamos y practiquemos, estas instrucciones.

_____

Dios quiere que entendamos que si desobedecemos estas órdenes, traeremos reproche a la palabra de Dios. Blasfemaremos, traeremos reproche a su reino, y nosotras como personas no tendremos el respeto. ¡Creo que mejor preferiría morir que traer reproche al nombre de Dios!

Día 2 Asignación de Acción

Hay momentos en los que nosotras nos ponemos un poquito más que molestas, pero ciertamente no deberíamos perder control emocional en forma regular. ¿Cómo calificarías tu control emocional en el diario vivir? ¿Cuáles emociones representan para ti una mayor lucha? ¿Crees que tu esposo se identificaría con las declaraciones en Proverbios 19:13 y 21:19?

Analiza y escribe tu respuesta

_____
_____
_____
_____
_____

Día 3
La Montaña Rusa Emocional - Parte 1

Lee Santiago 1:1-27.

En la vida diaria, nosotras experimentamos muchas pruebas y tentaciones. Una de las tentaciones que tenemos que enfrentar cada día es el control emocional. Como reaccionamos emocionalmente a las luchas de la vida, revela nuestro verdadero carácter. Frecuentemente nuestras emociones fluctúan a tal grado que terminamos en una montaña rusa que deja a los que nos rodean disgustados y a nosotras exhaustas. También tiene el problema de que puede crecer y expandirse en algo más grande, de cuando empezó.

Por ejemplo, tienes una cita con el doctor el martes. Has estado realmente ansiosa de atender a esa cita y por eso le pediste a tu madre que cuidara a los niños con semanas de anticipación. El día de la cita, ella te llama con una hora de anticipación para dejarte saber que algo se le presentó y que no estará disponible para ti después de todo. Antes que ella haya tenido la oportunidad de terminar su explicación, tu pierdes control emocional y le gritas acusaciones desagradables por no avisarte con tiempo. Después de descargar tu enojo por algunos minutos, finalmente ella te dice que en vista del inconveniente, ya había arreglado y pedido a tu hermana que cuidara a tus niños.

¿Qué es lo que causa estas explosiones emocionales? _____

¿Qué es lo que Santiago 1: 12 dice de la persona que es paciente en medio de una prueba?
_____

¿Qué es lo que Santiago 1:2-4 dice que debemos hacer cuando tenemos pruebas?
_____

¿Qué es lo que Santiago 2: 5-6 dice que debemos tener durante las pruebas?
_____

¿Si nos debilitamos en fe y obediencia, cuales son las consecuencias según el versículo 7?
_____

Falta de paciencia y fe durante las pruebas de la vida, nos causará perder el control emocional.

Lee Romanos 5:3 ¿Qué es lo que este versículo dice que nos dará paciencia?
_____

Cuando oras y pides paciencia, Dios te enviará tribulaciones porque él dice en Romanos 5:3 que es la tribulación y las dificultades las que nos enseñaran paciencia. Paciencia es una cualidad que se aprende, que se desarrolla cuando le permites al Espíritu de Dios que te controle. Por eso muchachas, decidí hace mucho tiempo atrás que tendría paciencia por un acto de mi propia voluntad y no orar pidiendo que Dios me la dé. Decidí que trabajaría con el Espíritu Santo en mí para poder desarrollar este fruto del espíritu y no pelear contra Él, desplegando mal comportamiento en situaciones que normalmente me harían actuar con emociones negativas. Él nos mandará tribulaciones hasta que aprendamos a actuar con paciencia, así que mejor seré paciente en este momento, ¡muchas gracias!

La paciencia nos ayuda a controlar las emociones que se levantan de la cólera, y lo único que tenemos que hacer es tomar la decisión de trabajar con el Espíritu Santo para desarrollar la paciencia, y Él nos ayudará a controlar nuestras acciones.

Es importante el notar que uno debe tomar esta decisión mucho antes que una prueba nos golpee intempestivamente, porque si no lo haces, una vez más actuarás por impulso en vez de tener una acción planeada y controlada.

¿Recuerdas nuestra directiva en Tito 2:5 de esta semana? Tenemos que ser *Sofron*, ó de mente sana, emocionalmente estables y con dominio propio.

Tenemos que estar profundamente arraigadas en las escrituras así que podamos estar preparadas para las pruebas. Esto debemos hacerlo si esperamos que alguna vez el Espíritu Santo de Dios nos utilice para traer honor al Señor en vez de reproche y respeto, en vez de irrespeto, hacia nosotras mismas.

Honestamente hablando, no podemos tener la esperanza de enseñar a nuestros niños a ser estables emocionalmente, hasta que no hagamos esa estabilidad, una prioridad en nuestras propias vidas.

Día 3   Asignación de Acción

Diferentes niveles han sido listados para cada emoción. Haz un círculo sobre lo que se aplica más frecuentemente en tu caso.

HOJA DE CALIFICACIONES EMOCIONALES				
Emoción	1	2	3	4
Miedo	Mariposas	Preocupada	Alarmada	Petrificada
Cólera	Molesta	Enojada	Furiosa	Lívida
Felicidad	Contenta	Alegre	Eufórica	Extasiada
Tristeza	Melancólica	Triste	Deprimida	Desesperada
Herida	Ofendida	Disgustada	Desilusionada	Destruida
Amor	Aceptando	Cálida	Tierna	Apasionada

Esta prueba no es totalmente exacta para describir tu estado emocional, pero te dará una idea del papel que juegan las emociones en tu vida.

Recuerden queridas damas, una mente sana es la descripción de balance emocional. Si tu calificación fue un # 4 en alguna de las categorías y si es que tú experimentas este nivel de intensidad con alguna emoción en particular, tú estás definitivamente fuera de balance. Algunas veces la gente tiende a estar altamente o insignificantemente temerosos de todo, o inconsciente de algún peligro verdadero, ofendida o destruida sobre alguna sin razón.

Tal vez deberías preguntar a tu esposo o a una amiga de confianza, como describirían tu estado emocional normal en estas áreas. Su respuesta puede tener mucho valor para ti que estas investigando más acerca de ti misma, en orden de adquirir un mejor balance emocional.
Que Dios te bendiga en tu crecimiento en esta área en tu camino Cristiano.

Día 4
La Montaña Rusa Emocional
Parte II

Lee Mateo 18: 21-35

En este pasaje ¿Cuál es la pregunta que le hace Pedro a Jesús?
_____

¿Qué es lo que implica esta pregunta a Jesús?
_____

Mucha gente lee esta parábola y entiende solo una pequeña parte de ella: perdona a otros una y otra vez, mientras que la ofensa continúe.
¿Encuentras frecuentemente duro el perdonar a otros? y si es así ¿Por qué?
_____

¿Cuál es tu definición de perdón?
_____

La razón por la que mucha gente lucha con el perdón es porque confunden perdonar a alguien con aceptar responsabilidad por alguien. Perdonar no significa que estás de acuerdo con la otra persona, y no significa que ella tenía la razón y yo estaba errada. Simplemente significa que reconoces el hecho que ella estaba errada pero tú decidiste no retener tu rencor contra ella.

Guardar rencor no le causa daño a la persona que estaba errada, tanto como hiere a la persona quien guarda el rencor. El no perdonar pondrá un peso muy grande en tu corazón y en tu mente, el cual permanecerá contigo cada minuto de tu vida.

El no perdonar causa que revivas el daño que te causaron una y otra vez. Sabías que la mente subconsciente no puede diferenciar el evento actual de los recuerdos que te asaltan la mente a cada momento. El tener que experimentar un evento doloroso una vez, es suficientemente doloroso, pero el elegir revivir el evento mental y repetidamente es ridículo, horrible e innecesario.

Perdonar no es lo mismo que aceptar la culpa del error de otra persona. ¿No tiene más sentido reconocer que la otra persona está equivocada y no guardarle rencor?
Cuando puedas hacer esto, tú alivias tu mente de tener que pensar en tu dolor o en el castigo que quisieras para aquella persona, y permites que Dios te sane, y que Él se encargue de aquella persona. Eso es mucho más efectivo.

Entonces estarás aliviada del peso y del estrés, de tener que continuar lidiando con una desagradable situación, así que ya puedes adelantar y moverte a continuar con otras labores más agradables y productivas que Dios te ha dado.

En esta parábola Jesús nos habla de las consecuencias que el siervo que no perdonó, tuvo que enfrentar.

Lee el versículo 34 otra vez

¿Qué le paso a este hombre que no supo perdonar? Por su actitud de no perdonar, el fue puesto en las manos de los atormentadores. ¿Te has preguntado por qué escogí este particular pasaje para nuestro estudio cuando se supone que estuviéramos hablando de nuestras emociones en vez de hablar de no perdonar? Es muy simple, los sentimientos a los que se refiere este pasaje podrían ser cosas como el resentimiento, cólera, depresión, confusión, tristeza y amargura.

Si te hace falta estabilidad emocional, hay la posibilidad de que sea a consecuencia de no haber perdonado a alguien y aún está en tu corazón. Si tiendes a sufrir de alguna de estas emociones negativas más de lo normal, podría ser que el fruto de estos sentimientos han sido soltados dentro de ti.

Lee el versículo 32 otra vez.

¿Qué palabra se utiliza para describir a este siervo que no quiso perdonar a su deudor?

_____

Jesús mismo, llama a la persona que no está dispuesta a perdonar, malvada. Ciertamente no me gustaría que Dios me llamara malvada. Recuerda el no perdonar te paralizará, pero si perdonas serás puesta en libertad.

Día 4 Asignación de Acción

¿Te parece que luchas excesivamente con emociones negativas? Si es así dime ¿cuáles?

_____

Si es así, ¿sería posible que no hayas perdonado a alguien que hizo algo malo o te hirió en el pasado? Muchas veces creemos que hemos perdonado a alguien pero la verdad solo han sido nuestras palabras, pero no con nuestras acciones o un sentimiento verdadero en nuestro corazón. En cualquier momento en que tú revivas el evento que te hirió, el perdón verdadero no ha sido dado.

Recuerda, el perdón es una decisión de la voluntad la cual no nos permite guardar el rencor contra la otra persona.

¿Puedes pensar en alguna persona o situación por la que tú no has dado verdadero perdón? Si es así ¿crees que esto ha causado algún tipo de tormento en tu vida? ¿Te hace sentir algo en constante enojo, depresión o amargura debido a ello? ¿Cómo es que eso ha afectado tu relación con tu familia, amigos o Dios?

¿Estás dispuesta a perdonar completamente ahora, a la persona que te hirió? Órale a Dios por esta situación.

Día 5
La Cura Para la Montaña Rusa Emocional

Gálatas 5: 22, 23 dice, "Mas el fruto del Espíritu es, amor, gozo, paz, paciencia, benignidad, bondad, fe, mansedumbre, templanza; contra tales cosas no hay ley."

Los últimos 4 días hemos estado estudiando acerca de la importancia de lograr balance en nuestra vida emocional. Hemos aprendido las formas en las que desplegamos emociones negativas.

Lee Gálatas 5:19-26

Haz una lista de las acciones de la carne, como se describe en los versos 19-21:

_____

¿Qué es lo que dice el verso 21 sobre los que hacen esas cosas?

_____

A través de las escrituras nos aclara, que si no nos arrepentimos, (nos volvemos de las acciones de la carne) y recibimos a Cristo como nuestro Señor y Salvador no entraremos en el cielo. Hay momentos en la vida cuando todos cometeremos pecados mientras estemos aún en esta tierra, pero si conocemos a Dios, no podremos continuar en pecado sin que Él nos discipline en nuestra vida. Cuando aceptamos a Cristo, nos cambia desde adentro y cambiarán nuestros deseos. Aún así caeremos algunas veces, pero desde que nuestros deseos cambien para no pecar, no permaneceremos en pecado.

Escribe el verso 24, el cual es la confirmación de lo mencionado arriba.

_____

Ahora lee nuevamente los versos 22 y 23. Después que fuimos cambiados desde adentro, nuestras actitudes y comportamientos cambian también. A continuación escribe el "fruto del espíritu":

_____

De nuevo lee los versos 22 y 23 en la Biblia. ¿Notaste cuanto del "fruto del espíritu" concierne a las emociones? Eso nos lleva a la cura de la montaña rusa de emociones en la que viajamos constantemente. De acuerdo con los versos 16, 22 y 25, ¿qué es lo que nos permitirá tener balance en nuestra vida emocional?

_____

Nosotras simplemente no podemos mantener el balance que necesitamos en nuestras acciones o emociones por nosotras mismas. ¡La cura se encuentra en el Espíritu Santo! Si le permitimos vivir dentro y a través de nosotras, y somos cuidadosas de andar en su Espíritu, su fruto se manifestará.

Solo cuando el Espíritu Santo está profundamente arraigado en nuestras vidas, tendremos la mente sana que se necesita para diariamente mantener el balance, templanza y moderación.

Día 5   Asignación de Acción

Se dice que realizando una actividad particular por 21 días seguidos puede formar un hábito. Pon esta hoja en la puerta de tu refrigerador y escribe cada día por los próximos 21 días tus progresos en magnificar el "Fruto del Espíritu" en tus pensamientos y acciones. La práctica hace la perfección. Forma tus buenos hábitos permitiendo que el "Fruto del Espíritu", este en tu vida.

Día 1

Día 2

Día 3

Día 4

Día 5

Día 6

Día 7

Día 8

Día 9

Día 10

Día 11

Día 12

Día 13

Día 14

Día 15

Día 16

Día 17

Día 18

Día 19

Día 20

Día 21 - Día de Victoria

SEMANA 4

¡Viviendo la vida loca!
La importancia de la pureza sexual

Todo comenzó inocentemente. Tu esposo Bill estaba trabajando hasta tarde otra vez y tú tenías hambre, llamaste a tu nueva amiga y vecina, Lucy, pero ella estaba en un viaje de negocios. Su esposo Larry estaba allí y también estaba hambriento, así que los dos decidieron reunirse e ir a buscar algo para comer juntos. Digo, ¿porque tenían que cenar solos otra vez?, lo mejor de todo es que el también ama al Señor, así que tú sabes que podías confiar en él.
Larry es tan bueno y tan gentil, él si sabe cómo tratar a una mujer también, te abrió la puerta, ordenó al mesero por ti, y te pareció que tu conversación lo entretenía aun más que a tu esposo.

Bill, ahora era un tema incomodo. El siempre parece estar demasiado ocupado como para prestarte atención. Han estado casados por 19 años, y cada día parece que la distancia crece entre ustedes un poquito más. Todas las cosas que solían gozar el uno del otro parece que se está hiendo al suelo. Lo único que ahora hacen juntos es ir a la iglesia los domingos y pareciera que ni eso le interesa más a él. Oh, cómo te gustaría que él fuera como algunos de los otros hombres de la iglesia quienes realmente aman a Dios y desean servirle de la manera que tú quisieras. Tú sabes que la única razón por la cual él va a la iglesia es por ti y los hijos.

Los hijos, otro tema incomodo en tu vida en este momento. Los mellizos parecen nunca tener tiempo para ti. Van a la universidad por primera vez, están alzando sus alas y sus vuelos parecen no incluirte a ti del todo. Seguramente te hacen sentir sola sin ellos, y tú que pasaste tu vida cuidándolos y viéndolos crecer, hoy todo eso está en el pasado. Huy! nada más, la razón de tu vida se ha movido a los dormitorios de la universidad.

Ahí está esa mirada en la cara de Larry. Se ve tan infeliz como tu. Me imagino que el extraña a Lucy realmente.

Lucy ha estado fuera más tiempo últimamente. Sí, tú sabes lo que siente Bill, parece que ha trabajado duramente y no tiene un buen pago y claro tú también te sientes sola.

… ¿Tú también? Lo siento mucho, no sabía que ustedes estaban teniendo problemas….¿a ella no le gustan las mismas cosas que a ti? ¡Oh pobre de ti!

¿Cómo puede ella pensar que tú eres aburrido? Yo he disfrutado un buen tiempo en tu compañía, tú no eres aburrido para nada.

…¡Oh gracias! … si es un nuevo estilo en mi cabello, Bill nunca nota nada, oh no me hagas abochornar, no había oído palabras así en mucho tiempo.

Sí, me gustaría que cenáramos juntos otra vez mañana. Bill estará fuera de la ciudad también así que estaré sola de cualquier manera.

Un mes después: ¡Oh Larry yo también te amo! Abrázame fuerte, ¿qué vamos a hacer? Seguramente Dios no quiere que permanezcamos en matrimonios infelices, Bill y Lucy tendrán que entender que nosotros merecemos ser felices también.

¡OH NO! ¡Los mellizos acaban de llegar y también Bill! ¿Y porqué regresó él a casa tan temprano? Lucy está con ellos, ¡todos ellos nos van a descubrir! ¿Oh lo saben ya? ¿Qué hemos hecho? ¿Qué haremos ahora? ¡Oh Dios, ayúdanos!

¡Él, ya lo hizo, trajo la verdad a la luz!

La escena narrada anteriormente, es una de cientos que suceden día a día, incluso en las vidas de cristianos que genuinamente aman al Señor. No es un secreto cuan permanentes son las relaciones extramatrimoniales en el mundo secular, pero muchas mujeres caen en la trampa creyendo que ellas (y sus esposos) son inmunes a una traición matrimonial, simplemente porque son cristianos y eso es exactamente lo que el enemigo quiere que pensemos.

Te suplico que no caigas por la que es una de las más grandes mentiras que se suscita en el mundo de hoy, la que trata de convencerte de que la pureza sexual no es importante. Es increíblemente importante ya que la alta estadística de divorcio lo muestra. Protege a tus hijos, a tu esposo, a ti misma, a tus parientes y amigos, con tu determinación de no caer en esta trampa. Especialmente protege a tus hijos de una vida entera de dolor, tu salvación puede ser la de ellos.

Día 1
¿Donde Empezó Todo?

¡Tentación!

¡Qué palabra tan desagradable! Por orgullo la mayoría de nosotros preferimos pensar que somos inmunes a la tentación. A ninguno de nosotros nos gusta ser confrontados con la fealdad de nuestros corazones cara a cara, especialmente cuando somos dedicados siervos cristianos. De preferencia nos gustaría creer que somos gigantes espirituales a quienes Satanás el gran tentador no puede tocarnos con sus injusticias. Desafortunadamente, lo opuesto es justamente la verdad. Tenemos que recordar que incluso Jesús tuvo que enfrentar la tentación; pero Él no cayó en ella; se sostuvo fuertemente contra la tentación. Dense cuenta queridas damas que no es pecado el ser tentadas; pero el caer en la tentación si lo es
.

El mismo que tentó a Jesús nos tentará a nosotros, ¿cómo resistiremos contra él? De la misma manera como Jesús lo hizo, a través de la palabra de Dios, con Jesucristo viviendo dentro y a través de nosotros, dándonos fuerzas como las necesitemos. El peligro empieza cuando no permitimos a Dios, a través de Jesús, actuar en nosotras.

¡La primera tentación conocida por la mujer!

Lee Génesis capitulo 3:1-25

¡Qué tal la historia! Una vez oí a una mujer decir que cuando llegara al cielo, lo primero que iba a hacer sería ir directamente a Eva y abofetearla repetidamente; pero díganme, ¿podemos realmente culparla a ella de toda esta miseria que trajo la primera tentación?. Después de todo, ella nunca había oído la palabra pecado ni dimensionó cuales serían las consecuencias del pecado, o los horrores que podía causar; porque lo único que ella había visto era bondad y perfección.

Un día cuando Eva andaba por el jardín, apareció de improviso el viejo enemigo y la escena de seducción comenzó.

¡Mmm él estaba atractivo! él estaba realmente impresionado con la inteligencia de ella, y sabia también que ella tenía una mente decidida, ¡oh, muchas gracias!

Él estaba dispuesto a compartir todo su conocimiento con ella, sin guardar ningún secreto, como su esposo y Dios lo habían hecho. Adán le había dicho que Dios había ordenado que no podían comer del árbol más hermoso en el jardín, y creyó ella que Adán debería haber guardado el mejor secreto de Dios para sí mismo. ¿Y porque no se lo habría dicho también a ella?

Porque tendría que oírle a él de cualquier manera, ella era inteligente, capaz de hacer sus propias elecciones sin su ayuda. Su nuevo bello amigo le había contado la verdadera historia. Él confiaba en ella, él estaba dispuesto a compartir la fruta más deseable y era el único que le dedicaba su tiempo. ¿Dónde estaba Adán de cualquier manera? Ella habría tenido que hacer esa hermosa caminata sola si el bello amigo no hubiera aparecido.

Y así la seducción prosiguió, el gran conversador de suaves palabras seductor de mujeres llevó a Eva al árbol prohibido y le mostró que realmente lucia tan bello como para comer de él. Él la convenció de probar de su fruto con el beneficio adicional de que los verdaderos secretos de la vida le serian revelados.

¡Ella le iba a mostrar a Adán! Ella sería la primera con el grado universitario de sabiduría 101 y si Adán tenía suerte ella compartiría su sabiduría con él.

Dios le dijo que no comiera del árbol del conocimiento, pero aún así comió de él.

¿Puedes verte a ti misma en esta situación? ¿Puedes ver como hubieras caído de haberte encontrado en la situación de Eva? ¿Puedes ver como caerías al encontrarte en las mismas circunstancias mañana si alguno de dulces palabras, bien parecido, luciendo como un Mister Atlas, apareciera en tu jardín ofreciéndote todo lo que tu corazón deseara?

Miremos juntas a ver como lo hizo, ¿Cómo esta mujer, quien vio a Dios y pasó largos momentos con Dios en el jardín todos los días, quien tenía un hombre hecho por las propias manos de Dios, para que la cuidara, cayó tan fácil y completamente a los pies del primer tentador quien cruzó en su camino?

Satanás sedujo a Eva en 10 formas.

1. La sedujo con su belleza.
2. La sedujo con sus dulces palabras.
3. La sedujo con elogios a su vanidad.
4. La sedujo cuando ella se alejó de su protector.
5. La sedujo cuando su esposo, su protector, estaba ocupado en otras tareas.
6. La sedujo cuestionando el amor de Dios.
7. La sedujo cuestionando el deseo de Dios de darle lo mejor.
8. La sedujo cuestionando la honestidad de Dios.
9. La sedujo adulándola.
10. La sedujo con sus falsas promesas haciéndole creer que ella sería como Dios

Eva no cayó en la tentación decidiendo revelarse contra Dios. Ella fue seducida y engañada haciéndole creer que estaba haciendo lo correcto. Nada ha cambiado, Satanás aun seduce a las mujeres con decepción. Él aún las tienta, alejándolas de sus esposos y de Dios y les hace pensar que Dios no les da lo mejor de Él.

Día 1 Asignación de Acción

Eva oyó a la persona equivocada, y mira lo que le costó. No solo le costó, sino que afectó a su esposo también, aunque él hizo su propia elección. Y a sus hijos, uno que asesino a su hermano y el otro que paso su vida entera como fugitivo, afectando a su vez a toda la raza humana hasta el día de hoy.

Piensa en tu pasado.

¿Puedes recordar alguna vez en que fuiste seducida por el enemigo que quiso hacerte creer algo diferente a la verdad que está escrita en la palabra de Dios?

_____
_____
_____
_____

¿Alguna vez oíste a la persona equivocada?

_____

¿Cómo afecto tu vida?

_____
_____

¿Cuáles fueron las consecuencias?

_____
_____

¿A cuántas personas tu mala elección afectó?

_____
_____

Algunas de ustedes tal vez están forzadas a enfrentar recuerdos que sería mejor olvidar para siempre. Pero es importante que todas nosotras podamos aprender de nuestros errores.

Recordando tu pasado, puede ayudarte a evitar que la misma cosa suceda otra vez, lo cual hará más fácil seguir adelante, sin cometer los mismos errores.

Día 2
No Estás Sola

Lee 1 de Corintios 10:1-15

¿Cuál es la advertencia que Pablo da a los cristianos en el versículo 12?

_____

Pablo sabía lo fácil que sería para un cristiano de contentarse y estancarse con su condición espiritual después de alcanzar la salvación. Este versículo está escrito para la Iglesia de Corintios, específicamente para aquellos que aceptaron a Cristo como su Señor y Salvador.

La iglesia de Corintios era como la iglesia de nuestros días. Corintios era una rica y cosmopolita ciudad comercial que atraía a gente de todas partes del mundo. La moralidad era un problema de monstruosas proporciones y afectaba a la iglesia grandemente. La tentación era una gran espina en el costado de la gente de la iglesia, pero muchos de ellos parecían no haberse enterado de ello. Por lo cual, Pablo consideró necesario advertirles que si se sentían orgullosos de su vida espiritual estarían en gran peligro de caer. Nosotros no somos diferentes, señoras. ¡Cuidado! justo cuando una cree que ya tiene todo espiritualmente, estás madurita para una caída y nadie esta más al tanto de ello que nuestro enemigo el diablo.

Los versos 4 y 5 en este pasaje observa la historia y la oportunidad espiritual que tuvieron los hijos de Dios en el desierto, ¿Qué es lo que Pablo indica acerca de su oportunidad?

_____

Todos los hijos de Dios en el desierto tuvieron la misma oportunidad de experimentar a Dios en sus vidas. A todos ellos se les enseñó la misma doctrina, recibieron las mismas bendiciones, fueron guiados por la misma nube, y comieron del mismo maná, aun así, Pablo indica que la mayoría de ellos no fueron obedientes ni confiaron en Dios y en vez de eso cayeron presos en la tentación de quejarse y adorar a otros dioses. ¿Cuáles fueron las consecuencias de sus acciones?

_____

_____

Nosotras, en esta clase, hemos recibido la misma oportunidad de seguir a Dios. A todas se nos ha enseñado la misma lección, de la misma Biblia, nosotras también debemos escoger si obedecer o quejarnos, y dar excusas por nuestra desobediencia.

¿Porque Pablo nos recuerda de esto en los versos 6 y 8?

_____

Cuando leo el verso 6, se me advierte que hay serias consecuencias, y cuando leo el verso 8 cuantas de las seducidas caerán. Dentro del contexto del día de hoy, en el cargo de ser castas, veo esos veintitrés mil como matrimonios fracasados victimas del plan del enemigo. ¡Oh, que no seamos nosotras una de esas víctimas! La elección que hagamos del verso 6, determinará si seremos uno de los que cayeron.

El caer en la tentación trae consecuencias que nunca intentamos experimentar, todas hemos oído el dicho ¡Si cometes el crimen, tienes que tomar el castigo! Esta semana mientras observamos nuestro encargo de ser castas, tenemos que enfrentar el hecho de que si caemos en esta área tendremos que experimentar horribles consecuencias. Nuestro enemigo ya sabe esto y está más que ansioso, dispuesto y capaz de hacer cualquier cosa para hacerte caer en esta tentación.

Él usará tu soledad, tu ego adolorido, tu falta de satisfacción sexual, cólera, resentimiento, necesidad de afecto, atención, elogios e intimidad, más cualquier cosa mundana que hayas aprendido, para vencerte.

Algunas de ustedes pueden decir ¿por qué es tan malo un pequeño romance extra marital? tal vez me haría feliz. Además, si tengo un romance nunca nadie lo sabrá, seré cuidadosa, además, no es problema de nadie, solo mío.

Dios lo sabe, y Él mi querida señora, es el único que permitirá el castigo a las que son obstinadas y que no se arrepienten. Sé que suena duro, pero con la inmoralidad en la que vivimos hoy en día, es necesario mirar al monstruo directamente a los ojos y enfrentarlo, hay demasiado en riesgo si no lo hacemos.

Algunas otras de ustedes pueden decir, ¡no, yo nunca caeré en esta área, es imposible, yo nunca tendré un romance fuera de mi matrimonio! Espero que estés en lo correcto, pero solo por si acaso, lee otra vez 1 de Corintios 10:12, desde que ningún matrimonio es perfecto, tenemos que estar en comunión continua con Cristo, es la única manera como estaremos lo suficientemente fuertes para luchar las batallas que nos da el seductor, Satanás.

1 de Juan 4:4b promete: "Porque mayor es el que esta en vosotros que el que esta en el mundo".

En Juan 16:33 Jesús mismo promete: "Estas cosas os he hablado para que en mí tengáis paz. En el mundo tendréis aflicción, pero confiad, yo he vencido al mundo".

Mantén a Jesucristo junto a ti, y ten cuidado cuando piensas que eres fuerte, puedes caer.

Día 2 Asignación de Acción

Identifica tus puntos vulnerables. Todas tenemos puntos vulnerables, y por eso mismo debemos tener una "fortaleza protectora de conducta" un código de vida que nos a ayude a evitar circunstancias que nos hagan caer.

Antes que construyamos nuestra fortaleza como defensa contra las tentaciones, debemos identificar nuestros puntos vulnerables que nos hagan caer. Piensa en tu vida e identifica las áreas en la que te sientes débil, cada una de nosotras tendrá una respuesta diferente.

Preguntas:
- ¿Tienes aun actitudes mundanas concernientes al sexo, fidelidad y pureza, que el enemigo pueda usar contra ti?
- ¿Piensas constantemente en otros hombres? En que guapos, sexy, elegantes, e inteligentes son?
- ¿Piensas frecuentemente que elegiste casarte con el hombre equivocado? Si solo me hubiera casado con alguien más…….
- ¿Piensas constantemente que tu esposo no está satisfaciendo tu necesidad de afecto, atención, elogios, romance, servicio, necesidades materiales, necesidades emocionales
- ¿Deseas una vida más excitante y recreada fuera de la casa? Como ir a bailar, fiestas .
- ¿Deseas una vida sexual más excitante, pero tu esposo no coopera?
- ¿Sientes que te falta la atención y más tiempo con tu esposo?
- ¿Sientes que no eres la prioridad #1 en la vida de tu esposo y sientes resentimiento debido a ello?
- ¿Sientes que no eres apreciada como esposa?
- ¿Sientes que necesitas atención y afecto?
- ¿No te sientes amada y te sientes sola?
- ¿Sientes insatisfacción en tu matrimonio?
- ¿Sientes la necesidad de atraer a otros hombres?
- ¿Te sientes culpable de tu pasado, junto con los pensamientos de que caerás otra vez porque eres una persona inútil?
- ¿Sientes que no valoras a tu esposo?
- ¿Te sientes inadecuada para hacer feliz a tu esposo?
- ¿Comparas a tu esposo con otros hombres, incluyendo los de la iglesia y piensas que son más deseables que él?
- ¿Buscas que otros hombres te elogien?
- ¿Coqueteas con otros hombres porque te hace sentir bien cuando te corresponden?
- ¿Te vistes para atraer a otros hombres?
- ¿Tienes otros pensamientos, sentimientos, acciones, que no están en esta lista, pero que tú sientes que podrían hacerte caer?

Ahora que has identificado tus puntos vulnerables, órale a Dios, por alguna actitud, pensamiento, o acción errónea y luego pídele su protección contra el enemigo, mientras aprendes esta semana como protegerte a ti misma de caer en la tentación en el área de la infidelidad.

Día 3
¿Por Qué Necesitamos una Fortaleza?
Porque Hay un León Rugiente Suelto

¿Qué sabes de los leones? Y… ¿Qué es lo que los leones tienen que ver con nuestra castidad?

Lee 1 Pedro 5:8

¿Quién representa el león en este pasaje?
_____

¿Qué es lo que el león está buscando?
_____

¿Por qué?
_____

Claro que sí queridas damas, el león representa Satanás que está buscando devorarte.

Debemos notar que Dios utiliza al león y no a un oso en esta comparación. Los osos no pueden acechar y esconderse como los leones lo hacen. Los osos lo hacen abiertamente, pero los leones lo hacen en secreto por largo tiempo. Los leones cazan en la oscuridad, Satanás trabaja de la misma manera y Dios está tratando de advertirnos de las tácticas de nuestro atacante.

Consideremos estos hechos:

- El león es el "rey en su selva", el diablo es el "príncipe de este mundo", y esto es una selva.
- El león viaja muchas millas cada día, buscando por la presa más fácil. Y así lo hace el diablo también.
- El león viaja en grupos, Satanás viaja con grupos de demonios.
- El león prefiere cazar su presa en la oscuridad, para que su presa no lo vea. Satanás acecha en la oscuridad por la misma razón.
- El león busca por aquel animal que está solo o por el que se ha separado de la protección de su grupo. También Satanás.

- El león busca por el más débil del grupo, también Satanás.
- El león se esconde detrás de la naturaleza (la vegetación, arbustos, árboles etc.) Satanás se esconde detras de nuestras necesidades y deseos naturales.
- El león acecha a su presa, y observa cada movimiento desde la oscuridad. Tan pronto como la presa se separa un poco del grupo, él ataca. El león no necesita mucha ventaja. Otra vez así como Satanás, quien tampoco necesita mucha ventaja.
- Cuando se acerca a 100 pies, embiste y ruge muy fuerte. Así mismo cuando Satanás llega cerca, rugirá para asustarnos y atacarnos.
- El león no corre tras su presa de una vez, pero lo hace de a pocos, así mismo Satanás atacará a largo plazo.
- Cuando el león llega cerca, presiona o manotea a su presa haciéndola caer, así Satanás nos hará caer.
- El león sofoca a su presa, cortándole el aire que respira. Así Satanás trata de cortar nuestra fuente de vida que es Dios.
- Después de la cacería el león ruge fuertemente una vez más para que los otros leones vengan y también devoren la presa. Así Satanás llamará a otros para que festejen nuestras fallas.

Lee Lucas 22: 31-32

El león ataca, e inmediatamente sacude a su presa violentamente. Satanás desea sacudirnos y quebrarnos como pajas de trigo. Pero notemos que Jesús sabe que él caerá pero también reconoce que regresará.

El león rugiente no está satisfecho hasta que no haya destrozado y devorado a su presa. Y Satanás no estará satisfecho hasta que no te haya destrozado y devorado. ¡No le permitas esa satisfacción! En este pasaje Dios nos compara con la presa de los leones. Ahora consideremos estos hechos.

- Entre más fuerte la presa, será menos la posibilidad que el león la ataque.
- La presa se extravía de los suyos porque la vegetación parece más verde más allá, así mismo nosotros.
- La presa se separa del padre, madre o protección de los animales de su grupo.
- De la misma manera nosotros podemos separarnos de nuestro padre celestial, o nuestros padres terrenales, o nuestro grupo familiar, o nuestra congragación de hermanos cristianos. Cuando nos separamos, así también nosotros perdemos la protección que se supone que tengamos.
- La presa piensa que no es vulnerable y por eso nos extraviamos en primer lugar, porque pensamos frecuentemente de la misma manera.

- La presa está siempre a salvo si permanece con otros animales de su misma clase, así nosotros estamos a salvo cuando estamos cerca de nuestro grupo de cristianos.
- La presa no sabe que está bajo ataque, hasta que es demasiado tarde. Si no nos cuidamos y oramos tampoco nosotros nos daremos cuenta.
- La presa será mayor y más frecuentemente destruida, o tal vez será horriblemente herida por el león, como nosotros lo seremos si Satanás nos coge con sus garras.

Como puedes ver, Dios usa el ejemplo del león, para mostrarnos claramente como Satanás nos atacará.

También nota este hecho importante. El león comerá, cazará, y no hay duda de ello. Algún animal descuidado será su presa, su comida del día. Así mismo alguna mujer descuidada será la presa de Satanás o de alguno de sus demonios, cuídate pare que no seas tú. ¿Cómo?

Lee 1 de Juan 4:4 ¿qué es lo que dice?

La pregunta es la siguiente: ¿Quién está en ti? ¿Está Jesús en tu corazón y en tu vida? ¿Tienes a nuestro protector viviendo dentro de ti, guiándote, dándote sabiduría y fuerzas cada día? Si no tienes la seguridad que Jesús vive dentro de ti, baja tu cabeza y cierra tus ojos y pídele que venga a tu vida y que sea el Señor de tu vida. Si te has apartado de Dios pídele que te lleve cerca de Él y de su palabra otra vez.

Las consecuencias son graves, debemos hacer nuestra elección.

Señoras, de ninguna manera estoy buscando intimidarlas del enemigo, todo lo contrario, si nos diéramos cuenta del poder de Cristo, no habrá necesidad de temor, porque Dios es nuestra protección y nuestra fuerza. Él es de quien nuestra ayuda vendrá. Aprenderemos mucho mañana, de cómo estar fuertes, para no caer en la tentación.

Si nunca le pediste a Jesús que entrara a tu vida, ¿te gustaría hacerlo ahora mismo? Por qué esperar un minuto más para encontrar la paz, el perdón y la felicidad, que solo Él puede darnos? Escribe tu oración de salvación ahora. _____

_____

Si lo has hecho antes pero te has apartado de Dios y sus enseñanzas, ¿no quieres regresar y hacer una oración para entregar nuevamente tu vida a Dios ahora?

Haz tu oración y descubre, nuevamente la paz que solo Él puede dar.

Día 3 Asignación de Acción
Día De Limpieza en El Zoológico

Hay muchas áreas en nuestras vidas, en las que podemos habernos alejado de nuestro Señor, sus enseñanzas, nuestros esposos, u otras relaciones protectoras como amigos cristianos y personas influyentes.

Escucha a Dios cuando te habla en tu corazón y haz una lista de las áreas en las que te has alejado de las enseñanzas de Dios, su gente, su iglesia, su servicio, y sus concejos en tu vida.

Haz una lista de cualquier cosa que puedas identificar como una posible área por la cual el león rugiente puede atacar tan pronto como le des una oportunidad.

¡Sé específica! Escribe todo lo que piensas que no esté de acuerdo con los deseos de Dios. Recuerda, Él ya sabe lo que hay en tu mente y en tu corazón, así que mejor admítelo y enfrenta lo que sea ahora, antes de que el león ataque.

Día 4
¡Nunca Te Traicionaré Señor!

Lee Mateo 26: 31-75

Hay veces en las que nuestras intenciones son muy buenas, pero nuestras acciones se tornan muy malas. Esto era una constante en la vida de Pedro.

¿Has pensado alguna vez acerca de la posibilidad de traicionar a Dios? ¿Has pensado en la posibilidad de traicionar a tu esposo?

Dices ¡No que va! Y eso mismo dijo Pedro. Y, que pasó, ¿Qué le hizo caer en la tentación y traicionar al Señor? ¿Podemos aprender algo de esta verdadera historia que nos ayude a ser mujeres fieles de Dios?

Pedro era un hombre que realmente amaba al Señor Jesucristo y sacrificó mucho para servirle. Él era un hombre extrovertido, que atraía a la gente con su ingenio y con su don coloquial (un don que lo metía a menudo en problemas). Él no tenía pelos en la lengua, ni era tímido, él llevaba un bastón grande y no tenía miedo de usarlo, así como lo comprobamos cuando Pedro le corto la oreja al soldado romano quien vino a arrestar a Jesús. Él era leal y dedicado pero su caída fue la misma que la nuestra, él estaba gobernado por sus emociones, en vez de ser gobernado por el Espíritu Santo de Dios.

Cierra tus ojos y viaja hacia el pasado conmigo por un momento. Entendamos lo que Pedro estaba pasando y lo que estaba sintiendo. Pongámonos en sus zapatos por un momento, mientras tratamos de revivir lo que él estaba experimentando. Imagínate que tú has dejado tu negocio atrás, tu familia, y todas tus riquezas materiales para viajar a través del país con una persona que muchos creían que era un revolucionario. Imagínate que tú has visto al que sigues sanar a los enfermos, devolverle la vista a los ciegos, levantar a los muertos. Imagínate oírlo enseñar a las multitudes y luego experimentar sus enseñanzas una a una. Imagínate recoger 10 canastas con restos de comida después de alimentar a 5.000 personas con sólo 2 pequeños peces y 5 panes, tú estás ahí como testigo visual de sus milagros hacia otros, y su milagrosa caricia en tu propia vida y familia.

Hubo gente que trató de matarlo pero no pudieron ni tocarle porque aún no era su tiempo. Él había golpeado a los comerciantes votándolos fuera del templo, y se mantuvo con la frente en alto cuando llamaba a los líderes religiosos nido de víboras, pero nadie lo tocó. Imagínate llegar a la conclusión que el hombre a quien tú sigues es nada menos que el hijo de Dios.

Entonces, de pronto en unas cuantas horas, ¡todo cambió! Los eventos suceden rápidamente y te encuentras con algo imposible de comprender.

Celebrando la semana santa Él insiste en lavarte los pies, cuando deberías ser tú lavando los suyos, pero Él no te lo permitiría. Solo un criado muy humilde esta dispuesto a hacerlo. Él revela que un compañero apóstol lo iba a traicionar, y señalando quien sería, te das cuenta que es el mismo al que tú y tus amigos han confiado todo tu dinero, ¿Cómo puede ser esto? Te sientes herido profundamente por la traición de este amigo en quien confiabas, pero esto solo te hace que ames a tu maestro aun más, durante la última cena te comenta que él será sacrificado y que por medio de su sangre serán tus pecados perdonados.

Todo esto es mucho para ser comprendido, entonces tú sigues a tu maestro a su jardín favorito para sus oraciones, allí te dice a ti y a los otros 10 discípulos en quien confía, que todos le fallaran esta noche, que todos ustedes lo abandonaran, ¡es demasiado! ¡demasiado dolor! ¡demasiado temor! ¡No puede ser Señor!

¡No seré yo Señor! declara Pedro, aunque todos ellos, caigan, tropiecen, y te abandonen, yo no lo haré, afirma una vez más Pedro y está dispuesto a demostrar su afirmación, pero el maestro le predice. Pedro, tú me negaras tres veces en la madrugada antes de que el gallo cante tres veces. ¡No puede ser, dice Pedro, No puede ser! Tomando a Pedro, Santiago y Juan, ahora Jesús, muy afligido, les dice oren conmigo, vigilen por mí, pero todos caen dormidos.

De pronto oyes al Señor decir, ¿Pedro, es que ni siquiera puedes orar conmigo por una hora?

¡Oh te he fallado mi Señor! Oh que derrotado se debe haber sentido Pedro.

De nuevo Jesús pide. ¡Vigilen y oren por mí! oren para que no caigan en la tentación, y de nuevo se quedan dormidos, ¿Porque? Porque están exhaustos después de las revelaciones de las horas pasadas. ¡Ustedes no entienden! ¡No quieren enfrentar todo esto! ¡Y piensan que no puede ser! Ustedes no abandonarían a nuestro Señor, En el versículo 45, Jesús regresa y aun los encuentra dormidos, y el anuncia que el traidor ha llegado a arrestarlo.

Pedro probablemente pensó, ¿Qué? ¡NO! ¡Esto no puede estar sucediendo! ¡Yo, Pedro no lo voy a permitir! ¡Mi espada! ¡El guardia del malvado sacerdote se lleva a mi Señor! ¡Debo detenerlo! ¡Lo mataré!

Le doy con mi espada, pero solo le corto una oreja, ¿Qué, Señor, tú me estas amonestando? ¡Pero si yo estaba tratando de protegerte! ¡Se que ellos me matarían por ello! ¡Pero yo Pedro te estoy demostrando que no te abandonaré, te estoy defendiendo Señor!

Pero tú le devuelves su oreja al guardia y le sanas, ¿Porqué Señor? ¿Por favor no me amonestes? No en frente de todos ellos, estoy tan asombrado, me duele hasta el espíritu ¿porque me amonestas Señor? No entiendo Señor.
La turba se lo lleva, las antorchas, los soldados, los insultos, los gritos, las amenazas.

¿Adónde se llevan a mi Señor? ¿Qué le va a pasar? ¿Qué me pasará a mí? ¡Oh no, esa muchacha me conoce! ¡Oh no dices tú, no lo conozco!

¿Cómo pude hacer esto? (Seguramente Pedro tenía las mismas dudas, que nosotros hubiéramos tenido, y lo sé, porque lo hacemos incluso hoy, y nuestras circunstancias no son tan drásticas como eran las de Pedro)

Otra muchacha se acerca y le hace la misma pregunta a Pedro.

"No señorita, no lo conozco" y Pedro se pregunta que le estará pasando a Jesús en este momento. ¿Dónde están los otros? ¿Dónde están mis amigos, los otros seguidores? ¿No era Jesús el que yo pensaba que realmente era?

¡El gallo canta, y tu le has negado a Jesús tres veces! ¡Oh no, Señor! ¿Cómo es que esto ha sucedido?

¿Puedes imaginarte la aflicción que Pedro debe haber sentido en los siguientes días? ¡Él le había fallado a su Señor! ¿Cómo podía haber hecho eso? ¡Él había estado tan seguro! ¡Él había estado tan dedicado a Jesús!

Pedro había afirmado que él nunca abandonaría a Jesús, pero en medio de las horribles circunstancias que lo rodeaban, Pedro cedió a la tentación de temor. La misma emoción que había hecho caer a los israelitas en el desierto fue la que hizo caer a Pedro también. Una vez más vemos que emociones indisciplinadas pueden causar un tremendo sufrimiento para el que cae preso de ellas.

Recuerda. Lee las palabras de Jesús en el versículo 41, ¿Qué es lo que Jesús les estaba advirtiendo a sus discípulos?

¿Notaste que Pedro, Santiago y Juan reaccionaron casi como si no hubieran oído a Jesús? Pero claro que lo oyeron, ellos estaban ahí mismo delante de Él. Jesús fue muy claro con ellos al decirles que si ellos no oraban, y no estaban en guardia, ellos caerían en la tentación que les vendría. Ellos estaban muy cansados así que en vez de orar se durmieron, ellos pensaron que ellos eran muy espirituales y que la tentación no los tocaría. Ellos pensaron que amaban a Jesús tanto que no estaban preocupados en pensar que lo traicionarían.

Muchas veces, nosotros también creemos que sabemos más que Jesús, creemos que somos demasiado espirituales para caer en el pecado, porque amamos a Jesús demasiado como para pecar.

No podemos caer en un romance ilícito con otro hombre. Amamos a nuestro Señor y a nuestros esposos demasiado como para eso. ¡Seguro que sí!

Cuando las tormentas de esta vida vienen y atacan nuestras emociones llevándolas en lo que parece una situación imposible. Nosotras también podemos caer como presa fácil en las tentaciones del león rugiente.

Cuando nos sentimos confusas, que no nos aman, que no nos quieren, abandonadas, insatisfechas, cansadas, solitarias, desilusionadas, abrumadas, o simplemente cansadas de todas las pruebas de este mundo, y sus situaciones, nos volvemos débiles y estamos propensas a alejarnos de aquel que es el único que nos puede dar fuerzas. Y cuando eso sucede nos convertimos en presa fácil del león rugiente.

Justo cuando menos lo esperamos, allí él se presenta en forma de algún buen mozo, y con dulces palabras, nos cuenta la historia que él también esta solitario, que él realmente nos entiende mejor que nuestros esposos y quien nos deslumbra con romance y atención, cuando nuestros esposos no lo hacen y allí mismo WAM ya estamos cayendo antes que nos demos cuenta que fue lo que nos golpeo.

Otras circunstancias similares pueden causar que tus emociones te gobiernen, y te hagan caer si no te aferras a las advertencias de Jesús en el verso 41.

1 Corintios 10:13 nos promete:
"No os ha sobrevenido ninguna prueba que no sea humana; pero fiel es Dios, que no os dejara ser probados más de lo que podéis resistir, sino que dará también juntamente con la prueba la salida, para que podáis soportarla"

Tenemos que vigilar y orar, poner una barrera, una fortaleza de protección alrededor nuestro, de tal manera que cuando estemos débiles, cansadas, solitarias, no comprendidas e insatisfechas, tengamos reglas de sentido común de comportamiento que nos rodee, y por esta obediencia al Señor, tendremos su protección contra el maligno.
Y habiéndolo hecho todo, podremos soportar.

Día 4 Asignación de Acción

Código de Conducta

Necesitas pensar cuidadosamente en esta asignación. Desde que cada mujer es diferente, cada una tendrá diferentes puntos vulnerables que necesita cubrir en su particular código de conducta.

Por ejemplo, muy temprano yo supe que yo necesitaba palabras de afirmación de mi esposo, y que sería vulnerable a las palabras de otras personas, especialmente en tiempos de prueba en nuestra relación. Así que cuando estoy cerca de algún hombre que regala halagos como caramelos, sé que tengo que cuidarme de aquel sujeto. Y no permaneceré cerca de un hombre que justamente hace eso. Ahora hasta lo encuentro incomodo cuando estoy cerca de un hombre que sus palabras fluyen como leche y miel.

Otra área importante que he protegido es mi tiempo. Me hice una regla de no pasar tiempo sola por más de algunos minutos a la vez y nunca voy ni siquiera para el almuerzo con un hombre a solas. Esto es normalmente muy inocentemente, porque no quiero que el enemigo coja ni un milímetro en esta área. Cuando una pasa a solas con un hombre naturalmente (ahí esta otra vez esa palabra) se puede llegar a conversaciones más personales y si alguna de ustedes está experimentando algún tipo de infelicidad en el hogar, puede llevarlas a caer en oír o decir intimidades muy rápido. Si no paso tiempo a solas con él para empezar, evitaré la tentación completamente. Esta filosofía simplemente me da una seguridad y extra protección.

Si te derrites cuando un hombre te hace regalos, debes asegurarte de estar lejos de aquellas criaturas, y hacer una rápida y estricta regla de no aceptar regalos cuando te los ofrecen.

Si son las caricias las que te atraen, protégete del hombre que se acerca a ti con esas intenciones. Hazte una regla de retroceder por lo menos dos pasos atrás cuando un hombre te toque más de una vez, o se acerque demasiado cuando te habla.

Si te derrites cuando un hombre hace un montón de buenas cosas por ti, cuídate de él inmediatamente, porque puede haber reconocido tus reacciones a sus obras de ayuda ya que podría resultar en algo desastroso para ti.

Lo principal es tomar la decisión ahora, de cómo reaccionaras, y (sin ser como Pedro, Santiago y Juan) vigila y ora para que el enemigo no tenga la oportunidad de devorarte.

Atiende a tu iglesia y la palabra regularmente. Rodéate de otros cristianos con intereses similares a los tuyos, no te permitas a ti misma demasiado tiempo libre por el cual no puedas responder. Apártate de las películas, revistas y programas de televisión (novelas) que puedan hacer tu mente vulnerable a la tentación. Las telenovelas siempre hacen parecer el pasto más verde en el otro lado de la cerca.

Ahora en el espacio en blanco escribe tu propio y especifico código de conducta. Incluye cualquier cosa que sabes que tiene la tendencia de causarte tentación.

_____
_____
_____
_____
_____
_____

Día 5
La Más Famosa de Las Caídas

¡Ya puedo oír a muchas de ustedes ahora! Hey Brenda antes de que nos pongamos todas serias con estas tonterías de protegernos a nosotras mismas, ¿no crees que estemos yendo muy lejos? Ustedes diran: Yo soy una profesora en la escuela dominical o tengo esta otra gloriosa posición en la iglesia.

¡Bueno! Miremos lo siguiente. ¿Cuantos hombres de la Biblia, que tenían una relación personal con Dios, y aun así terminaron cayendo en la tentación? ¿Quién es el personaje más famoso en la Biblia y que cayó en el pecado de adulterio?

_____

La mayoría de la gente responde, David, cuando les hacemos esta pregunta. David cayó en el pecado de adulterio aun cuando su relación con Dios había sido muy cercana. La Biblia describe a David como el hombre tras el corazón del mismo Dios. Y si el hombre tras el corazón del mismo Dios, cayó en pecado, entonces nosotras debemos despertarnos y darnos cuenta de que no somos de acero. Porque nosotras mismas podríamos caer a menos que nos protejamos y por supuesto que la oración es la más poderosa y la única forma en la que podamos protegernos.

Lee 2 de Samuel 11:1-5 y 12: 1-13

Cuando estudiamos la historia de su caída, nos damos cuenta que David se encontraba de alguna manera en alguna situación distinta en su vida. David había enviado a sus tropas a la batalla, pero él no fue con ellos como siempre lo había hecho en el pasado, así que podemos decir que tenía mucho tiempo libre en su vida. Nadie sabe lo que le estaba ocurriendo emocionalmente en esos momentos. Habrá estado aburrido, o molesto sobre alguna situación, o tal vez estaba muy satisfecho con sus éxitos y su reino que una actitud de orgullo entro en su vida, o habrá estado teniendo una crisis de edad, o quién sabe que. Cualquiera que sea la razón, él se dejo llevar hacia la tentación y cayo directamente sin siquiera poner resistencia.

Nosotras hemos oído muchas posibles causas por las cuales David haya caído; pero cuantas de nosotras hemos oído de las causas por las que Betsabé haya caído. Ella también cayó, ella también tenía problemas. Problemas o no, los dos cayeron en la tentación y ambos tuvieron que pagar las consecuencias.

Betsabé era judía también, pero por razones que no sabemos ella se casó con un Heteo, normalmente uno de los de ese pueblo no hubiera sido un creyente del único Dios; pero nosotras sabemos que el esposo de Betsabé lo era. Su nombre era Urías, nombre hebreo que significa "El Señor es mi luz"

Los matrimonios eran arreglados por los padres en aquellas épocas, por eso el padre de Betsabé era uno de los hombres poderosos del rey David, pero también lo era Urías y su matrimonio habría sido arreglado de esa manera por razones políticas, tal vez el padre de Betsabé la habría forzado a casarse con Urías contra su voluntad.

Desde que Urías se volvió un hombre poderoso en el ejercito de David, él partía por largos periodos de tiempo, dejando sola a Betsabé. Tal vez ella cayó porque se sentía solitaria.

Aunque ella estaba casada con Urías, ella no tenía hijos, y las mujeres estériles en esa época eran ridiculizadas, tal vez ella cayó en la tentación porque tenía el corazón adolorido

¡David era el rey! Y la historia cuenta que David era muy hermoso y con una personalidad que hacía que las mujeres lo adoren, tal vez ella no pudo resistir sus encantos, o su físico, o su poder.

Hablando de su poder, tal vez ella tendría miedo de negarse a él. Aunque conociéndolo que tenía un corazón dulce para Dios tal vez esto era improbable.

Ellos vivían cerca el uno del otro. Estaban conectados a través de familia, política y sin duda se habían visto antes. Aunque David no sabía su nombre, tal vez existiría una atracción de hace largo tiempo que no fue advertida.

Pueden haber tenido muchas razones para buscar justificaciones pero ninguna los liberaba de las consecuencias. Mi punto es este. Todos los que caen en este pecado tienen razones, siempre tienen una historia triste que contar. Pero eso no los justifica delante de los ojos de Dios.

La buena noticia es que ambos David y Betsabé se arrepintieron. II Samuel 12: 13-22 describe el arrepentimiento de David en gran detalle. El perdón de Dios hacia David fue completo, y lo describió como "Un hombre tras el corazón de Dios".

Sabemos también que Betsabé se arrepintió ya que la biblia dice que crió a su hijo Salomón para que sirviera a Dios.

El perdón de Dios es tan completo que no guarda rencores. En su infinita gracia permitió a Betsabé que fuera utilizada dentro del linaje de Jesucristo.

Muchas mujeres que han caído en este pecado piensan que Dios nunca las perdonará.
Dios a través de su hijo Jesucristo, perdona a todo aquel que viene a Él con arrepentimiento.

Isaías 1: 18-20 nos promete.

"Venid luego, dice Jehová, y estemos a cuenta: aunque vuestros pecados sean como la grana, como la nieve serán blanquecidos, aunque sean rojos como el carmesí, vendrán a ser como blanca lana. Si queréis y escucháis, comeréis lo mejor de la tierra; si no queréis y sois rebeldes, seréis consumidos a espada. La boca de Jehová lo ha dicho"

Desde que las razones no han sido escritas, no podemos saber qué es lo que causó que David y Betsabé cayeran en el pecado, pero sabemos lo siguiente:

1. Ambos fueron tentados por el león rugiente, y cayeron en sus tácticas de seducción.

2. Aunque ambos se arrepintieron y recibieron perdón total, tuvieron que sufrir las consecuencias de su pecado.
3. Su pecado afectó mucha gente. La casa de David nunca más tuvo paz.

Nuestro pecado también afecta a nuestro hogar, a nuestros esposos, nuestros hijos, nuestros padres, nuestros amigos, nuestra iglesia, y nuestros vecinos, son grandemente afectados cuando caemos. Fijémonos en el precio y veremos que es demasiado alto, hagámoslo ahora, antes que otra tentación nos llegue.

Día 5 Asignación de Acción

Una cosa noté acerca de David y fue que después de la muerte de Jonatan, David no tuvo quien lo mantuviera en línea. Él era el jefe máximo y nadie quería confrontarlo con honestidad a excepción de Natan el Profeta, quien desafortunadamente aparece después de los acontecimientos.

Me di cuenta que hubo varias personas que podrían haber advertido a David, antes de que cayera en la tentación, si solo hubieran tenido el valor o una relación con él que pudiera haber servido para advertirle del peligro.

1. Primero fue el emisario, el cual David preguntó acerca de ella, cuando él la vio desde el techo aquella noche.
2. Después estuvieron los mensajeros, a quienes envió para que la trajeran.
3. Después estuvo Joab, quien obedeció las órdenes de David de poner a Urías en las líneas del frente, con el propósito de que Urías fuera muerto en la guerra.

Un amigo quien le advirtiera del pecado podría haber ayudado a evitar una situación desastrosa.

Nuestra clase fue construida con la premisa de 2 de Tito 2: 3-5, donde las mujeres mayores deben enseñar a las jóvenes que el tener una amiga que la mantenga en línea, que tenga sabiduría y experiencia con la palabra de Dios, es lo que debe ser.

La asignación de hoy es de orar por la sabiduría y la guía de Dios mientras que encuentras una amiga quien pueda ayudarte a caminar en justicia. Quién sabe si esa amiga puede estar justo aquí en esta clase.

En oración pídele a Dios que te muestre a quien elegirá Él como tu amiga, que sea tu mentora y para que te mantenga en el camino correcto. Escribe un nombre si Dios te habla al corazón.

_____

Si estás segura, llámala enseguida, tan pronto como hagas la llamada, escribe su respuesta aquí.
_____

Mi socia en responsabilidad es _____ y nos vamos a encontrar o conversar por

teléfono por lo menos una vez por semana.

Mi firma: _____

SEMANA 5
Portera y Cuidadora del Hogar
Dios te llamo a ser la administradora de su Hogar

¿Cuál es la mejor marca de aspiradoras en el mundo? ¿Electrolux? ¿Kirby? ¿Filter Queen? No. Existen muchas otras mejores marcas, ¿No has oído?

La marca número uno, la que adquirió el premio de la cinta azul y que es especial en el mundo entero tiene solo 14 meses. ¡Es pequeña y puede encontrar las miguitas de una galleta debajo de la cama a 20 pasos!

¿Por qué? El otro día mientras dejaba salir la perra afuera, quería que le diera una galleta y antes que pudiera evitarlo la perra estaba sentada en su banquito, pancita arriba mostrando que estaba llena, pero quería más.

Tal vez estuvo olfateando la alfombra y encontró algún bocadito, lo triste es que nunca supe lo que encontró que le pareciera tan rico, tal vez fue un pedacito de sus propias galletas. ¿Quién sabe? Lo bueno es que no estábamos visitando el apartamento de mi amiga Stacy. Si la perra hubiera olfateado su refrigerador la perra hubiera olfateado moho con lana verde y creyendo que era algo bueno lo hubiera comido y se podría enfermar.

Nunca podré olvidar aquella vez cuando mi hijo de 18 meses cogió un virus que se puso feo, pobrecito arrojaba por arriba y por abajo, y justo le había quitado su pañal mojado y lo había limpiado completamente, lo había talqueado y fui al otro lado del cuarto para traer un pañal fresco. Mientras tanto, él se paró en su cuna y estaba extendiendo sus bracitos hacia mí y de pronto tuvo otra explosión, sobre toda la cuna, en el suelo, al lado de la cuna, en toda la pared detrás de la cuna, creo que eso fue hasta el techo, y no fue nada bonito y yo no estaba muy feliz, ni tampoco lo estaba mi hijo.

Ah, las alegrías de la maternidad. Mi nuera, Leigh, me llamó el otro día para informarme que Mason, nuestro nieto de 20 meses, había seguido los pasos de su tío. Ella tampoco estaba muy feliz, pero podía reírse porque ella sabía que eso me había pasado a mí. ¿A ti también?

¿El trabajo de la casa te deprime? ¿Te parece que no importa lo que hagas porque nunca terminarás? ¡Constante bebidas derramadas, migas y sobras, cosas verdes creciendo en la cafetera! Bueno no tiene que ser tan malo.

Había una anciana hace mucho tiempo atrás, que dejó un buen ejemplo de lo que se requiere para ser una buena ama de casa, ¡Si ella pudo hacerlo, nosotras también podemos!

Día 1
El Reto

Lee Tito 2:5

Esta semana llegamos a la parte del versículo que nos enseña a ser buenas amas de casa.

El diccionario de Webster, define "encargado" como uno que guarda, vigila, protege, custodia, preserva, y que se vale de todos los medios para mantener las cosas en su sitio, con gusto, como decorando.

Vemos con sorpresa que esta vez el diccionario concuerda con la definición de la Biblia en lo que se refiere al significado de encargada del hogar.

Muchas damas automáticamente piensan que haciendo las labores del hogar, lavando, preparando las comidas, organizando la casa, aunque todo eso solo es un cuadro parcial de lo que significa estar encargada, hay otra descripción que usualmente pasa inadvertida, y es lo primero de lo que hablaremos.

En este contexto, la responsabilidad de la encargada es casi lo mismo del de una portera. Piensa en lo que hace un portero, es el encargado de la vivienda. El encargado de la puerta, vigila, observa y aprueba o desaprueba todo lo que entra o sale por esa puerta. El cartero, el distribuidor, el visitante, el dueño de la casa (si rentas tu casa), los empleados, todos deben pasar por la aprobación del portero antes de que entre o que salga.

Tú eres la encargada de tu hogar, y una de las labores de la encargada es de vigilar todo el que entra o sale de tu casa. Tú eres la encargada de vigilar que nada malo suceda o que algo amenace a los habitantes de tu hogar. Tú serás responsable de ver que solo las cosas buenas que vienen de Dios y las cosas rectas sean autorizadas a entrar en tu hogar.

Como ejemplo, estoy segura que ninguna mujer invitaría a un asesino o a un ladrón a entrar a su casa, a tener pornografía, o violencia, dentro de su hogar, pero si no estamos vigilando y no somos cuidadosas, eso es exactamente lo que sucederá, con las tantas películas y programas de televisión.

Nosotras como mujeres debemos cuidar que lo que entre en nuestro hogar no contradiga las enseñanzas de Dios. Debemos ser las guardianas de que nada que entre, cause destrucción y caos a ninguno de los miembros de nuestra familia. Debemos proteger nuestros hogares de que entre lo mundano en cualquiera de sus formas que puedan causar confusión, o alejar a ninguno de los miembros de nuestra familia.

Día 1 Asignación de Acción

Lee 1 Corintios 14:33

Cuando nuestro hogar este en un estado de confusión, Dios no es el autor de ello. Cuando nuestro hogar este en un estado de confusión, nosotras como encargadas no estamos vigilando la puerta.

¿Puedes pensar en algo que haya entrado en tu hogar que podría posiblemente causar confusión en las mentes y los corazones de los que viven en tu casa?

Ruega y pídele a Dios que te muestre algo que haya entrado en tu hogar que haya causado dolor espiritual a tu familia. Expresa tus pensamientos a Dios en oración y escribe tus conclusiones.

Día 2
Ejecutiva de Alta Clase en el Hogar

Lee 1 Timoteo 5:14.

De acuerdo con este versículo ¿Cuáles son algunas de las más importantes responsabilidades de una mujer?

_____
_____

Esta es una verificación adicional de que Dios quiere que la mujer sea una cuidadora de su hogar. Con esto en mente, veamos que más es de esperarse de una encargada o administradora del hogar.

Lo primero y más importante que una administradora debe hacer es administrar lo que le ha sido encargado, o confusión y caos prevalecerá. Como estudiábamos ayer, donde reina el caos y la confusión, Dios no está.

Muchas veces nosotras como esposas y madres no le damos la debida importancia a nuestras carreras, como Jefe Ejecutiva Oficial de "TU HOGAR INC".

Esta declaración de la importancia de la mujer cristiana en el hogar viene de los comentarios de la Biblia.

La encargada del hogar significa, trabajar en casa, Pablo no está siendo machista aquí, porque está hablando de lo que Dios ha ordenado que la mujer trabaje en el hogar, pero no como una sirvienta o esclava. Ser una buena encargada del hogar no es degradante. De hecho no hay llamado más alto. Todo hombre sabe del poder transformador de una mujer de Dios y amorosa. Su poder es experimentado mucho más que su trabajo en un banco, o institución política, cuando ella influye su hogar y sus niños hacia Dios.

Lee Proverbios 31: 10-31.

Haz una breve descripción de lo que has entendido en estos versículos, de cual es la responsabilidad de la encargada o administradora del hogar.

_____
_____
_____
_____

Veámoslo desde otro punto de vista. ¿Estamos en este estudio llamado "Tomar de Regreso la Familia" ¿verdad? Bueno, pensemos cuales son las responsabilidades del encargado o administrador del zoológico.

- Tiene que vigilar quienes entran o salen por las puertas de enfrente, ¿verdad? No debe estar necesariamente parado allí y recibir los boletos él mismo, pero tiene que asegurarse que alguien lo está haciendo, para que ningún peligro se filtre por esas puertas y pueda dañar a los animales.
- Es el responsable de ver que los animales estén bien alimentados. Otra vez enfatizaremos que no necesariamente tiene que ser él mismo quien prepare los alimentos, pero tiene que tener alguien que sea responsable y encargado de esa labor.
- Tiene que vigilar todo lo que pasa dentro de esas puertas para ver que nada amenace la seguridad de los animales. O tal vez unos animales podrían almorzar a otros de los animales de la exhibición.
- Debe atender la salud de los animales.
- Debe ver que las jaulas de los animales estén limpias ya que eso es algo muy importante para cuidar la salud de los animales, y para que los que visitan gocen de su visita.
- También tiene que ver que la presentación y decoración del zoológico estén en buen estado, los jardines, los caminos de cemento, la limpieza, el orden.
- Tiene que asegurarse que hayan suficientes de todo lo necesario a la mano, para cuidar de los animales en caso de emergencia.
- Tiene que asegurarse que tiene mercadería suficiente para entretener a sus visitantes hambrientos.
- Tiene que hacer sus compras sabiamente y buscar las mejores ofertas para que el zoológico tenga recursos financieros para el futuro.
- Tiene que buscar la cooperación de todos los que viven y trabajan en el zoológico, para que todo funcione correctamente.

¿Te ha hecho sentir el mundo que tu posición como ama de casa no era lo suficientemente importante, o que era degradante? No creas en eso.

Cree en Dios. El ha ordenado que la mujer sea la encargada del hogar, la portera y la organizadora, para que ese hogar refleje la paz de Dios y su gracia en tu familia.

El ambiente pacífico de un hogar donde reina Dios, es lo más buscado durante las tormentas, es donde toda la familia puede reunirse y recargar baterías y puede encontrar amor y amistad frente a un mundo frío y oscuro.

Día 2 Asignación de Acción

Una de las cosas que causa un estado de confusión en el hogar es la desorganización. Con tantas presiones de tiempo en nuestras vidas, frecuentemente permitimos que las áreas no visibles de nuestras casas se conviertan en almacenes de basura, la que podría almacenarse en el ático o botarse.

Los artículos que necesitamos en el diario, se mezclan con la basura, y allí empiezan los gritos llamando a mamá porque nadie puede encontrar nada.

¿Cuáles son tres áreas en tu casa que necesitan organización?

1. _____

2. _____

3. _____

Ahora, como una asignación del día, organiza lo más que puedas estas tres áreas. Si tus niños son lo suficiente grandes pídeles que te ayuden. Hazlo como jugando, promételes un premio por ayudarte, planea una fiesta de celebración cuando hayan terminado, pero hazlo. Hazlo importante frente a tu esposo y tus niños, te asombraras cuan feliz te sentirás al final del día y cuan orgullosos se sentirán tus niños de saber que tomaron parte en ello.

Día 3 y 4
Descubriendo Las responsabilidades

Lee Proverbios 31:10-31 De seguro que esta asignación tomará dos días para aquellas que desean que nos apeguemos a los 15 minutos programados.

No hay dos días para ello. La mujer en la historia de los Proverbios es una alta ejecutiva del hogar. Solo leyendo los versos que describen las labores de su vida provocaran cansancio en muchas mujeres. Pero si nos paramos a analizar su vida era productiva, creativa, muy interesante, de constantes retos, y aunque exhausta, consiguió beneficios eternos.

Si vamos a ser como ella en nuestras vidas, debemos entender que hay ciertas actitudes y acciones que deben estar presentes en nuestras vidas para que nuestro éxito de frutos.

Tu tarea para la casa hoy y mañana consistirá en analizar Proverbios 31 y en el cuadro siguiente escribe cual de los versos es la referencia para cada responsabilidad y actitud que ella mostró en su vida. Estas actitudes y acciones le permitieron ser un ejemplo para todas las generaciones como una mujer valiosa, exitosa y honorable.

Mientras estudias acerca de esta maravillosa y ejemplar modelo que Dios nos ha dado en este pasaje, recuerda que este pasaje describe su vida entera. Ella no hacia todas estas cosas en un mismo día. Recuerda las etapas de la vida que estudiamos en la parte I semana 1 de este libro, mantén estas etapas en mente, mientras estudias este pasaje. Cuando yo era una joven madre cristiana y leí este pasaje, pensé que ella hizo todas estas cosas cada día de su vida y después pase muchos años de mi vida tratando sin esperanza de lograrlo yo misma.

El propósito de este pasaje no es el de desalentarte acerca de todas estas cosas que no puedes hacer hoy, se escribió para darte un modelo que Dios mismo diseño para nosotras. Por supuesto que ella es una dama increíble y siguiendo su ejemplo, lograremos mucho más en nuestras vidas. Es mejor tratar de alcanzar las estrellas y llegar a la luna, o apuntar hacia nada y lograr eso exactamente.

Deja que el Espíritu Santo te guíe, mientras pones la prioridad en aquellas cosas que son más importantes en esta etapa de tu vida. Mientras decides lo que es mas importante, recuerda poner en la más alta prioridad, las cosas que tienen valor eterno.

Mira en el cuadro de abajo y escribe la escritura de referencia correspondiente para cada acción y actitud de la mujer en Proverbios 31.

ue Hace	Su actitud	Referencia Bíblica
Se llena de fuerzas por medio de la oración y estudio Bíblico	Depende de Dios	
Es Diligente en su trabajo, mantiene su horario.	Es alegre y se deleita en su trabajo	
Es Leal espiritualmente y moralmente.	Leal y respetuosa	
Habla bien de su esposo	Es caritativa y perdona	
Hace sus compras sabiamente, teniendo en cuenta la económia.	Tiene gratitud	
Es dadivosa	Generosa	
Vigila su hogar	Es diligente	
Alimenta a su familia	Los cuida	
Se prepara para tiempos duros	Tiene discernimiento	
Habla con sabiduria	Tiene confianza y es noble	
Ayuda a la economia del hogar	Presta su ayuda	
Cuida de sí misma (viste con modestia y estilo)	Se preocupa de las necesidades de su esposo	
Cuida de su cuerpo	Es agradecida por su salud	
Provee ropa para su familia	Cuidadosa y responsable	

Día 3 Asignación de Acción

¿Con que frecuencia comen por fuera o comprando comida en un restaurante, porque te olvidaste descongelar algo del refrigerador o no había que preparar?

Hoy siéntate y planea tus comidas de cada día por el resto de la semana. Escríbelo, luego haz una lista para el mercado de todos los ingredientes que vayas a necesitar y que no tienes a la mano. Si es posible ve al mercado y cómpralas hoy así que ya tendrás todo lo que necesitas antes de tiempo.

De esta manera, estarás preparada para el resto de la semana y no tendrás que pensarlo de nuevo, y será una cosa menos que te mantendrá preocupada.

Seguidamente, coloca una alarma de un reloj que te avise y te recuerde cada día para que saques del refrigerador, todo lo que necesites para lo que planeas cocinar cada día. Luego prosigue con tu día sin tener que temer de aquella pregunta de cada día "¿Mami que vamos tener para la cena hoy?"

Tal vez hoy tendrás tiempo para tener un momento de tranquilidad y silencio para leer, solo para ti, ¡ó tal vez no! Pero te sentirás mejor sabiendo que la cena ya está planeada mucho antes de tiempo.

Menús:

Lunes	**Martes**	**Miércoles**	**Jueves**	**Viernes**	**Sábado**

Lista de compras del mercado:

Día 4 Asignación de Acción

¿Alguna vez te preguntas si ha habido una explosión nuclear en la donde se coloca la ropa sucia? ¿Te parece que la ropa sucia creció en la noche? ¿Alguna vez te sientes que eres la que está atrapada en la lavadora y que eres tu la que giras como la ropa?

Con tres niños pequeños y que estaban practicando un deporte tras otro, seguro que me sentí así. Algunas veces me preguntaba de donde venia toda esa ropa sucia, especialmente cuando sin importar cuantas veces lavaba aun, parecía la caza de los cerdos.

Frecuentemente una de las razones por lo que esto ocurre, es porque no hacemos por lo menos una lavada de ropa cada día, es más fácil olvidarse de lavar cuando tienes veinte niños gritando o tienes diez mil otras cosas más importantes que hacer que lavar calcetines y ropa interior sucia. ¿De dónde salieron todos esos calcetines que no tienen par? pienso que la lavadora se las come, o se esfuman para el paraíso de los calcetines.

¿Tienes tu lavandería atrasada hoy? Si es así empieza hoy y ponte al día, ocúpate de toda esa suciedad y otra vez, si necesitas la ayuda, anda y pídele a los niños gritones para que ayuden, aun los niños de tres años pueden doblar las toallas y es bueno que aprendan. Ellos gozaran ayudando a su mami, y es una buena forma de enseñarles responsabilidad, no te preocupes que las toallas estén dobladas en las más extrañas formas, eso no importa, se ensuciarán de nuevo de cualquier manera.

Algunas cosas son importantes y otras no, así que no te preocupes por las cosas pequeñas, hay muchas labores en las que los pequeños pueden ayudar, no importa si no lo hacen perfectamente.

Mis nietas de 4 y 7 años les encantan ayudarme con la lavandería, cocinando, lavando platos, e incluso aspirando, para ellas es igualmente momentos que pasamos juntas, tiempo para ellas y para NANA. A mí también me encanta ya que estamos construyendo recuerdos para el futuro, a mis nietos les gusta ayudar también y es cierto que ellos hacen ciertas cosas mejor que otras, pero ¿y qué? Aun ellos se sienten orgullosos cuando PAPA Tom llega del trabajo y le muestran lo que hicieron. Tom, tiene especial cuidado en elogiarlos por su buen trabajo, y siempre se ríe cuando comemos el postre y encuentra la cascara de los huevos dentro, o cuando saca una toalla que está como una bola.

Día 5
¡Oh, Que Mujer!

Otra vez lee Proverbios 31: 10-31

¿Te parece ella un poquito exagerada para modelo?

Recuerden: ella no hizo todo esto cada día de su vida. Su increíble lista para hacer, tomo toda una vida para que estuviera completa. Cuando esta historia fue escrita, ella ya había pasado las estaciones de su vida y había tenido éxito para lograrlo trabajando cada estación individualmente como vino. Podemos estar seguras que sus transacciones de negocios en bienes raíces, no sucedió al mismo tiempo que cuando ella estaba cuidando de sus bebés.

¿Te has preguntado alguna vez y quien es esta mujer maravilla, que me hace sentir tan mal?

Lee el libro de Ruth capítulos del 1-4

Esta es una historia increíble acerca de una joven con la determinación de servir a Dios, sin importar los sacrificios que tuvo que hacer para hacerlo y Dios premio abundantemente su dedicación. Podríamos pasar 6 meses solo en este libro, especialmente porque es uno de mis favoritos, pero como no podemos, me gustaría compartir algo que fue muy interesante para mí, cuando lo aprendí hace dos años atrás, mientras estudiaba este libro profundamente.

Por muchos años los teólogos pensaban que la identidad de la mujer de Proverbios 31 era Ruth, quien se casó con Booz. Me gustaría compartir unas pequeñas notas, del libro de *"The McArthur Study Bible"* considerando la posibilidad de que Ruth era la mujer de los Proverbios 31.

La virtuosa esposa de Proverbios 31:10, está personificado en Ruth, en quien se usa la misma palabra en Hebreo, con una similitud asombrosa. Ellas comparten por lo menos 8 características, (vea abajo). Muchos teólogos se preguntan (en concordancia con la tradición Judía) si la madre del rey Lemuel no habrá sido Betsabé, quien oralmente paso la herencia familiar de la reputación sin manchas de Ruth conjuntamente a su hijo Salomón.

Cada mujer fue:
- Devota a su familia (Ruth 1:15-18; Proverbios 31:10-12, 23)
- Deleitándose en su trabajo (Ruth 2:2; Proverbios 31:13)
- Diligente en sus labores (Ruth 2:7, 17, 23; Proverbios 31:14-18, 19, 21, 24, 27)
- Dedicada a la conversación de Dios (Ruth 2:10-13; Proverbios 13:26
- Dependiendo solo de Dios (Ruth 2:12; Proverbios 31:25b, 30)
- Vestida con cuidado (Ruth 3:3; Proverbios 31:22, 25a)
- Discreta con los hombres (Ruth 3:6-13; Proverbios 31:11, 12, 23)
- Llevando bendiciones. (Ruth 4:14, 15; Proverbios 31:28, 29, 31)

¡Qué herencia tan maravillosa Señoras!

Mientras lee la historia de Ruth, espero ustedes hayan notado:

- Su Coraje.
- Su fuerte lealtad a Dios y a su familia.
- Su actitud de gratitud.
- Su disponibilidad para trabajar duramente, sin quejarse.
- Su rechazo a lamentarse incluso enfrentando dificultades duras, o trabajo tedioso.
- Su dulce espíritu.
- Su actitud directa pero discreta con Booz.
- Su disponibilidad para seguir adelante con fe, y seguir la guía de una anciana sabia que era su mentora, aunque era su suegra.
- Su inteligencia.
- Su disposición de lucir bien y hacerse atractiva.
- Su disposición para dejar el único lugar que había conocido como hogar, persiguiendo el plan de Dios para su vida.
- Su lealtad hasta el final de sus días.
- El amor y la admiración que ella despertaba a todo aquel que la conocía.

Ruego que todas nosotras podamos aprender del ejemplo de Ruth, quien era una mujer más valiosa que los rubíes.

Si es así, entonces un día nosotras también oiremos las palabras: "sus hijos se levantan y la llaman bendita y su esposo también".

Día 5 Asignación de Acción

Mira a tu alrededor. ¿Podrían tus niños olfatear la alfombra y encontrar algo que comer hoy? Si es así, saca la aspiradora (no, no llames a los niños…saca la aspiradora real) y deja la casa limpia para el fin de semana. Lava la pelusa verde de la cafetera, refriega los rastros de jabón de la ducha, y bota los restos de comida que están desde el domingo pasado en el refrigerador.

Haz de cuenta que tendrás visita el fin de semana, y recorre la casa entera como el tornado blanco que utilizan para los avisos de la televisión.

Ya te pusiste al día con la lavadora ayer, ¿verdad? Tus menús están todos planeados, las compras del mercado ya están hechas hace dos días, y arreglaste el closet por lo menos algo, haz la limpieza de la casa y termínalo hoy y ya sabes lo que tienes que hacer mañana.

Gózalo, anda a la tiendas de boutique, ve al cine, o a un juego con tus hijos, lo que sea que quieras hacer pero sal de la casa y diviértete. Tal vez tu esposo estará feliz con todos tus logros de esta semana, que él declarara el sábado en la noche, tener una cita romántica contigo.

Lo que sea, ten un grandioso fin de semana. Y no te olvides de ir a la casa de Dios el domingo.

SEMANA 6
Señor, si yo soy tan inteligente como él, ¿por qué él tiene que ser el jefe? Someterse a quien?

¿Alguna vez haz sentido que ser sumiso es un poquito como ser una alfombra, sin poder dar tus opiniones?

¿Quiere decir eso que tu esposo que lo sabe todo, realmente lo sabe todo?

¿Quiere decir que no tienes ningún poder en esta vida?

¡Eso no puede ser! Dices tú. Todo esto es solo algo que un hombre inventó para que ellos tuvieran control sobre las mujeres en todas partes, para que lograran sus propias metas egoístas. Y yo no lo creo, yo soy tan lista como es él.

Tú puedes ser más inteligente que él, o puedes sentir que tú tienes más cualidades que él. Aun así, el tiene que estar por encima de ti solo porque es el macho.

Ahora Señor, dime a ¿donde está lo justo en esto? ¡Seguramente que no es tu intensión de que yo este subordinada a este….este hombre!

¡Este es un nuevo siglo! es 2010 d.C. y no 2010 a.C. Nosotras las mujeres hemos ganado nuestros derechos, nos hemos liberado de la dominación masculina.

Yo soy más valiosa en este mundo que quedarme en la casa y hacerlo a él el rey del castillo, yo puedo hacer más que cocinarle sus comidas, lavarle su ropa, y limpiar las narices de sus hijos.

¡Puedo sobresalir en una reunión del comité administrativo, tanto como en mi cocina!

Bien señoras, nosotras las mujeres nos hemos estado quejando por algún largo tiempo. Entonces ahora ¿dónde están los premios y los éxitos que esta independencia de los hombres nos iba a traer? Sobre los premios creo que tengo una buena lista de ellos:

- Ahora tenemos una estadística de divorcio del 52%, aun entre cristianos, entonces muchas mujeres se darán cuenta que realmente han tenido éxito en ser independientes. Y si estamos tan felices de ser independientes, ¿entonces dime porque la mayoría de mujeres están desesperadas por encontrar el esposo número dos?
- Más niños están encontrando problemas después de la escuela en vez de encontrar a su madre en la puerta.
- Las mujeres se sienten más solitarias e insatisfechas que nunca.
- Tratando de hacerlo todo, se ha creado sentimientos más grandes de inadecuación que nunca antes.
- Vemos inestabilidad emocional, más que nunca en la historia.
- Más niños están creciendo sin conexión emocional con sus padres y más que nunca, con resentimiento y cólera contra ellos.

Hablando de los éxitos:

- Más niños están huyendo exitosamente de la casa de sus padres, como nunca antes.
- Más niños consumen drogas.
- Hay más embarazo en adolescentes.
- Tenemos más posesiones materiales como nunca antes, pero menos tiempo para gozarlas.
- Vemos más enfermedades en relación con el estrés, incluyendo los niños.
- Aunque por lo general las mujeres, tienen mejor salud que los hombres, los ataques al corazón, son ahora la razón número uno en la muerte de las mujeres.
- Vemos más violencia en niños y adultos.
- Nuestras prisiones son ridículamente sobre pobladas.
- Etc. Etc. Etc.

Si te das cuenta del cuadro, algo anda mal, y ha causado que el hogar se quiebre y se caiga.

Si fuera una corporación preguntaríamos, ¿quién está a cargo aquí? Pediríamos nuevos administradores, y un nuevo plan. Y seguro miraríamos atrás hacia una época en la que todo iba mejor, y haríamos rodar la pelota para nuevos cambios inmediatamente. Así que si tomamos a la América corporativa como ejemplo, debemos decir ¿Quién está a cargo?

En la mayoría de los hogares, ¿Quién está a cargo? ¡Es mamá! ¡No es papá, ni tampoco Dios! ¿Por qué? Porque nosotras las mujeres creemos que podemos hacerlo todo mejor, más rápido, por más largo tiempo y más inteligentemente que ninguna persona mas.

Se nos antoja estar a cargo porque creemos que somos mejores administrando y siendo las líderes del hogar, la familia, mejor que el hombre, que cualquier hombre.

Hemos tomado el reino nos hemos liberado del machismo, y hemos iniciado la marcha con nuestras familias y nosotras mismas directamente hacia el desastre.

Si nuestras familias van a sobrevivir, nosotras como mujeres, debemos retornar a la única manera que realmente trabaja, "a la manera de Dios". Debemos darnos cuenta que nosotras no tenemos siempre las respuestas correctas. Algunas veces tomamos las decisiones equivocadas también.

Necesitamos bajar nuestros gritos para que podamos oír la voz de Dios mientras trata de enseñarnos una mejor manera. De hecho, es la misma manera que ha enseñado por miles de años.

Ahora señoras, antes de que se desanimen y boten este libro por la ventana, déjenme finalizar y explicarles.

Me doy cuenta que muchas cosas han mejorado para las mujeres en las últimas décadas de lo que fue antes. Ahora podemos avanzar en nuestros empleos y profesiones, podemos escoger carreras que antes eran solo para hombres, podemos usar nuestros talentos en formas que antes solo podíamos soñar, y yo estoy de acuerdo en esa clase de oportunidades para nosotras. De hecho si las cosas no hubieran cambiado, probablemente yo nunca podría haber escrito este libro ni mucho menos viajar y enseñar en frente de muchas mujeres.

Yo estoy muy a favor de la libertad de oportunidades que podemos experimentar como mujeres, y me doy cuenta que hay una buena manera y una mala manera de tomar ventaja de esta libertad y oportunidad. Y cuándo nuestras familias se ven afectadas por ello, entonces es el momento de despertar del engaño de que como todos lo hacen, está bien hecho, y usar la mente que Dios nos ha dado, para pensar sobre lo que estamos haciendo.

¿Sabes porque reaccionamos tan adversamente a esta situación? Son las mismas palabras - obedecer y someterse – que nos altera de sobremanera. Cuando una mujer entiende la definición de Dios, no solamente ella estará de acuerdo en aceptarlo, sino que además sentirá que el peso del mundo fue levantado de sus muy capaces hombros.

¡Sí!, yo también siento muy apasionadamente sobre este tema. Cuando las cosas se ponen fuera de proporción de lo que Dios originalmente diseñó, como lo están ahora en nuestra sociedad, entonces esta nueva libertad y oportunidad, solo producirán angustias para las mismas personas que deberían haber ayudado. Así que como lo dije muchas veces antes, hallemos el balance que Dios intentaba que tuviéramos.

Finalmente de una vez por todas, aprendamos, qué es lo que significa sumisión bíblicamente y que no lo es.

Día 1
Que Es lo Que No Es, versus, Lo Que Realmente Es
Parte 1

La mayoría de nosotras, incluyendo nuestros esposos, hemos malentendido la verdadera sumisión bíblica como una subestimación. Y en orden de corregirlo, tenemos que ponernos un poquito más técnicas de lo usual, así que saca tu Biblia y ponte tu sombrero pensador.

Lee los versos siguientes. En la primera columna escribe quien se está sometiendo, en la segunda columna, escribe a quien se están sometiendo. Los 5 primeros se han dado como ejemplos.

Verso	Quién se está sometiendo	A quién debemos someternos
1 Crónicas 29:23, 24	Toda Israel y hombres de poder	Rey Salomón
Efesios 6:5	Empleados	Patrones
Lucas 2:51	Jesús	Sus padres
Salmos 18:43, 44	La gente	Rey David
1 Corintios 16:16	Creyentes de Corintios	Ministerio de los Santos
Efesios 5:21		
Efesios 5:22		
Efesios 5:24		
Colosenses 3:18		
Tito 2:5		
1 Pedro 2:13		
Efesios 6:1		
1 Pedro 3:5		
1 Pedro 3:22		
1 Pedro 5:5		
Hebreos 12:9		
Santiago 4:7		

¿Sorprendidas muchachas? ¡Las esposas no son las únicas a las que se les requiere estén sometidas! Incluso Jesús se sometió a sus padres terrenales, y ¡Él era Dios! La sumisión no es el admitir que somos inferiores, es un acto de amor y respeto hacia la orden que Dios le dio a la sociedad.

Día 1 Asignación de Acción

¿Cómo calificarías tu actitud de sumisión? ¿Ha sido este un tópico extremadamente duro para ti en el pasado? Analiza tu historia por solo un momento, para ver claramente cómo te calificas en esta área de tu vida. Chequea todo lo que se aplica a ti en cada categoría.

Sumisión a la autoridad de tus padres:
¿Te revelabas a tus padres cuando estabas creciendo?
¿Tuviste incidentes repetidos de castigo por el mismo tipo de ofensa?
¿Les mentías regularmente a tus padres?
¿Gritabas, discutías, y contestabas a tus padres?
¿Hiciste rabietas para conseguir lo que querías?
¿Amenazaste o utilizaste otras formas de manipulación para conseguir tu gusto?
¿Amenazaste con huir de tu casa, etc.?

Sumisión a la autoridad gubernamental: Experimentaste o experimentas:
¿Encuentros con la ley?
¿Multas por exceder la velocidad?
¿Violaciones de parqueo?
¿Arrestos?
¿Ofensas repetidas?

Sumisión a la autoridad espiritual en la Iglesia:
¿Tienes conflictos no resueltos con los maestros, con el Pastor de jóvenes o con el Pastor o líderes, etc.?
¿Has dejado iglesias por este tipo de conflictos?
¿Has dejado iglesias en más de una ocasión a causa de conflictos?
¿Tienes un espíritu crítico cuando te enseñan cosas que no te gustan o no estás de acuerdo?
¿Tienes un espíritu crítico sobre ciertas maneras de hacer las cosas en la iglesia, como la música o el liderazgo etc.?

Sumisión con otros:
¿Estás en conflicto con otros constantemente?
¿Estás en conflicto constante con miembros de tu familia?
¿Tienes dificultad manteniendo amistades?
¿Te opones abiertamente con otros en diferencias de opiniones que no tienen mayor importancia?
¿Eres hostil con otros que no están de acuerdo contigo?
¿Encuentras duro el hacer compromisos con otros tratando de arreglar desacuerdos?

Sumisión al esposo:
¿Tienes constantes discusiones con tu esposo con asuntos de control?
¿Tienen constantes discusiones sobre la disciplina de tus hijos?
¿Tienen discusiones constantes sobre dinero?
¿Tienen discusiones constantes sobre temas espirituales?
¿Tienen discusiones constantes sobre temas de intimidad física?
¿Amenazas a tu esposo para conseguir lo que quieres?
¿Manipulas situaciones para conseguir lo que quieres?

Sumisión a Dios:
¿Aceptas la Biblia como la autoridad de tu vida?
¿Cambias tus hábitos cuando la Biblia indica alguna cosa en la que tu estas en oposición?
¿Pones excusas por comportamientos que no están de acuerdo con las enseñanzas de Dios?
¿Vas a la iglesia regularmente?
¿Te molesta o te pones a la defensiva cuando el punto de asistencia a la iglesia es mencionado?
¿Sinceramente quieres saber y obedecer todo lo que Dios ordena en su palabra?

Aquí les doy una porción de sabiduría, muchachas: Si tuviste problemas con sumisión y obediencia a tus padres cuando crecías, *y ellos no lo pusieron bajo control con la forma apropiada*, entonces has tenido problemas de sumisión en todas las otras áreas de tu vida también, incluyendo tu relación y sumisión con Dios, su palabra, y especialmente tú esposo.

Sé que esto es muy duro de escucharse, y aun más duro aun de hacerse, pero si hemos de experimentar la libertad y la felicidad en nuestras vidas, que Dios mismo desea para nosotras, entonces tenemos que poner esta área de nuestras vidas bajo su control.

No te desanimes ahora, sigue leyendo mañana. Se irá poniendo más fácil, te lo prometo.

Día 2
Lo Que No Es, versus, Lo Que Sí Es - Parte II

Día 2 Asignación de Acción

Ayer habíamos evaluado nuestro nivel de sumisión.

Como hemos aprendido aun más de la palabra de Dios esta semana. Te ha mostrado el Señor algunas áreas que necesitan mejora y desesperadamente necesitan su ayuda. ¿Has sentido algún peso de alguna   En la biblia, las palabras sumisión y obediencia, son usadas muchas veces y en muchas formas diferentes. Para que nosotras podamos ver sumisión u obediencia en el contexto de la biblia, debemos entender las diferentes formas en que el texto Hebreo o el griego, las traducen.

Lee Salmos 106: 42. El escritor de este verso se refiere a una sumisión forzada como en un acto de guerra. Una de las palabras Hebreas traducidas en el tipo de sumisión demostrada en un acto de guerra es la palabra Hebrea *Kana* (Kaw'na).

Lee Hebreos 13:17. El tipo de sumisión del que hablan aquí es el de rendirse a autoridades espirituales terrenales, tales como a un pastor o maestro y es traducido como la palabra obedecer, que proviene de la palabra griega *hupeiko* (hoop-I-ko).

Lee Efesios 6:1. Aquí la palabra griega *hupakou* es traducida también como obedecer, pero se refiere a los niños obedeciendo a los padres, y es el tipo de obediencia que se deriva de aprender o siendo educado con hechos que resultan en obediencia.

Lee Tito 2:5 otra vez: La palabra griega aquí es *hupotasso* y que refiere a una sumisión voluntaria con una disposición del corazón para someterse en amor *con el propósito de obtener una acción ordenada.*

¿Recuerdan los versículos de ayer señoras? En esos versos la palabra griega traduce obediencia o sumisión fue la misma palabra *hupotasso*, entonces señoras, ¿Por qué Dios nos encomienda que seamos sumisas a nuestros esposos?

Dios no está diciendo que somos menos valiosas, menos inteligentes, menos capaces, o menos de nada. Él simplemente está diciendo que debe existir orden en este mundo:

- Para toda la gente en nuestro país, estado, y gobierno local.
- Para el Presidente del centro laboral, Vicepresidente, supervisor regional, y gerentes locales.
- Para el hogar, el esposo, la esposa, los niños, y también las mascotas.

Las mujeres de carrera profesional deben entender esto mejor que nadie. El orden de jerarquía es lo que hace funcional la empresa y que haya un orden. La persona más inteligente no es necesariamente la que está encargada. La persona que ha sido elegida por los de más alto cargo en la compañía, para ser tu supervisor, es a quien tú debes seguir, o estar en sumisión.

Mi esposo y yo hemos tenido y manejado varias pequeñas empresas incorporadas por los últimos 18 años. Los problemas más frustrantes solían suceder cuando los empleados rehusaban seguir los planes y procedimientos del negocio que habíamos puesto a funcionar.

Y de hecho siempre terminaba causando a todos en la corporación, angustias innecesarias, porque también afectaba la manera como todos estaban instruidos para realizar sus labores.

Muchas veces estos empleados pensaban que ellos sabían más que nosotros, así que hacían las cosas a su manera. Algunas veces pensaban que ellos eran más inteligentes, más ágiles mentalmente o cualquier otra excusa. Pero sin importar cuán más inteligentes ellos pensaban que eran, siempre causaban el mismo efecto. Siempre terminaba siendo insubordinación y siempre terminaban malogrando el plan de la corporación, causando un montón de trabajo extra. Estrés y división en la familia corporativa. Ellos no tenían todos los puntos, no sabían todos los peligros, no estaban en la misma página con las metas de la corporación y debido a eso, ellos no podían saber si sus métodos eran los mejores.

Frecuentemente las complicaciones y repercusiones de sus actos fueron mayores, y adivinen ¿quiénes eran los que terminaban pagando por sus errores? Fuimos nosotros. Igualmente, si nosotros no seguimos al líder, (Jefe Ejecutivo oficial) que Dios eligió para nuestro hogar, sucederá lo mismo. Nosotras terminamos gastando más tiempo apagando los fuegos que nuestras acciones destructivas causaron, en vez de gozar del fruto de nuestra labor.

El hogar no es diferente. Dios es la autoridad suprema de nuestro universo, y Él ha elegido que sea el esposo el líder del hogar. Por lo tanto, nosotras debemos estar en sumisión, no porque seamos menos inteligentes, sino porque la suprema autoridad ha organizado el hogar de esta manera.

Dios no nos está diciendo que seamos sumisas por un acto de guerra, ¡aunque eso es lo que sucede en muchos hogares! ¡El no nos está diciendo que seamos sumisas de la misma forma que nuestros hijos lo son! El no nos dice que seamos sumisas a la fuerza, y no les dice a nuestros esposos que nos entrenen a ser sumisas. Dios está instruyendo a las esposas a ser sumisas voluntariamente a sus esposos para que Dios, sea honrado a través de un hogar ordenado. Este tipo de sumisión debe ser una actitud de nuestro corazón antes que sea una acción.

Lee Lucas 2:51. Ten en cuenta que la palabra griega *hupotasso* es la que se usa aquí para describir la obediencia de Jesucristo hacia sus padres. Él no les obedeció porque ellos le dijeron algo que lo convenció de que dejara de hacer lo que estaba haciendo. Jesús los obedeció porque Él eligió someterse a la orden de su Padre Celestial, para el hogar. ¡Wau! Jesús entendió que obedeciendo a sus padres no indicaba que ellos eran más sabios que Él, más valiosos que Él ó más capaz que Él. Aquí Él muestra su sabiduría y su seguridad de que sabe quien es realmente y del deseo de su Padre Celestial de tener un hogar en orden.

¿Estás suficientemente segura de quien eres tú en Cristo, para someterte a tu esposo, sin preocuparte de que alguien pueda pensar que eres menos inteligente, menos emprendedora, fuerte, capaz o valiosa que tu esposo? Y por supuesto señoras que esta pregunta requiere una respuesta. Y estoy segura que también requiere de algún tiempo para pensarlo.

Cuando te des cuenta que esta posición en el mundo no necesariamente refleja, valor o inteligencia, finalmente te sentirás libre de vivir de tal manera que satisfarás a Dios y solo a Él. No se trata de quien está en la más alta posición, esto no es lo que más importa. Lo que importa es hacia cual edificio esta recostada la escalera y si está recostada en el edificio correcto, esto es lo que cuenta.

Cuando entiendas esto, estarás libre de continuar presionando para conseguir todo a tu manera, y de tratar de estar siempre por encima de tu esposo. Lo importante es el tener el deseo de hacer las cosas como Dios manda. Tú tendrás la seguridad de hacer esto porque entiendes que la manera como Dios manda, es la mejor manera para ti, y esto te dará la mayor paz, alegría, contentamiento y la felicidad que nunca encontraras haciendo las cosas a tu manera.

Lee Proverbios 3: 5-6 y escríbelo:

_____
_____
_____
_____
_____

¡Aprende a confiar en Dios más que en tu propio razonamiento! El quiere que experimentes alegría y paz aun más de lo que te puedas imaginar. Jeremías 29:11 dice: "Porque yo sé los planes que tengo para ti, dice el Señor, son planes para bien y no para mal para darte un futuro y esperanza"

¡A Dios le importa más el resultado final de nuestras vidas que lo que un pequeño incidente que solo es para el día de hoy! Por eso el quiere que aprendas la libertad de sumisión, la que hará una diferencia para cada día de tu vida. Y también hará una dramática diferencia en tu matrimonio, y en la vida de tus hijos también.

¿Culpa? Sí es así, escribe tu oración al Señor. Busca su ayuda y su fuerza mientras te muestra las áreas en las que necesitas hacer los cambios.

Recuerda que él es fiel y que nos dará la necesaria fuerza, para vencer esas áreas débiles.

Ahora, en esas áreas por las cuales oraste, haz una lista de las mejoras que se pueden hacer, y se especifica.

1. _____

2. _____

3. _____

Si estas áreas envuelven a otras personas y conflictos, tal vez necesitas disculparte con algunas de las personas con las cuales has tenido conflicto, incluyendo tu esposo. Pon en la lista todo aquel que Dios pone en tu corazón con quien tengas que trabajar restaurando la relación.

Recuerda: Tú eres responsable de obedecer las directivas de Dios. Sin importar lo que otros hacen, o como respondan.

Día 3
Lo Que Es Versus Lo Que No Es - Parte III

En el día uno, aprendimos que el someterse es requerido para todos en diferentes niveles. Primero, necesitamos someternos a Dios. Cada vez que la palabra someterse es mencionada en la Biblia, la palabra *hupotasso* es usada. Es la misma palabra que se usa para enseñarnos a ser sumisas a nuestros esposos.

¿Te has preguntado porque muchas mujeres no parecen tener problemas en someterse a la autoridad gubernamental, o al jefe en sus trabajos, pero tenemos enormes problemas sometiéndonos a nuestros esposos? ¿Por qué es eso?

Lee Génesis 3:16

La palabra de Dios nos dice que una de las repercusiones del pecado que entró en nuestras vidas después de la caída en el Jardín del Edén, fue que ahora nuestros esposos gobernarían sobre nosotras. Dios no discutió con Eva cuando le dijo que la serpiente la había engañado y que esa fue la razón por la cual ella comió del fruto prohibido, porque había sido engañada. Dios le había dado a un protector quien ayudaría a cuidar su alma. La palabra hebrea traducida aquí, como *"regla"* es *"mashal"* que significa gobernar o tener dominio. Dios no le dio potestad a Adán sobre Eva solo porque ella era estúpida; Dios lo asignó a él a gobernar sobre ella, para traer orden y protección en su vida y orden a la raza humana.

Desde que el pecado había entrado ahora en sus vidas, Dios sabia que ahora tendrían que luchar con su propia voluntad y algún orden debería ser puesto para que se llevaran bien. La batalla por el control y la obstinación, aun acosa hoy a los matrimonios, y es por eso que nos sentimos enojadas cuando alguien nos sugiere que nos sometamos a nuestros esposos.

Y cuando te sientas furiosa y digas que lo primero que harás cuando llegues al cielo será hablar con Eva, piensa en tu propia vida por un momento. Han habido momentos en los que tú también has sido engañada a actuar o comportarte en circunstancias o tentaciones que parecían ofrecer más que Dios. ¿Tu error causó dolor y desilusión? Ah y ahora en cuanto a la viga que encuentro en mi propio ojo.... que?

Solo unas palabras de advertencia. Si alguna vez ganas totalmente la batalla sobre tu esposo golpeándolo moralmente para que él se someta a ti, ¿sabes lo que pasará? perderás respeto por él, y solo sentirás desprecio por él. Lo he visto una y otra vez, tus hijos también perderán el respeto por él y luego perderás tu sistema de soporte como madre. Ya no tendrás más la oportunidad de pedirle que de un paso cuando sea necesario tener su apoyo como autoridad, para ayudarte con la disciplina y otros problemas de enseñanza.

Tus hijos no respetarán a su padre lo suficiente para obedecerlo. Ellos sentirán que si tu como su modelo no te sometes a la autoridad de tu esposo, porque ellos deben someterse a las autoridades en sus vidas.
Lee 1 Pedro 3:1-6

¿Quién es la mujer que Pedro nos muestra como modelo de una esposa sumisa?
_____

¿Por qué? _____

De acuerdo con este pasaje, la razón porque Sara es nuestra modelo es:

1. Ella tenía un espíritu afable y apacible, que quiere decir: noble suave y silencioso.
2. Ella confiaba en Dios.
3. Ella estaba sometida a su esposo.

Por mucho tiempo en mi vida me enseñaron que Sara era el modelo número uno de sometimiento, cuando por su obediencia, Abraham la envió a Egipto diciendo que era su hermana en vez de su esposa. Yo he tenido un problema con esta teoría por algún tiempo, porque de acuerdo con las escrituras, una mujer no debe estar dispuesta a someterse a su esposo, si él está pidiéndole que haga algo que está en contra de la palabra de Dios. Mientras que Sara era media hermana de Abraham, también era su esposa, entonces ella no estaba en la obligación de (por ley) obedecerle en su pecado, de no decir la verdad sin protegerla, debido a su propio miedo. En otras palabras, ella no habría sido juzgada por ser desobediente, si ella no hubiera obedecido a Abraham en su pedido.

Lo que sabemos es que Sara simplemente confió en que Dios la protegiera, cuando su esposo no estuviera en voluntad de hacerlo, qué testimonio, ¿verdad? Creo que esta es la razón principal por lo que ella es mencionada como modelo.

Esto, mi amiga, es el secreto para un verdadero sometimiento a nuestros esposos. Cuando finalmente podemos comprender de una vez por todas, que nuestro real sometimiento es a Dios y que Él nos protegerá, entonces seremos libres de someternos a nuestros esposos. Esto es lo que nos dará la confianza y la paz para soltar las riendas de control y no temer de lo que puede pasar, cuando nuestros esposos toman una decisión que está mal para nosotras y para la familia.

Ya ves, Dios está también en control de nuestros esposos y el ve todo incluso sus errores. El ve todos los errores, los que son honestos en juicio y los que hace a propósito, los que hace en rebelión, temor, falta de fe, o simplemente de maldad. Así como Dios cuidó de Sara, cuando Abraham cometió este gran error, así el también cuidará de ti, pero primero tienes que confiar en Él.

Ahora…veamos lo que no es sometimiento

¡Someterse no es ser inferior!

Lee Gálatas 3:28

Por Cristo y por lo que Él hizo en la cruz, somos ahora _____

¡Ahora somos todos iguales en Cristo! Someternos no tiene nada que ver con el valor de la persona como ser humano. Tiene que ver con la autoridad gobernante del hogar y para el orden del gobierno del hogar.

¡Someterse no significa ser una alfombra!

Lee Tito 2:15

Mientras vives por las enseñanzas de Dios, no dejes que nadie te desprecie. La palabra griega traducida como desprecio es *periphroneo*, y más exactamente significa depreciarse. La palabra nos ha enseñado lo que realmente significa el sometimiento. Así que si alguien (incluyéndote a ti misma) trata de depreciar tu valor de cómo Dios te ve, debes darles una reprimenda con la verdad de la palabra de Dios.

Lee Génesis 21:9-13.

Como nos muestra el ejemplo del consejo de Sara, aun una vez, cuando quiso enviar a Agar lejos de allí y Abraham no quiso, Dios intervino y hablo a Abraham para que oyera a su esposa y respetara su consejo, (Génesis 21:12). Ella también cometió errores, así como cuando su fe flaqueó, y decidió tomar las circunstancias en sus propias manos para obtener un hijo de Abraham. Y por supuesto que ella tuvo que ver las consecuencias y el pesar que ocasionaron su arrogancia. Nosotras debemos protegernos de pensar que nuestras opiniones son siempre las correctas.

Ella también dirigía activamente la administración de su hogar.

Para corregir otra equivocación de someterse entenderemos: No debemos aceptar abuso físico en nombre del sometimiento. La intención de Dios no es que una mujer permanezca en la casa de un hombre, que abusa de ella. Esta mujer debe dejar esa casa inmediatamente y debe buscar consejo de cuál debe ser el curso de acción correcto. La ayuda puede ser encontrada a través de la iglesia local, sino, contacte la asociación de abuso domestico, más cercana para su protección.

Finalmente sometimiento es…

Cuando hayas dado respetuosamente tu opinión a tu esposo en alguna situación y su decisión es seguir otro curso de acción diferente, entonces, para estar de acuerdo con la palabra de Dios, tú debes voluntariamente someterte a su decisión.

Algunas veces, simplemente debes estar de acuerdo en que estamos en desacuerdo, cuando lo haces, debes recordar, como dice el autor Marabel Morgan: "Cuando no puedes apoyar el plan, aun así mismo, debes apoyar al hombre"

Día 4
Lo Que No Es, versus, Lo Que Es
Parte IV

Lee 1 Pedro 3: 1- 7
Me encantan estos versículos.

A finales de Octubre, o principios de Noviembre del 2001, justo cuando empezaba a escribir esta clase, estaba con mi madre durante su última semana en esta tierra mientras luchaba con un cáncer en el ovario. Habiendo luchado 12 meses, después de que pensamos que ella iba a ganar la batalla, le vino un último y final golpe el cual fue mortal y la envió al cielo al lado del Señor el 15 de Noviembre.

Eso fue desbastador, ya que cuatro semanas antes su médico nos había dicho que finalmente ella había entrado en recuperación, después de largos tratamientos de quimioterapia y operaciones que finalmente creíamos habían terminado con el mal. Pensábamos que ella viviría unos años más para que viera a sus nietos crecer, o pasar algún tiempo con otra de sus hijas que vive lejos de nosotros y gozar de algunos años conmigo, pues yo ya había terminado con mi trabajo. Ahora había tiempo para gozar y reparar algunos pequeños mal entendidos entre hijas y madre, tiempo solo para pasarlo juntas, lo cual nunca iba a suceder.

Mientras me sentaba al lado de su cama todas esas horas y días, reviviendo memorias del pasado, unas buenas otras no tan buenas, lecciones enseñadas y aprendidas, otras enseñadas pero no aprendidas, recordé una lección en particular, el someterse como esposa, pero esta historia no será exactamente como tú esperas.

Tú verás, por muchos años mi mamá no hablo del Señor o sus mandamientos, por muchos años yo no estuve segura de si ella era cristiana. No por su estilo de vida, sino porque ella nunca hablaba de ello o no iba a la iglesia frecuentemente. Después que yo me hice cristiana en 1972, donde yo estaba hambrienta de aprender la palabra, quería saber lo que Dios esperaba de mí y yo quería saber cómo satisfacerlo.

Una de las primeras cosas de las que oí, fue de este tema del sometimiento como esposa. En ese entonces, yo era muy extrovertida y muy independiente y me entregue a mi nueva fe, como lo hacía con todo en ese entonces, ¡con muchas ganas!.

Quería leer todo lo que caía en mis manos y todo al mismo tiempo, quería participar en todos los ministerios y eventos de la vida de la iglesia, y claro me encantaba tomar decisiones mías por mí misma. Lo mismo hacía mi esposo y allí estaba el problema, allí estaban las batallas que nos llevaron a la guerra.
Yo era muy energética, abierta, lista a seguir adelante con mi nueva fe, quería que mi matrimonio, mis hijos, mi hogar reflejaran el ejemplo perfecto de lo que Dios quería de un hogar, y estaba segura que estaba aprendiendo todo eso más rápido que mi lento y especulativo esposo, yo quería todo para hoy, el quería masticarlo y digerirlo lentamente y fue allí cuando eso de ser sumisa me mostró su fea cara.

Dios, esto no es exactamente lo que pensé, quiero que lo hagamos como se debe hacer, pensé que todo lo que había siempre oído desde el púlpito era para mi vida personal. Cada vez que el Pastor hizo un llamado para un nuevo trabajo en algún ministerio, creí que estábamos dispuestos a llenarlo. ¿Dios, por qué mi esposo no está tomando el mismo carro en el que voy? Yo debo estar creciendo espiritualmente más rápido que él. ¿Significa eso que yo soy más espiritual? ¿Si es así, no debería ser yo quien debe estar guiando este hogar? (Así es como podemos perder nuestro camino tan rápidamente.)

Y mi madre, no debe ser cristiana, porque ella no habla de ello, nuestro Pastor dijo que si fuéramos cristianas deberíamos hablar de ello. También dijo que una mujer sumisa no debe tener una mala actitud con su esposo, nunca cuestiona sus decisiones y que Dios nos perdone si damos nuestra opinión (yo siempre trate de guardarme mis opiniones, de verdad que lo trate). Mi mamá no tenía problemas expresando las suyas a mi padre y ella se quejaba de él algunas veces, así que pensé que ella tampoco era una mujer sumisa.

Bueno, gracias a Dios Él no había terminado con mi educación; y a través de los años y por medio de una enseñanza menos legalista y más balanceada, pude aprender lo que la Biblia dice sobre ser sumisa. Y también aprendí a amar esa parte y aunque crecí en esa área, y luego supe también que mi madre en realidad conocía a Jesucristo como su Señor y Salvador, entonces nunca más cambie la opinión de que mi madre era una mujer sumisa y un modelo de conducta.

Eso es hasta ahora y son las 3:30 de la mañana de Noviembre 15 del año 2001, cerca de una hora después de ver que el espíritu de mi madre había partido a vivir con Jesús en el cielo.

Sentados en la mesa de la cocina, en shock, con mucho dolor, cogí la Biblia de mi madre y empecé a leer justo donde yo había dejado mi lectura unas horas antes cuando preparaba esta lección específica en

1 Pedro 3: 1-7.

Había dejado mi Biblia en casa ese día y nunca antes había leído este pasaje en esta versión de la Biblia y mientras mi esposo me preguntaba qué es lo que estaba leyendo, él tomo la Biblia y leyó en voz alta.

"Ustedes, las esposas, deben obedecer a sus esposos en todo. De esa manera, si ellos no creen en el mensaje, de la buena noticia, el comportamiento de ustedes podrá convencerlos. No tendrán que decirles nada, porque ellos verán que ustedes son honestas y que honran a Dios. No piensen ustedes que los peinados exagerados, las joyas de oro y los vestidos lujosos las hacen mas bellas. Su belleza no depende de las apariencias, sino de lo que hay en su corazón. Así que sean ustedes personas tranquilas y amables. Esta belleza nunca desaparece, y es muy valiosa delante de Dios. Así eran algunas mujeres en le pasado, que confiaban en Dios y obedecían a sus esposos. Así fue Sara, pues obedecía a Abraham y lo llamaba "señor". Si ustedes hacen el bien y no tienen miedo de nada, serán como ella."

Después que había leído el texto anterior mi esposo me miró y me dijo. "esta es una descripción perfecta de tu madre". Yo lloré e inmediatamente me di cuenta que todos esos años, frente a mis ojos yo había visto la sumisión que habla la Biblia y practicada diariamente, año tras año, sin reconocerla. Todo ese tiempo había tratado de entender de qué se trataba, y el mejor ejemplo estuvo allí casi para morderme en la nariz.

Desde que mi padre se hizo creyente, ella no tenia que preocuparse de tener que guiarlo hacia Dios; pero ella ciertamente honraba a mi padre como cabeza de la familia y ciertamente se adecuaba a sus planes.

Cuan frecuentemente vamos por ahí buscando entender en todas partes bajo el sol, cuando Dios lo ha puesto allí, en frente de nuestras narices, año tras año. Frecuentemente nosotras somos duras con aquellos cercanos a nosotros que no podemos ver todos los buenos ejemplos que dan cada día. Muy frecuentemente criticamos las insignificantes imperfecciones en personas ejemplares, y no vemos la palabra de Dios en acción justo delante de nuestros ojos.

Yo le dije a mi madre antes que partiera, cuanto la amaba, y cuanto la apreciaba, y la maravillosa madre que ella era. Y le he pedido a Jesús que le diga de mi parte, cuanto he apreciado su ejemplo de sumisión y cuanto me esfuerzo para seguir sus pasos en mi propia vida y enseñártelo a ti ahora, y ruego que su legado continúe vivo.

Ella fue un ejemplo de sumisión en pequeñas y prácticas formas. Cuando el empleo de mi padre requirió que nos mudáramos del único lugar que ella había conocido como hogar, lejos de sus padres y hermanas y hermanos, ella voluntaria y entusiastamente fue. Cuando por su empleo mi padre tuvo que adelantarse, ella cumplió. En ese lugar nuevo donde fuimos a vivir, ella encontró a la persona quien iba ser su mejor amiga por muchos años.

Una vez más tuvimos que mudarnos solo dos años después, y ella tuvo que dejar esa amiga, una vez más, voluntaria y entusiastamente obedeció.

Ella se adecuó a los planes de su esposo, ella lo apoyo en su intento de ayudar a nuestra familia financieramente, ella siempre apreció su arduo trabajo, y aunque muchos conocían a mi madre como una mujer de carácter duro, ella tenía un espíritu suave y silencioso, en su apoyo y sumisión a su esposo.

Incluso su Pastor nunca pudo describirla bien, mientras trataba de hablar de ella en su funeral. Hace justo un minuto antes había descrito su espíritu fuerte como un reto, con una personalidad sazonada con pimienta cuando dijo: "aunque Lois no era del tipo sumiso, ella siempre se adecuó a los planes de su esposo". Incluso ese pastor había fallado en reconocer que una mujer puede tener un poquito de pimienta, un poquito de picante y aun así adecuarse a los planes de su esposo.

Eso es someterse. Sometimiento voluntario, lo cual es la definición de *hupotasso*, traducido como sometimiento en 1 Pedro 3: 1

Y ahora que piensas tú, ¿te adecuas a los planes de tu esposo? ¿Te sometes voluntariamente a su liderazgo aunque te cueste algo personalmente? ¿Aunque no estés de acuerdo con su plan?

Ahora lee 1 Pedro 3:7 otra vez.

He hablado bastante del ejemplo de sumisión de mi madre; ahora quiero decirte de su premio. El verso 7 también describe perfectamente a mi padre, tuve que pensar que una de las razones por las que el siempre la trató con honor, respeto y entendimiento a través de los años, fue por la disposición voluntaria de mi madre de obedecer y someterse a mi padre y de adecuarse a sus planes. Ningún otro esposo podría haber tratado a su esposa con más honor y entendimiento con el que mi padre trató a mi madre. Cuando ella murió, el quedo desbastado con mucha angustia por su pérdida ya que ellos estuvieron juntos por 54 años.

Proverbios 31:28 dice:
"Sus hijos se levantan y la llaman bienaventurada, y su marido también la alaba"

Y nosotros lo hicimos así. No he contado sus historias para no elevarlos más que a Dios sino para magnificar a nuestro maravilloso, precioso y fiel a su palabra Dios. Él cumple sus promesas, apóyate en Él. Sométete a Él, obedécele, y se leal en tu servicio hacia Él, y Dios cumplirá sus promesas contigo también.

Mi madre no era una mujer perfecta, tampoco lo es su hija, pero ella era casta; amaba a su esposo y a su hija, ella era una gran ama de casa, y en el área de sometimiento, ella fue un maravilloso, leal y vivo ejemplo de cómo Dios trabaja en las vidas de cada persona que obedece sus mandamientos.

Yo le agradezco profundamente, por haberme dado un regalo tan maravilloso como fue el tener una madre como se describe en Tito 2. Espero que su ejemplo les haya servido.

Notas finales de Junio del 2003.

Cuando originalmente escribí este capítulo, revivieron las heridas y la angustia de mi padre sobre la pérdida de mi madre. Yo había asumido que el tiempo curaría su corazón y que eventualmente yo tendría de vuelta a mi padre de nuevo en su normalidad. Lo cual nunca fue. Solo ocho semanas después de haber sido diagnosticado con cáncer a los pulmones, congestión al corazón, y muchas otras debilitantes condiciones, mi padre partió también para irse al cielo el 26 de Marzo de este año. Lo más asombroso de todo esto fue que el médico nos dijo que mi padre probablemente había sufrido de congestión al corazón desde hace cuatro años y del cáncer probablemente dos años. Todo el tiempo que él había cuidado de mi madre, (y absolutamente él insistió en ser él mismo quien la cuidara) él mismo había estado muy enfermo sin haber dejado saber de esto a nadie. El siempre había sido un hombre muy fuerte y había amado a mi madre con el amor de nuestro Salvador.

Día 5
¡Ahora el Por qué!

Una vez más y por la última vez en esta clase, lee Tito 2:3-5

Desde que empezamos "Tomar de Regreso la Familia" parte 1, hemos leído y releído, una y otra vez Tito 2:3-5, hemos aprendido en detalle sobre todos los mandamientos que nos da el Señor a nosotras las mujeres en este pasaje.

Inicialmente enfrentamos el hecho de que aparentemente vivimos en un zoológico en estos días y mucho de lo que Dios desea para nosotras se ha perdido en nuestras vidas ocupadas.

Seguidamente aprendimos, que significa ser la hija del rey, una hija adoptiva dentro del reino a través del sacrificio y el amor de nuestro Señor y Salvador Jesucristo. Aprendimos a reclamar sus promesas y otra vez su ayuda mientras que invitamos a que el Espíritu Santo haga su obra en nuestras vidas, mientras buscamos el practicar lo que nos enseña.

Aprendimos lo que es amar a nuestros esposos incondicionalmente, afectivamente y a través de la expresión sexual.

Luego aprendimos a amar a nuestros hijos expresándoles afecto, entrenamiento y disciplina y a través de los cinco "lenguajes del amor".

Hablando de disciplina, también hemos estudiado lo que significa tener disciplina en nuestras propias vidas, especialmente en el área de control emocional y discreción.

"Viviendo la vida Loca" nos enseñó a ser fuertes y vigilantes mientras que buscamos ser puras, en un mundo torcido y lleno de lujuria.

Descubrimos el valor real de una administradora del hogar, examinamos como tener labores mundanas y retos domésticos bajo control, para que podamos controlar nuestro trabajo en la casa y que este no nos controle.

También tenemos una nueva apreciación de la frase "Si mamá no está feliz…." Bueno ustedes saben el resto de esa frase, ¡Nuestras actitudes son contagiosas para todos en nuestro hogar!
Y esta semana final, el gozo de aprender sobre ser sumisas ha sido un placer. Aprendimos que si primero tenemos fe lo suficiente para someternos a Dios, entonces someternos a nuestros esposos no será una amenaza para nuestra individualidad. De hecho, seremos libres de ser la mujer que Dios quería que fuéramos. Esta lección nos traerá un enorme gozo a nuestras vidas.

¿Por qué hemos soportado los dolores, el tiempo y el esfuerzo para aprender todo esto? Pues, encuentra tu respuesta en la última frase del versículo 5.

Ha habido una muy importante razón para que aprendamos todas estas cosas. Sí, las aprendimos para que nosotras y nuestras familias puedan experimentar todo el gozo que Dios tenía en mente para nosotras; y claro que nosotras las aprendimos porque son los mandamientos de Dios. Pero la más grande de las razones por las que aprendimos a ser y hacer todas estas cosas, es para que no traigamos reproche hacia Dios, para que no cometamos blasfemia hacia la palabra de Dios.

La palabra griega para blasfemia aquí, es la palabra *blasphemeo* y significa, difamar, hablar mal.

¿Te diste cuenta que cuando no seguimos las enseñanzas de este pasaje hacemos que otros miren a Dios como un villano? Causamos que otros lo difamen, y que hablen mal de Él.

Se me rompe el corazón solo de pensar que yo sea la causa que otro hable mal de mi Señor. ¡Oh Señor líbrame de esa vergüenza!

Lee 1 Corintios 8:9 ¿Qué dice que nosotros seremos para otros, más débiles (espiritualmente), si no demostramos sus enseñanzas en nuestras propias vidas?

_____

Ruego que te des cuenta, que mientras tu desobediencia seria una piedra de tropiezo para otros, tu obediencia hacia Dios en estos asuntos serán usados por Él como un testimonio y como aliento para otros, mientras buscan vivir para Dios ellos mismos.

¡Que Dios te bendiga y que apliques su palabra en tu vida¡

Notas

Notas

Notas

Notas

Notas

Fuentes

Aunque no se usaron frases directas, me gustaría reconocer ideas e inspiraciones que vinieron de fuentes de información específicas, las cuales leí a través de mi vida cristiana y durante el proceso de escribir este libro.

Parte I Semana 1	Las sugerencias dadas en el día uno "Asignacion de acción" vienen de Ruth Graham y su hija, Gigi Tchividjian, en su libro "*Mothers Together*" (Grand Rapids: Baker Books, 1998).
Semana 2	Gracias a Diana Hagee por compartir su testimonio en TV y en su libro, "*La Hija del Rey*", acerca de su lucha con los sentimientos que hacen sentirse inadecuada. Aunque la lección semanal de una "Princesa de la Selva" había sido ya escrita en su forma original, su historia fue la inspiración para este capítulo. ¡Que tan alentadora es esta historia para las mujeres mundialmente!.
Semana 3	"El pastel para papa oso" fue sugerido por Patrick Morley, de su libro: "*Lo que los esposos quisieran que sus esposas supieran sobre los hombres*" (Grand Rapids: Zondervan Publishing, 1998).
Semanas 4 y 6	Gracias a Marabel Morgan, autor de "*The Total Woman*". Sus palabras de inspiración en los años 70, fueron un instrumento de gran ayuda para aprender cómo mantener el sabor en el matrimonio.
Parte II Semana 1	Gary Chapman and Ross Campbell, M.D., "*Los cinco lenguajes del amor en los niños*" (Northfield Publishing, 1977).

Parte 1, Semana 2, Día 3:

Ruth Bell Graham and Gigi Graham Tchividjian, "*Mothers Together*" (Grand Rapids: Baker Books, 1998), page 42.

Parte I, Semana 5, Día 5:

"*The McArthur Study Bible*" (Word Publishing Company, 1997), page 373.

Parte II, Semana 6, Día 3:

Marabel Morgan, "*The Total Woman*" (Grand Rapids: Fleming H. Revell Company, 1973).

Testimonios

Aquí hay algunos testimonios de las que recibieron clases anteriores de "Tomar de Regreso la Familia", como estudio Bíblico:

"Últimamente había estado luchando con mi papel de esposa y madre, el primer día de este estudio bíblico, supe que Dios tenía un plan para mí e iba a mostrarme cuán importante es ser esposa y madre"

"Esta clase ha sido verdaderamente una bendición, por el solo hecho de estar al lado de otras mujeres con intereses comunes, esperando perfeccionarse como cristianas, esposas y madres. No es fácil ser las tres cosas al mismo tiempo. Esta clase me ha mostrado las áreas que necesitan mejoras y me ha fortalecido en muchas áreas en las que era débil"

"Dios realmente me ha mostrado a través de este estudio esas áreas de mi vida que estrictamente necesitan atención, debo decir, que a medida que he puesto estas cosas en práctica diariamente, mi esposo y yo, nos sentimos más felices y nuestro hogar es mas pacifico"

"Esta clase ha sido simplemente una bendición de gran gozo y crecimiento para mí. Honestamente ha confirmado lo que siempre he sabido de mi misma y de la vida que Dios me ha dado. Yo he sido puesta en la tierra para servir a mi Señor, para ser una esposa y madre, he gozado de esta clase de muchas maneras diferentes. Conociendo nuevas personas, recibiendo consejos prácticos en cómo ser una madre, referencias bíblicas, y anécdotas graciosas"

"El ministerio de la mujer me ha enseñado que yo estoy viviendo en un zoológico y cerca de ser consumida. Me ha bendecido con herramientas que yo sabía que habían pero que no las estaba usando. A través de esta clase he sido vivificada… cada clase en particular me dio una visión del plan de Dios para mí como mujer"

"Esta clase me ha ayudado a ser una persona más integra, espiritualmente, física y mentalmente. Sobre todo esta clase me ha ayudado a pensar en mi misma y en lo que está ocurriendo en mi vida. Esta clase me ha enseñado a detenerme y pensar que es lo que Dios quiere de mi vida y a hacer con mi vida y también como guiar mi vida"

"Aunque ya no tengo niños pequeños, empecé a darme cuenta que había mucho en esta clase para mí. Tengo dos nietos, vivimos cerca y tenemos una relación muy estrecha, y lo que aprendí aquí, me ayudará a cruzar el abismo cuando la edad de la adolescencia los golpee"

"Siendo una mamá nueva, nunca me di cuenta cuanto tiempo y energía toma para ser una buena madre. Las lecciones en cómo ser una madre protectora (Éxodo 2:1) disciplinada, de mente sobria (Tito 2:4), y amorosa, es lo que más habló a mi corazón"

To Order additional copies of this book go online to:

www.zookeepersministries.com

or

www.MasterDesign.org

Title may be ordered in English, Spanish, or Portuguese

ZooKeepers Ministries

P.O. Box 1111

Jamestown, NC 27282

336-202-1790

©Brenda Lancaster 2009

www.ingramcontent.com/pod-product-compliance
Lightning Source LLC
Chambersburg PA
CBHW081742100526
44592CB00015B/2268